全国革命老区县发展史丛书·广东卷

茂名市电白区革命老区发展史

茂名市电白区革命老区发展史编委会 编

SPM 南方出版传媒·广东人民出版社
·广州·

图书在版编目（CIP）数据

茂名市电白区革命老区发展史／茂名市电白区革命老区发展史编委会编. —广州：广东人民出版社，2021.4
（全国革命老区县发展史丛书·广东卷）
ISBN 978-7-218-14017-9

Ⅰ.①茂…　Ⅱ.①茂…　Ⅲ.①区（城市）—地方史—茂名　Ⅳ.①K296.54

中国版本图书馆 CIP 数据核字（2019）第 252790 号

MAOMINGSHI DIANBAIQU GEMING LAOQU FAZHANSHI

茂名市电白区革命老区发展史
茂名市电白区革命老区发展史编委会　编　　　版权所有　翻印必究

出　版　人：肖风华

责任编辑：卢雪华　伍茗欣
装帧设计：张力平等
责任技编：吴彦斌　周星奎

出版发行：广东人民出版社
地　　址：广州市海珠区新港西路 204 号 2 号楼（邮政编码：510300）
电　　话：(020) 85716809（总编室）
传　　真：(020) 85716872
网　　址：http://www.gdpph.com
印　　刷：广州市浩诚印刷有限公司
开　　本：715mm×995mm　1/16
印　　张：23.75　插　页：12　字　数：310 千
版　　次：2021 年 4 月第 1 版
印　　次：2021 年 4 月第 1 次印刷
定　　价：88.00 元

如发现印装质量问题，影响阅读，请与出版社（020-85716849）联系调换。
售书热线：(020) 85716826

微信扫描二维码 ◀◀◀
您立即获得**本书主要内容/**
丛书介绍。

广东省编纂《革命老区县发展史》丛书
指导小组

组　　长：陈开枝（广东省老区建设促进会会长）

副组长：林华景（广东省老区建设促进会常务副会长）

宋宗约（广东省农业农村厅二级巡视员、广东省老区建设促进会副会长）

刘文炎（广东省老区建设促进会副会长）

郑木胜（广东省老区建设促进会副会长）

姚泽源（广东省老区建设促进会副会长兼秘书长）

谭世勋（广东省老区建设促进会副会长）

廖纪坤（广东省农业农村厅总经济师）

办公室

主　　任：姚泽源（兼）

副主任：韦　浩（广东省农业农村厅扶贫协作与老区建设处处长）

柯绍华（广东省老区建设促进会副秘书长）

伍依丽（广东省老区建设促进会副秘书长）

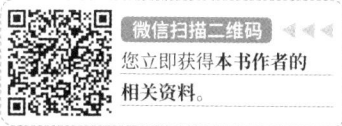

茂名市编纂《革命老区县发展史》丛书
指导小组

市领导小组成员：

顾　问：罗　明　邓　刚　梁基毅

组　长：黄　涛

副组长：卢忠仁　李洪汉　车　德　李海林

办公室成员：

主　任：李洪汉（兼）

副主任：陈江洪　林　保　袁有明　罗　烈　李少雄

《茂名市电白区革命老区发展史》编纂委员会

总顾问：谭剑锋（区委书记）

顾　问：黄东明（区委副书记、区长）

　　　　李院新（区委副书记）

主　任：吴明盛（区老促会名誉会长）

　　　　顾兴伟（区委常委、组织部部长）

　　　　陈立文（副区长）

　　　　吴益新（区政协副主席、区民政局局长）

副主任：潘　炎（区老促会会长）

　　　　廖　佑（区老促会顾问）

　　　　陈　蕾（区老促会副会长）

　　　　汪椿涛（区政协文史委主任）

　　　　陈明校（区党史地志办主任）

　　　　黄　朝（区退役军人事务局局长）

　　　　蔡劲丹（区统计局局长）

　　　　杨浩章（区档案馆馆长）

主　编：廖　佑（兼）

副主编：陈明校（兼）

　　　　陈　蕾（兼）

　　　　吴兴旺（区党史地志办副主任）

　　　　车国辉（区党史地志办副主任）

梁春光（区党史地志办副主任）

唐剑龙（区扶贫办老区股股长）

成　员：马业英（区老促会副会长）

倪良生（区老促会副会长）

陆喜梅（区老促会副会长）

林　妍（区老促会副秘书长）

谢树银（区党史地志办地志股股长）

张　宇（区党史地志办综合股股长）

李繁荣（原县爱卫办主任）

吴　生（区党史地志办原主任科员）

招　贤（区关工委常务副主任）

委员会下设办公室（设在区党史地志办），负责日常工作。陈明校兼办公室主任，吴兴旺、车国辉、梁春光、林妍兼办公室副主任。

在举国欢庆新中国成立 70 周年前夕，中国老区建设促进会王健会长请我为《全国革命老区县发展史》丛书作序，作为一名在老区战斗过并得到老区人民生死相助的老兵，回首往事，心潮澎湃，感慨万千，深感义不容辞，欣然应允。

中国革命老区，是以毛泽东为代表的中国共产党人在领导人民推翻帝国主义、封建主义和官僚资本主义三座大山，争取民族独立和人民解放伟大斗争中建立的革命根据地，在这片红色的土地上，诞生了无数可歌可泣的革命英雄儿女，为后人树起了一座不朽的丰碑，她是新中国的摇篮，是党和军队的根。

在艰苦卓绝的战争年代，老区人民把自己的命运与中华民族的命运紧紧地联系在一起，与中国共产党和人民军队的命运紧紧地联系在一起，他们生死相依，患难与共。我曾亲历过战争年代，并得到过老区红哥红嫂的救助，切身感受到发生在身边的一幕幕撼天动地的革命故事，在那极其艰难的条件下，老区人民倾其所有、破家支前，不怕艰难困苦，不怕流血牺牲。"最后一碗米送去做军粮，最后一尺布送去做军装，最后一件老棉袄盖在担架上，最后一个亲骨肉送去上战场"，这是当时伟大的老区人民为建立新中国做出巨大牺牲的真实写照，它将永远镌刻在中国共产党、中国人民解放军、中华人民共和国的历史丰碑上。他们的光辉业绩永载史册，他们的革命精神必将影响一代又一代的革命新人，造就一代又一代的民族脊梁。

在社会主义革命和建设时期，革命老区和老区人民响应党的号召，面对落后的面貌、脆弱的经济、恶劣的生态环境，他们本色不变，精神不丢，自力更生，艰苦奋斗，干一行爱一行。始终坚持"革命理想高于天"，自觉做共产主义远大理想的坚定信仰者和忠实实践者，勇于向恶劣的自然环境和贫穷落后宣战，他们在各条战线上为国建功立业，用平凡的双手创造了一个又一个不平凡的奇迹，彰显了老区人的崇高精神和人格力量。

在改革开放的伟大进程中，老区人民解放思想，勇于创新，发奋图强，攻坚克难，老区的经济社会建设取得了辉煌成就。特别是在改变中国的面貌、中华民族的面貌、中国人民的面貌、中国共产党的面貌的伟大实践中发挥了至关重要的作用。老区人民既是改革开放的参与者，也是改革开放的推动者。

艰苦练意志，危难见精神。老区人民在近百年的革命战争、社会主义建设和改革开放的伟大实践中，孕育形成了伟大的老区精神：爱党信党、坚定不移的理想信念；舍生忘死、无私奉献的博大胸怀；不屈不挠、敢于胜利的英雄气概；自强不息、艰苦奋斗的顽强斗志；求真务实、开拓创新的科学态度；鱼水情深、生死相依的光荣传统。这是党和人民宝贵的精神财富、丰厚的政治资源，是凝心聚力、振奋民族精神的重要法宝，也是社会主义核心价值观的重要内容。

中国老区建设促进会怀着强烈的政治责任感和历史使命感，组织全国各地老促会人员克服困难，尽心竭力编纂《全国革命老区县发展史》丛书，记录老区的光辉历史和辉煌成就，传承红色基因，弘扬老区精神，是功在当代、利及千秋的一件大事。手捧这部丛书的部分书稿，读着书中的故事，倍感亲切，深感这部丛书具有资政、育人、存史的社会功能，有着重要的时代和历史价值。它是不忘初心、牢记使命的源头活水，是赞颂共产党、讴歌老区人民的一部精品力作，是弘扬老区精神、传承红色记忆的丰厚载体，是一项继承优秀传统文化、弘扬革命文化、发展社会主义先进文化，坚定"四个自信"的宏大文化工程。它必将成为一种文化品牌，为各界人士了解老区宣传老区支持老区提供一部有价值的研究史料。希望读者朋友们能从中了解并牢记这些为党和民族的利益不断奉献的老区人民，从中得到教益，汲取人生奋斗的精神动力。

新时代赋予新使命，新起点开启新征程。让我们更加紧密地团结在以习近平同志为核心的党中央周围，坚持以习近平新时代中国特色社会主义思想为指导，增强"四个意识"，坚定"四个自信"，做到"两个维护"，弘扬老区精神，铭记苦难辉煌。为实现"两个一百年"奋斗目标，实现中华民族伟大复兴的中国梦作出新的更大的贡献！

邝湾田

2019 年 4 月 11 日

2017 年 6 月，中国老区建设促进会组织全国各地老促会启动编纂《全国革命老区县发展史》丛书，按照"建立中国共产党、成立中华人民共和国、推进改革开放和中国特色社会主义事业"三大里程碑的历史脉络，系统书写革命老区百年历史，深入挖掘革命老区红色文化资源，这对于充实丰富中国革命史籍宝库、在新时代传承红色基因、弘扬革命精神、强固根本，对于激励人们在新的历史条件下夺取中国特色社会主义伟大胜利，实现中华民族伟大复兴的中国梦具有重要意义。

从书编纂以习近平新时代中国特色社会主义思想为指导，以《中国共产党历史》《中国共产党的九十年》等重要文献为基本依据，以党的领导为核心，以老区人民为主体，以老区发展为主线，体现历史进程特征，突出时代发展特色，坚持辩证唯物主义和历史唯物主义相统一、历史真实性与内容可读性相统一的原则，书写革命老区从站起来、富起来到强起来的光辉革命史、不懈奋斗史、辉煌成就史，把老区人民的伟大贡献、伟大创造、伟大成就、伟大精神充分展示出来，形成一部具有厚重历史特征和鲜明时代特色的精品力作。这是一部培根铸魂、守正创新，既为历史立言，又为时代服务，字里行间流淌着红色血脉、催生着革命激情的传世之作。丛书的编纂出版将成为讴歌党讴歌人民讴歌时代、传播红色文化、为革命老区和老区人民树碑立传的重要载体。

丛书按照编年体与纪事本末体相结合、以编年体为主的编写体例确定框架结构；运用时经事纬、点面结合的方式记述史实；坚持人事结合、以事带人的原则处理人与事的关系；采取夹叙夹议、叙论结合以叙为主的方法展开内容。做到了史料与史论、历史与现实、政治与学术统一，文献性、学术性、知识性相兼容。

为编纂好《全国革命老区县发展史》丛书，打造红色文化品牌，中国老区建设促进会认真组织积极协调，提出政治立场鲜明、史料真实准确、思想论述深刻、历史维度厚重、时代特色突出、编写体例规范、篇目布局合理、审读把关严格、出版制作精良的编纂出版总要求，力求达到革命史籍精品的精神高度、思想深度、知识广度、语言力度，增强丛书的权威性和社会影响力。各省（区、市）、市（州、盟）、县（市、区、旗）老促会的同志，以强烈的使命感、责任感和紧迫感，勇于担当，积极作为，认真实施，组织由老促会成员、专家学者等参加的十余万人编纂队伍。编纂工作主体责任在县，省、市组织协调、有力指导、审读把关。各方面人员以高度负责的精神和科学严谨的态度，满腔热情地投入工作，为丛书编纂出版做出了重要贡献。丛书编纂工作还得到了党和国家有关部委、地方各级党委政府及有关部门的大力支持和积极参与，社会各界也给予了热情帮助。中共中央政治局原委员、中央军委原副主席、原国务委员兼国防部长迟浩田上将，对老区人民怀有深厚感情，对革命老区建设发展十分关注，欣然为《全国革命老区县发展史》丛书作总序。

丛书由总册和 1599 部分册（每个革命老区县编纂 1 部分册）组成，共 1600 册。鉴于丛书所记述的史实内容多、时间跨度长和编纂时间紧，不妥之处，敬请批评指正。

中国老区建设促进会

● 革命战争时期 ●

电白党组织使用过的党旗

电白农会使用过的会旗

电白农会使用过的马灯

电白农会早期使用过的武器

邵贞昌使用过的墨砚、私章盒

电白农会会员使用过的茶壶和碗

广东南路建立的第一个党支部旧址严家祠

解放大军进入电白县城盛况（油画）

电白早期革命者邵贞昌

率部打响南路抗日第一枪的黄秋耘

粤桂边五支队十三团原团长黎光烈在 1949 年转战茂电阳时在阳江留影（黎保提供）

霞洞古乐村革命老基地

华楼堡地下交通站茂
电信领导居住遗址

沙琅谭儒小学革命老
区纪念亭

水东镇澄波街木皮
横巷一横 19 号斜对
面——涂锡鹏交通站
遗址

那霍热水洞革命遗址

坡心李灏家交通联络
站旧址

林头镇谭黄村中共地下交通站遗址

霞洞镇汉人坡张炎将军视察万人
抗日武装演讲台遗址

革命老区那霍茶山牛蕴村革命根据地旧址

霞洞浮山岭革命烈士纪念碑

马踏赤岭革命烈士纪念碑

马踏下河村革命史迹碑志

树仔下坡村革命史迹碑志

那霍茶山革命史迹碑志

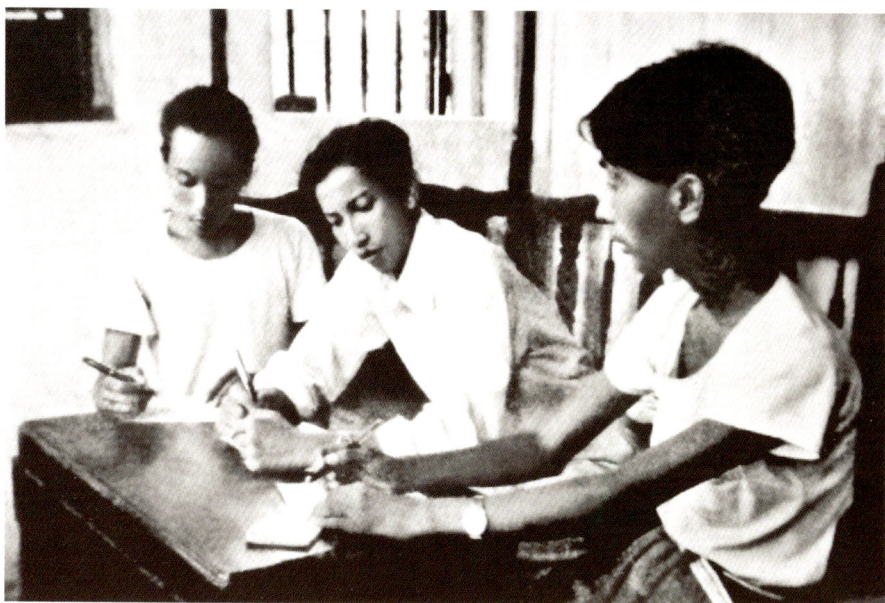

电白解放前夕，中共电白中学党支部召开支委会，讨论迎接解放大军进城的问题。中为支部书记杨猗青，左为组织委员吴缵勋，右为宣传委员蔡作

电白县革命烈士纪念碑重建揭幕仪式部分老同志合影。前排左起：钟正书、袁惠慈、王国强、严子刚、廖华、陈军、叶春，后排左起：李康寿、李灏、罗文洪、刘炽昌、蔡智文

● 新中国建设时期 ●

电白县奖状

坡心镇奖状

水东镇奖状

《南方日报》
1960 年 6 月 6 日版

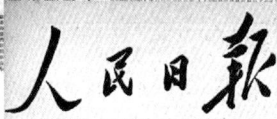

《人民日报》
1961 年 3 月 20 日版

《南方日报》1963 年 6 月 5 日版

《人民日报》1965 年 3 月 11 日版

县委书记王占鳌和他一手营造的绿色长城

1963年春，电白县委书记王占鳌与以围捕美蒋特务为题材的电影《南海的早晨》中饰王书记的长春电影制片厂著名演员史可夫合影

20 世纪五六十年代电白人民兴修水利的场景

县委书记王占鳌与干部群众在荒沙滩上义务植树

● 改革开放掀巨变 ●

电白邮电大楼

闻名全国的电白早熟荔枝带

电白县电力局建成的电力调度计算机自动化系统

电白县税务部门建成使用的规范化的办税大厅

电白建成 110 千伏供电站

电白电力寻呼台

老区华楼新农村雄姿

电白县行政中心远眺（蔡焕 摄）

电白西湖公园新姿（刘泰 摄）

电白滨海旅游度假区浪漫海岸

电白城区迎宾大道（曾庆鑫 摄）

电白通衢大道（曾庆鑫 摄）

浮山魂（曾庆鑫 摄）

引罗供水工程沙琅泵站施工现场

深茂铁路电白站

和谐号

星光大道（蔡焕 摄）

包茂高速与沈海高速的大昌口互通

在建中的水东湾跨海大桥（刘泰 摄）

水东登步大桥（曾庆鑫 摄）

海魂（曾庆鑫 摄）

电白体育馆雄姿（曾庆鑫 摄）

蓬勃发展的电白房地产业

巨变中的水东湾畔雄姿

美丽的水东湾海洋公园（刘泰 摄）

改造后水东东湖一景（蔡焕 摄）

黄金海岸（陈毅艺 摄）

微信扫描二维码
您立即开展本书的
延伸阅读。

在中国共产党成立 100 周年即将到来之际，中国老区建设促进会（简称"老促会"）发出《关于编纂全国 1599 个革命老区县发展史的安排意见》，接着，广东省老促会发出《关于印发编纂〈革命老区县发展史〉丛书有关文件的通知》，要求全省 115 个革命老区县都要编写各自的老区发展史。电白作为全国 1599 个革命老区县之一，而入编该丛书的行列。为此，区委、区政府、区老促会、区党史地志办都高度重视，成立了相应的领导机构，组织相关人员着手编纂。这是贯彻习近平总书记有关老区工作指示和十九大关于传承红色基因的具体行动，也彰显了电白革命老区的奋斗史、成就史，打造出光彩绚丽的红色名片，给后人留下一笔宝贵的精神财富，是向中国共产党成立 100 周年献上一份厚礼的大事，使命光荣、意义重大！

电白是广东南路一块红色热土，也在粤西地区有着深厚的红色底蕴。在那个风起云涌、风雷激荡的新民主主义时期，正是红色革命和白色反革命殊死搏斗的时代。

年轻的中国共产党，高举着新民主主义的旗帜，支持孙中山"联俄、联共、扶助农工"三大政策，有效地促进了国共合作和工农革命运动。于是，中国社会进入了大革命时期。

1925—1927 年，以中山大学学生邵贞昌为代表的一批电白籍年轻的共产党员，在广州受命回到家乡，以坚定的马克思主义信仰、灼热的革命情怀、果敢的革命行动，宣传群众，发动群众，组织群众，以农民革命的熊熊烈火点燃了电白大地。电白的农民运动紧连着全国的革命大潮，而且成为这个大潮中汹涌澎湃的一部分。同当时的工人运动、学生运动、妇女运动紧密相连。中国革命的星星之火，迅速发展成燎原之势。

1927年，反动成性的蒋介石恨不得一下子扑灭革命烈火、平息革命大潮，悍然在上海发动了"四一二"反革命政变，企图用斩尽杀绝的大屠杀和白色恐怖把人民革命镇压下去。在这场大屠杀中，大批共产党员惨遭杀害，各级党的领导机关被摧毁。过了10天，电白也出现了"四二二"反革命事件，共产党员和农民协会干部绝大部分壮烈牺牲，幸存者也失散各方，与上级党组织失联达10年之久。在革命史册上，留下了邵贞昌、区就宪、陈德滨、崔万选、崔万佳等电白党组织创建人金光闪闪的名字。

中国共产党广东区委和南路领导机关似寻找失散了孩子的母亲般，伺机派出人员，历尽艰辛与幸存的党员恢复联系，以艰巨而出色的工作重建党组织，医治好身上的创伤，揩干身上的血迹，又继续战斗。电白因而成为具有光荣革命传统的一方热土。

此后，电白党组织领导着自己的党员，经过各个革命时期，历险克难，在斗争中成长，在磨炼中壮大，不辞艰险，不畏牺牲，为了祖国的独立、民族的解放，同帝国主义、封建主义和国民党反动派进行英勇斗争，经受着浴火重生，前仆后继，用鲜血和生命谱写了一曲曲气势磅礴的英雄赞歌。

中华人民共和国成立后，电白党组织带领全县人民迅速转入社会主义革命建设进程。全县90%以上的镇，先后被评为抗战时期和解放战争时期革命老区。为改变电白老区面貌，全县各界优秀儿女继承先烈遗志，砥砺前行，兴修水利、植树造林、大搞卫生、大修公路、发展生产,实现了"卫生好、交通好、绿化好、水利好、生产好"这一闻名全国的广东省"五好县"殊荣,并迅速成为当时全国的一面红旗。

如果说前30年电白是打基础的缓慢发展时期,那么进入改革开放后的40年,则是老区电白突飞猛进的辉煌发展时期。改革开放前的1978年,全县的地区生产总值(GDP)仅仅实现2.72亿元。但改革开放后,全县经济总量持续稳步攀升。至2002年,全县生产总值首次突破百亿元大关,实现地区生产总值109.50亿元;十年后的2012年,全县生产总值一下子攀升至300亿大关,实现地区生产总值302.55亿元;2014年电白撤县建区后则迅速飙升至500亿元大关,实现地区生产总值516.79亿元;至2017年全区更是取得惊人的突破,仅用三年时间就迈进600亿元之列,实现地区生产总值613.69亿元,连年一直稳居茂名市各县(区、市)之首!

如今的老区电白,已是中国沉香之乡、中国建筑之乡,还是广东省龙舟之乡、教育强区、体育先进区、林业生态区、水产品先进区、现代农业科技示范区和产油、产粮、产肉大区。其发展战略定位是:建设成为粤西县域经济排头兵、湛茂阳临港经济圈核心区、特色优势产业集聚地,当好建设产业实力雄厚的现代化滨海城市、打造广东沿海经济带上的新增长极的主力军。

如今的老区电白,全区上下致力抓党建、强治理、促发展、惠民生,聚焦交通基础设施建设、城区扩容提质、园区扩能增效"三大抓手"发力,交通四通八达,经济社会蓬勃发展,城区风景如画,乡村越来越美,群众的幸福感、获得感不断增强,各方面实力和颜值不断刷新,宜居宜业的环境品质和综合竞争力稳步提升,一个全新的大电白已经展现在人们的面前。

《茂名市电白区革命老区发展史》,是一部电白的革命史、英雄史、奋斗史、成就史。全书六大章加附录近30万字。本书集思想性、资料性、可读性于一体，图文并茂，主题鲜明，结构严谨，史料翔实，富含红色基因，是一部继承老区光荣传统、弘扬老区革命精神、激励老区人民斗志、凝聚老区建设力量的红色典籍，也是一部不可多得的爱国主义红色乡土教材。

"历史是最好的教科书。"正如习近平总书记指出的："不忘本来才能开辟未来，善于继承才能更好创新。"让我们牢牢把握党的历史发展的主题和主线，紧密团结在以习近平同志为核心的党中央周围，高举习近平新时代中国特色社会主义思想伟大旗帜，树牢"四个意识"，坚定"四个自信"，做到"两个维护"，不忘初心，牢记使命，勇于担当，砥砺奋进，为建设宜居宜业平安有序的滨海新电白而努力奋斗！

吴兆奇

（作者系解放战争时期老同志，茂名市政协原主席）

1

第一章

红色区域优势多　老区前景更美好

基本情况

一、位置面积

茂名市电白区位于广东省西部，粤西地区的东部，茂名市的东南部。介于东经 110°54′~111°29′、北纬 21°22′~21°59′之间。南部濒临南海，东部交界阳江市（1988 年 1 月撤县设地级市）阳西县，东北部毗邻阳春市（1994 年 5 月撤县设县级市），北部连接高州市，西部紧靠湛江吴川市（1994 年撤县设县级市）。东西宽约 50 千米，南北长约 55 千米，2017 年末全区陆地面积 2128 平方千米。海岸线总长约 220 千米，有放鸡岛等 21 个岛礁，其中 40 米等深线海域面积约 4300 平方千米（其中 20 米等深线海域面积 1132 平方千米，10 米等深线海域面积 480 平方千米）。电白区人民政府驻地老区水东镇，距茂名市中心城区 20 千米，距省会广州市约 350 千米。

二、撤县设区

电白是个"千年古县"，隋朝置县迄今已达 1400 多年。直至 2001 年 1 月，国务院批准从电白县 25 个镇中划出南海等 6 个镇设立茂名市茂港区（面积 420 平方千米），余下 19 个镇为电白县行政区域（面积 1829 平方千米），电白县名不改。2014 年 1 月，经国务院批准，原茂名市茂港区和电白县重新合并，设立茂名市电白区（面积2229平方千米，含羊角镇），直辖为茂名市区的一部分。茂名市电白区人民政府设在原电白县人民政府驻地海滨大道1号行政中心。2014年4月18日，茂名市电白区挂牌成立。

三、行政区划

新中国成立至2017年，电白行政区划历经多次调整。其演变过程如下：

1950年11月7日，电白县政府决定以解放战争时期的工作地区为基础，全县划为6个区36个大乡、173个小乡。第一区设址电城，辖电城、马踏、大榜、爵山；第二区设址树仔，辖树仔、麻岗、博贺、红花；第三区设址水东，辖水东、南海、沙院、七迳、潭阪、旦场；第四区设址羊角，辖羊角、大同、林头；第五区设址观珠，辖观珠、大衙、望夫；第六区设址沙琅，辖沙琅、那霍、黄岭、霞洞。

1950年，小乡改设行政村，全县为6个区36个乡193个行政村，3669个自然村。

同年3月，为配合土地改革（简称"土改"）颁发土地证工作和下一步全国性的基层普选工作做准备，全县进行区乡调整，由原6区36乡划为14个区、1个区级镇和179个小乡、3个乡级镇。区级镇为水东镇；乡级镇为电城镇、博贺镇、沙琅镇。区分为：一区马踏，二区电城，三区麻岗，四区博贺，五区旦场，六区下里，七区沙院，八区七迳，九区羊角，十区林头，十一区霞洞，十二区观珠，十三区沙琅，十四区那霍。

1957年2月3日，县委决定，撤销区一级编制，将原来的179个小乡，并为63个中乡，原水东、电城、博贺、沙琅4个镇建制不变。

同年末，全县置水东、博贺2个镇，将63个中乡合并为28

个大乡。是年，粤西行政专员公署改为湛江专区，后又改为湛江地区。电白县仍由湛江地区管辖。

1958 年 9 月 17 日，全县实现人民公社化，共组建 7 个政社合一的人民公社：前进（水东）、红旗（电城）、红星（麻岗）、卫星（坡心）、金星（羊角）、跃进（观珠）、东风（沙琅）。

同年 12 月，小良（原茂名县肇祥乡）从茂名县火箭人民公社分出，划入电白县，与覃巴（吴川县划入）、沙院组建八一人民公社。其时，人民公社实行军事编制，全县计 8 个人民公社，69 个营，450 个连，4500 个排。

1959 年 2—10 月，析前进人民公社设水东、南海 2 个人民公社；析红旗人民公社设马踏、电城、爵山、大榜 4 个人民公社；析红星人民公社设麻岗、旦场、博贺 3 个人民公社；析卫星人民公社设坡心、七迳 2 个人民公社；析金星人民公社设羊角、林头 2 个人民公社；析跃进人民公社设霞洞、观珠 2 个人民公社；析东风人民公社设沙琅、望夫、那霍 3 个人民公社和罗坑综合农场；析八一人民公社设小良、沙院 2 个人民公社（覃巴重归吴川县）。10 月，从电城、麻岗人民公社中分设树仔人民公社。全县计 21 个人民公社和罗坑综合农场。

1961 年 6 月，恢复区级建制，全县设 6 个区。一区电城，辖电城、爵山、大榜、马踏、龙湾 5 个人民公社；二区麻岗，辖麻岗、树仔、博贺、旦场 4 个人民公社；三区水东，辖水东、陈村、南海、沙院、小良、七迳 6 个人民公社；四区坡心，辖坡心、谭莲、羊角、大同、林头 5 个人民公社；五区观珠，辖观珠、霞洞、下岭（石顶）、大衙、佛仔楼 5 个人民公社；六区沙琅，辖沙琅、黄岭、望夫、罗坑、那霍 5 个人民公社。全县计 30 个人民公社，566 个大队，7786 个生产队。

1963 年 2—3 月，撤销区级建制，部分人民公社进行调整。

龙湾人民公社并入马踏人民公社，谭莲人民公社并入坡心人民公社，大同人民公社并入羊角人民公社，下岭（石顶）人民公社并入霞洞人民公社，佛仔楼人民公社并入观珠人民公社。全县计有25个人民公社。

1965年9月，撤销水东镇人民公社，重设水东镇建制；撤销博贺镇人民公社，重设博贺镇和新设博贺人民公社（即全县设2个镇24个人民公社）。

1968年11月，析电城人民公社设电城镇。至此，全县置水东、电城、博贺等3个镇和马踏、爵山、大榜、电城、博贺、树仔、麻岗、旦场、陈村、南海、沙院、小良、七迳、坡心、羊角、林头、霞洞、大衙、观珠、沙琅、黄岭、望夫、那霍、罗坑24个人民公社，辖366个大队，14个居民委员会（简称"居委会"），7322个生产队。

1983年12月20日，实行政社分权，恢复区乡建制，撤销24个人民公社，设置24区（其中"大榜"1974年起改称"岭门"）、371个乡、5117个村民委员会（简称"村委会"）；恢复羊角、沙琅为乡级镇，水东、电城、博贺3个区级镇及其所辖的14个居委会建制不变，水东镇的上排、罗屋、城岭3个大队合并为附城管区，电城镇的城关大队改为城关管区，博贺镇的博美大队改为博美管区。

1986年11月17日至1987年4月10日，全县撤区建乡镇。撤销24个区、371个乡和羊角、沙琅2个乡级镇，设置21个镇和陈村、望夫2个乡；原水东、电城、博贺3个镇建制不变。原电城区的行政区域并入电城镇。原小乡建制改设村委会，全县设377个村委会，40个居委会，9个渔业管区（社）。

1988年3月和5月，陈村乡、望夫乡又先后撤乡建镇。至此，全县辖有26个行政镇。

1989 年 10 月，村委会改称管理区。

1990 年，全县划分为马踏、爵山、岭门、电城、博贺、龙山、树仔、麻岗、旦场、陈村、水东、南海（1992 年茂名市在南海镇设立茂名市水东经济开发区，代管南海，管辖面积 47 平方千米）、沙院、小良、七迳、坡心、羊角、林头、霞洞、大衙、观珠、沙琅、黄岭、望夫、那霍、罗坑 26 个镇，380 个管理区，42 个居委会，10 个渔业管区，4615 个自然村。县人民政府所在地不变。

1995 年 11 月，经广东省民政厅批准，将 17 平方千米的陈村镇撤销并入水东镇。

1999 年 1 月，全县撤销管理区，改设村（居）委会，全县设立村委会 375 个，居委会 37 个。至 2000 年，全县有村委会 383 个，居委会 41 个；县城水东城区面积扩大到 14.6 平方千米，总人口 13.6 万人（同年 12 月 25 日，电白县委、县人大、县政府和县政协等从澄波街 145 号迁到海滨大道 1 号新的县行政中心办公）。

2001 年 1 月，国务院批准从电白划出羊角、坡心、七迳、沙院、小良、南海（水东经济开发区）6 个镇设立茂名市茂港区（区政府所在地南海街道办），电白县仍保留马踏、爵山、岭门、电城、博贺、龙山、树仔、麻岗、旦场、水东（含陈村）、林头、霞洞、大衙、观珠、沙琅、黄岭、望夫、那霍、罗坑 19 个镇。

2003 年 12 月，撤销爵山镇并入电城镇，撤销龙山镇并入博贺镇，撤销大衙镇并入林头镇，全县行政区划为马踏、岭门、电城、博贺、树仔、麻岗、旦场、水东、林头、霞洞、观珠、沙琅、黄岭、望夫、那霍、罗坑 16 个镇（陈村镇建制因种种原因仍保留，但仅为虚拟镇）。

2012 年 4 月 26 日，广东茂名滨海新区管理委员会挂牌成立，该区规划面积1688平方千米（经济功能区，非行政区），人口250多万人，含电白县、茂港区、茂南区19个镇、6个街道办。即电白县有水东、电城、林头、旦场、博贺、麻岗、树仔、岭门、马踏9个镇；茂港区有七迳、坡心、小良、沙院4个镇及南海、高地2个街道办；茂南区有鳌头、袂花、镇盛、公馆、金塘、新坡6个镇及河西、红旗、新华、露天矿4个街道办。

同年10月11日，茂名高新技术产业开发区（简称"高新区"）党工委揭牌成立。该区是以茂名石化产业园、革命老区七迳镇"园镇融合"的形式而成立。

2013年4月26日，广东茂名博贺湾海洋经济综合试验区成立。同日，市政府将原属电白县的电城、博贺2镇实行交割，正式列入该区单独管理。

同年7月5日，广东茂名水东湾新城成立，其规划范围为：北至港城路，西至工业大道，南至南海，东至王村，面积约168平方千米（包括陈村、水东—旦场、南海—高地两个重点开发区，面积约98平方千米，其余为协调发展区，面积约70平方千米）。

2014年1月，经国务院批准，原茂名市茂港区和电白县合并为茂名市电白区（即版图重新回到2001年前的原电白县行政区域）。区人民政府所在地在原电白县人民政府驻地海滨大道1号行政中心。4月18日，茂名市电白区挂牌成立。

至此，茂名市电白区的行政区划包含茂名高新区、茂名博贺湾海洋经济综合试验区、茂名水东湾新城三大经济发展平台和马踏、岭门、树仔、麻岗、旦场、水东、林头、霞洞、观珠、沙琅、黄岭、望夫、那霍、罗坑、南海街道、高地街道、沙院、小良、坡心、羊角、七迳（高新区）、电城、博贺（电城、博贺列入滨海新区起步区）23个镇（区、街道）（陈村、曙光农场、水丰农场和电白盐场列为虚拟镇）。全区设 372 个村委会（含博贺镇 5 个渔委会），79 个社区（居委会），4343 个自然村。全区总面积 2229 平方千米，户籍人口 199.51 万人，常住人口 165.92 万人。

2017 年 9 月，电白区行政区域再一次调整，原属电白区的羊角镇划入茂南区管辖。至 2017 年末，全区行政区域包括南海街道、高地街道以及沙院、小良、七迳（高新区）、坡心、马踏、岭门、树仔、麻岗、旦场、水东（含陈村）、林头、霞洞、观珠、沙琅、黄岭、望夫、那霍、罗坑、电城、博贺等 2 个街道 20 个镇。全区设 351 个村民委员会（含博贺镇 5 个渔民委员会，简称"渔委会"），58 个社区（居民委员会，简称"居委会"），3982 个自然村（含农场）。全区的总面积变更为 2128 平方千米，户籍总人口 193.27 万人，常住人口 154.4 万人。水东主城区面积扩大到 60 多平方千米，总人口超过 30 万人。

四、历史沿革

电白历史悠久，底蕴深厚。秦时已建郡，隋时置县距今 1400 多年，是国内有名的"千年古县"之一。

公元前 2000 多年的尧舜时代，电白为南交地。

三代（夏、商、周）时是扬州之南裔。

春秋战国时为百越地。

秦始皇统一六国后，嬴政三十三年（公元前 214 年）打败西瓯、骆越等部落，统一岭南，置桂林、南海、象三郡，时电白地为南海郡之西境。秦末，赵佗盘踞粤地，自封南越王，电白地为其辖境。

汉朝，武帝元鼎六年（公元前 111 年）平粤，始设交州合浦郡，电白属合浦郡高凉县地。三国时属吴国高凉郡。南北朝析高凉郡置电白、海昌二郡，郡址设在高凉西北境（今高州市长坡旧城村）。南朝梁普通三年（公元522年）农历十一月二十四日（农历），洗太夫人出生于古高凉丁村（今电白电城镇山兜丁村）。

隋朝，开皇九年（589年），电白、海昌二郡合并为电白县，这是电白以县称之始，隶属高州，治所未变。仁寿元年（601年）年末，中华民族杰出的政治家、军事家洗夫人卒于海南，翌年正月十七日，归葬于其故里，即娘家山兜之原。

唐朝，电白地属岭南道。武德四年（621年），废高凉郡，电白县和连江县隶广州。唐武德五年（622年），析连江县复置南巴县；良德县自泷州改隶高州。唐武德六年（623年），复置高州，州治在高凉，电白、连江、南巴、良德等县同隶高州。贞观二十三年（649年），高州徙治良德县。开元五年（717年），移治连江县。连江县改名为保安县。天宝元年（742年），高州改称高凉郡。乾元元年（758年），复称高州。其时，保安县仍为高州、高凉郡治所，其间保安县改名为保宁县。大历十一年（776年），高州徙治电白县。辖电白、良德、保宁三县。州、县同治，始筑土城。县城周围328丈5尺，高6尺。这就是电白最早的县城。

五代十国时，县名不变，属南汉国土。

宋朝，隶广南西路。开宝五年（972年），保宁、良德两县废入电白县。南巴县废入茂名县。景德元年（1004年），高州废，电白县改隶窦州。景德三年（1006年），复置高州，电白县仍为该州治所。

元朝，隶湖广行中书省海北海南道高州路。至元十七年（1280年），高州改称高州路，路治在电白县；大德八年（1304年）路治徙茂名县，以旧州址为电白县城；至正十五年（1355年），还治电白县。

明朝，隶广东布政使司高州府。洪武元年（1368年），高州路改为高州府；洪武七年（1374年）十一月降为州，洪武九年

（1376年）四月复为府。成化三年（1467年）九月，电白县移治于神电卫（今电城镇），割附郭、朗韶、朗肆、地安、怀德等6乡以属茂名县。茂名县下博乡地（原良德县部分地和南巴县地）划入电白县。同时府治也从电白县徒迁茂名县。

清仍明制，隶广东省高雷道（后改高雷阳道）高州府。

中华民国期间，电白县先后隶广东省高雷阳道、高州军政分府、广东省政府高州绥靖处、广东省高雷道、广东省南路绥靖委员会、广东省南路行政专员公署、广东省第七行政督察区、广东省南路行署、广东省第八行政督察区。1939年（民国28年）1月，为避日机轰炸，县治徒霞洞乡大村，1947年（民国36年），复迁回电城。

1949年10月29日，中国人民解放军第二野战军四兵团四十师一二〇团（陈赓部）从阳江儒洞进军电白，是日县城解放。电白地方游击队领导王学明、钟正书各带游击队先后到达电城，与解放军部队团长、政委会见，介绍电白情况，正式接管政权。

1950年12月16日，县治从电城镇迁至水东镇。1952年南路行署分设合浦、高雷两个专区，电白县属高雷专区；1953改为粤西行政专员公署，1957年改为湛江专区，后又改为湛江地区。1983年9月，湛江地区撤销，电白县隶广东省茂名市。2014年1月经国务院批准撤县改为茂名市电白区。

五、自然特点

电白区地处北回归线以南低纬度地区，属南亚热带季风气候。全年气候温暖，阳光充足，雨量充沛，水热同季，少霜无雪，四季如春。其地背山面海，地理环境独特。地势自东北向西南倾斜，北、东北部高，南、西南部低，南部南海环绕，港湾迂回。山区、平原、沿海台地各占三分之一，即北部属中低山地，中部属沿江平原和低丘陵地，西南部为黄土丘陵，南部属沿海台地。境内主要河流有沙琅江、儒洞河、龙珠河、马店河、大桥河、麻岗河、旦场河、寨头河等。电白是茂名市唯一沿海地区，有海岸线 220 千米。岸前岛屿有大放鸡岛、小放鸡岛、横洲岛、峙仔岛、大竹洲岛、三洲岛、水东岛 7 个。其中电白第一大岛大放鸡岛习惯上称作放鸡岛，面积 1.9 平方千米，岛上自然风光秀丽，天然景观奇异多姿，山清水秀，林密石奇。其周围海水清澈见底，能见度 8 米，位居亚洲第一、世界第二，是理想的潜水胜地。2004 年起，由台湾老板陈明哲投资数亿元建成国家 AAAA 级旅游景区，年均接待游客近 50 万人。第二大岛水东岛又名大洲岛，位于水东湾东南方向 2 千米海面上，面积 0.92 平方千米，在建的水东湾跨海大桥就在此岛。

六、资源优势

（一）自然资源

电白区自然资源丰富，其中矿产资源种类繁多。全区已探明的矿产有 7 类 40 多个品种，包括钨、锡、金、钾长石、锆英石、独居石、煤、油页岩、高岭土、石灰石等，其中石灰石储量超过 2 亿立方米，高岭土（陶瓷土）储量在 1.4 亿吨以上。野生植物有酸荔枝、龙眼木、电白沉香（白木香）、桫椤、红树、榕树、单竹、麻竹、石竹、簕竹等 480 多个品种；野生动物有山猪、山狗、箭猪、山羊、野兔、狐狸、黄猄、果子狸、豹狸、水鸭、野鸡、白鹤、猫头鹰、禾花雀、海鸟、蟒蛇、眼镜蛇、穿山甲、龟鳖等 500 多种。水资源充裕，年淡水资源总量超过 34.2 亿立方米。农业资源品种繁多，盛产优质大米、花生、花生油、水东芥菜、红心鸭蛋，其中"电白花生油""电白红心鸭蛋"被誉为国家星火计划特优绿色食品，是广东省著名商标；闻名遐迩的"水东芥菜"是中国首获国家地理标志和农产品地理标志认证的优质蔬菜。电白的香精香料占全国市场份额70%以上，是全国最大的香精香料生产基地。电白是广东省"林业生态县（区）"，全区林业用地面积10.56万公顷，森林覆盖率46.1%，活立木蓄积298万立方米。其中有速生丰产林1万公顷，珍稀红豆杉30多公顷，种植名优药材电白沉香约1万公顷（其中多为珍贵奇楠沉香），是全国沉香树种植面积第一县（区）、全国最大的沉香规范化种植研究示范基地和"中国沉香之乡"；名优岭南佳果种植面积累计4.23万公顷，其中荔枝2.7万公顷，龙眼6800公顷，其他水果8500公顷（含香蕉3000公顷、黄榄110公顷、芒果150公顷、杂果5240公顷），是全国最大的连片荔枝产业带，被列入国家现代荔枝产业技术体系示范县（区）和广东岭南现代水果创新团队示范县（区）。沿海10米内海面积约4万公顷，开发的水产养殖面积11815公顷（其中，海水养殖面积7528公顷、淡水养殖面积4287公顷）。全区对虾养殖面积2957公顷，是全国重要对虾生产基地。龟鳖养殖年存量80多万只，是全国最大的龟鳖养殖基地，其中沙琅镇2016年度被评为"中国养龟第一镇"和"中国石金钱龟之乡"。水产资源主要有鱼类、虾蟹类、贝类、藻类等，其中龙虾、对虾、石斑鱼、金线鱼（金丝鱼、刀鲤）、海蜇、膏蟹、牡蛎等优质海产品久负盛名，产品远销中国港澳和东南亚地区。主要旅游景点有冼太夫人故里文化旅游景区（AAAA级）、放鸡岛海上娱乐世界（AAAA级）、御水古温泉（AAAA级）、龙头山浪漫海岸（AAAA级）、茂名滨海公园（中国第一滩，通过国家AAAA级旅游景区专家评审）、沿海"绿色长城"、水东湾红树林、水东忠良沉香步行街（AAA级）等。"冼太故里""沙琅人家"等旅游特产商标注册成功。

（二）土地资源

电白区有土地资源 21.28 万公顷，其中耕地面积 4.37 万公顷。土地组合特征是山地、丘陵、台地、平原兼有。台地面积最大，为 892 平方千米，约占全区面积 41.9%。其次是丘陵，为538 平方千米，约占全区面积 25.3%。平原和山地最小，其中平原为 339 平方千米，约占全区面积 15.9%；山地为 359 平方千米，约占全区面积 16.9%。马踏、观珠、霞洞、林头、小良、坡心、那霍等老区镇是电白著名的粮油主产区。

（三）海洋资源

电白区海域界面，北起海岸线，南抵放鸡洋。有小直洲洋、竹洲洋、小放鸡洋、南海洋、三洲洋、晏镜洋、澳内海洋等。较有名的大、小港口有：茂名港（水东、炮台等几个港口统称），明朝正德年间外国商人曾在此"互市"贸易，它是清朝以来电白主要商港，与炮台港连片建成可停靠 0.3 万～30 万吨巨舰的对外开放口岸；博贺港，是天然的优良渔港，由原来的一级渔港升格为国家级中心渔港；还有大榜港、山后港、东山港、山前港、莲头港、南坝港、白蕉港、陈村港、那行港、晏镜港、澳内海港等。200 多千米的南部海岸线大多是溺谷港湾海岸。潮间滩涂面积 1万公顷以上，是盐业和海水养殖业的主要场所。海鱼品种众多，种类齐全，如鲜货有黄鱼、马鲛鱼、黑鲳、白鲳、金线鱼、波浪鱼、青鳞鱼、赤鼻鱼、带鱼、吉尾鱼、石斑鱼、羊鱼、鳗鳝、龙舌鱼、鲎鱼、沙鲇、乌贼（墨鱼）、鱿鱼、章鱼、鲨鱼等 100 多种，此外还有各种对虾、龙虾、膏蟹、青蟹、花蟹、海蜇、南风螺、蚝等。冰鲜鱼货主要为深海、中海鱼类，如夹鱼、蓝圆鲹、目连鱼、黄肚鱼、南鲳、黑鲳、鲨鱼、羊鱼等 30 多种；咸、熟类鱼货主要有金线鱼、红三鱼、狗姆鱼、带鱼、波浪鱼和苦条鱼、银鱼、毛虾等。干制品多为海珍品，如鱿鱼、虾米、海参、江珧

柱、鳖肚、鲍鱼、金线鱼、波浪鱼、蚝豉、乌贼、红鱼、银鱼、
鳗鳝、海蜇等。

（四）淡水资源

电白区年平均降水总量 38.7 亿立方米。水资源总量 34.2 亿
立方米/年。其中河川径流总量 20.48 亿立方米/年（含浅层地下
流补给量 3.38 亿立方米），浅层地下径流总量 13.77 亿立方米/
年，还原水 2.71 亿立方米/年。每平方千米产水量 91.96 万立方
米。河川径流丰枯差异较大，丰水年 31.54 亿立方米，平水年
19.46 亿立方米，枯水年 12.9 亿立方米。全区有罗坑水库 1 座大
型水库，黄沙、河角、旱平、热水 4 座中型水库，99 座小型水
库，总库容 3.17 亿立方米，大、小水电站 35 座，装机容量 4.8
万千瓦。

（五）人文资源

电白历史悠久，人文荟萃，是"中国巾帼英雄第一人"冼太
夫人的故里。隋谯国夫人冼氏墓，于 2013 年 3 月 5 日被核定为全
国重点文物保护单位，成为茂名市属首个拥有"国保"单位的县
（市、区）。千百年来形成的冼太夫人文化、海洋文化、荔枝文
化、民间民俗文化（含疍家、俚族、龙舟和年例文化）等极享盛
名。民间民俗文化中，电白赛龙舟历史最为悠久。电白博物馆保
存的两条独木古龙舟，是 20 世纪 90 年代初在电白境内的沙琅江
打捞出来的，经广东省文物专家鉴定为隋唐时期物，证明电白赛
龙舟的历史超过 1000 年；高脚狮、麒麟舞、鳌鱼舞、火龙舞、凤
鸡舞、火把舞、木偶戏、咸水山歌、电白年例、水东曲艺等名扬
省内外，其中民间奇葩瑰宝高脚狮、麒麟舞、鳌鱼舞等分别被列
入国家、省级非物质文化遗产。2010 年，由老区电城选送的电白
高脚狮舞在上海世博会"广东周"文艺展演阶段代表茂名市在会
上隆重献演，为广东争得殊荣。新中国成立以来，电白荣获"全

国双拥模范县""全国爱心献功臣行动先进县""全国关心下一代工作先进县""全国绿化先进县""全国水产先进县""全国农、林、牧、渔及水果总产值百强县""全国农技推广示范县""中国沉香之乡",以及"广东省双拥模范城（县）""广东省龙舟之乡""广东省体育先进县""广东省民族民间艺术之乡（水东镇）""广东省林业生态县""广东省优秀产业转移工业园区""广东省水产品加工产业集群示范区""广东省产油产粮产肉大县""广东省现代农业科技示范县""广东省水产品先进县"等殊荣。历代名人也很多，其中比较著名的有冼太夫人及其子孙冯仆、冯盎、冯智戴，唐代著名宦官高力士（冯元一），南宋抗元英雄、被赵昺帝敕封为"忠烈侯"的黄十九，爱民如子的罗城知县黄廷圭，被人们称为"虚堂一镜"的明朝吴县知县、肃贪好官崔浩，被清乾隆御笔写《悼阵亡游击邵应邺诗》的抗缅英雄邵应邺等。近、现代名人更多，主要有革命烈士邵贞昌、黄履韵、程允祯、王杰、林凤文、李嘉、梁之模、黄祖文等，已故全国著名土壤专家谢申，抗日爱国将领李以劻，电白老革命、原浙江金华军分区政治部主任严子刚，著名伊体书画家陈光宗，还有健在的中国社会科学院文学研究所原所长、著名文学理论家杨义，中国稀土化学研究专家、中国科学院学部委员黎乐民，广东省原副省长、深圳市委原书记、全国人大财经委原副主任李灏，以及吴兆奇、梁振元、蔡旭、张慧谋等当代名人。

（六）旅游资源

电白拥有海水能见度亚洲排名第一、世界排名第二的放鸡岛天然潜水基地（海水能见度8米），全国最大的咸水潟湖水东湾（3000多公顷），全国最大的香精香料产量产值基地（占全国市场份额七成以上），全国连片种植面积最大的荔枝带（连片种植荔枝2.7万公顷），全国沉香树（奇楠）种植面积第一县（区）（种植面积超过 1 万公顷）。名胜古迹和旅游资源极为丰富。新中国成立前有电白旧八景：庄山碧嶂、莲岭青屏、龙潭映日、马踏生风、石龟伏壑、放鸡回澜、温泉春浴、咸水晴鱼；新中国成立后有电白旧十二景：山兜圣境、荔映丹霞、龙盘绿海、虎踞银滩、温泉春浴、鸡岛龙宫、莲峰观涛、庄山碧嶂、菠峦叠翠、鹅凰戏水、绿色长城、锦盖磻坑。此外，还有冼太夫人故里、隋谯国夫人冼氏墓、庄山庙、钟鼓楼、"忠烈侯"黄十九墓、罗城井、严家祠（广东南路第一个党支部成立地）、观珠汪氏宗祠、树仔登楼天后宫、麻岗热水温泉、观珠龙珠温泉等名胜古迹。其中冼太夫人出生地与归葬地的冼太夫人故里文化旅游景区和位于电白区中小学生社会实践基地（茂名市唯一荣获首批"广东省国防教育基地"称号）内的电白革命历史纪念馆，成为文化休闲旅游及爱国主义教育基地；建于明弘治年间的罗城井又称清官井，成为新时期开展党风廉政建设教育的活样板；鹅凰嶂岭、浮山岭、望夫山、虎头山、龙头山、菠萝山、庄山、沉香山、沿海"绿色长城"、水东湾红树林、滨海公园、绿洲生态园等，成为登山、观海、游览、运动、健身、避暑度假的胜地；广东省首批旅游精品景区、国家 AAAA 级旅游景区放鸡岛海上娱乐世界，是天然潜水、垂钓、度假的上佳选择；麻岗御水古温泉原称热水温泉，自秦时起便是一个闻名遐迩的好去处，近年引资建成为集疗养、休闲、观光于一体的旅游胜地；冼太夫人故里文化旅游景区、第一滩景区、龙头山浪漫海岸等国家 AAAA 级景区成为集旅游观光、休闲度假、海上娱乐、会议婚庆、拓展训练、美食购物于一体的度假天堂。国家 AAA 级旅游景区水东忠良沉香步行街和油地码头成为老街换新颜的样板。

（七）著名特产

电白的特产很多，其中比较著名的有：电白沉香（奇楠）、水东芥菜（鸡心芥、鸡笼芥、彭村芥）、红心鸭蛋（正红）、小耳花猪、龟鳖（金钱龟、石龟）、南药、荔枝（三月红、白糖罂、妃子笑、糯米糍、六月雪、黑叶、白蜡、红皮、桂味、挂绿、晋奉、酸枝等）、龙眼（广眼）、香蕉、甘蔗（糖蔗、果蔗、蜡蔗）、花生、花生油、鱿鱼干、金钩虾米、金线鱼、波浪鱼、膏蟹、海鲜（石斑鱼、鲳鱼、马鲛、狗鲻鱼、对虾、南方螺、鳘鱼、沙鲇、乌贼、鱿鱼、章鱼等）、海参、海蜇、贝雕、电城炒米饼、沙琅豆豉、沙琅豉油等。著名的水东芥菜被列入国家地理标志产品，正红红心鸭蛋成为广东省著名商标和绿色食品，龙宝即食海蜇成为当地著名的送礼土特产。

第
二
节 电白革命老区情况

　　茂名市电白区至 2017 年末有 19 个镇（街）被列入革命老区范围。其中有马踏、那霍 2 个革命老区镇（其老区村和老区人口超过全镇自然村和总人口的一半）。其他拥有老区村的镇（街）有：南海、高地、沙院、小良、七迳、坡心、岭门、树仔、麻岗、水东（含陈村）、林头、霞洞、观珠、沙琅、黄岭、罗坑、电城17 个镇（街）。

一、电白革命老区村的划分情况

　　新中国成立后，1957 年，广东省民政厅确认华楼乡华楼堡村为电白首批抗日战争时期革命老区。1988 年 10 月 12 日，根据广东省革命老根据地建设委员会《关于补划老区村庄的意见》中提出的补划抗日战争时期的老区村庄，必须具备有党的组织，有革命武装，发动了群众，进行了减租减息运动，建立了抗日民主政权进行武装斗争，并坚持了一年以上的时间的标准。电白县人民政府指定专门部门负责组织整理相关材料，并提出审核意见，报茂名市人民政府批准和报广东省革命老根据地建设委员会备案。1989 年 12 月，经后来的补充和确认并经茂名市人民政府批准，又确认电白县马踏镇长山村等 77 个村（含羊角镇 36 个村已划入茂南，下同）为抗日战争时期革命老区村。1993 年，经茂名市人民政府批复，电白县解放战争时期革命老区村有 649 个（含羊角镇 144 个），共计 726 个革命老区村庄。2017 年，全区实有抗日战争时期革命老区村 41 个（详见本书附录六《茂名市电白区革命老区村庄一览表》），其中那霍镇 22 个；马踏镇 9 个；林头镇 7 个；霞洞镇 3 个。解放战争时期革命老区村有 505 个，其中那霍镇 110 个；马踏镇 102 个；林头镇 67 个；观珠镇 45 个；霞洞镇 15 个；黄岭镇 17 个；岭门镇 16 个；麻岗镇 16 个；电城镇 15 个；水东镇 9 个；陈村镇 1 个；沙琅镇 10 个；树仔镇 9 个；罗坑镇 4 个；七迳镇 31 个；坡心镇 16 个；沙院镇 10 个；原属南海镇（后分属南海街道和高地街道）的老区村 11 个，其中南海街道 5 个，高地街道 6 个；小良镇 4 个。2017 年末，全区有革命老区村庄 546 个，老区人口 30 多万人。

老区镇的确定标准是按照 1979 年国务院批准民政部、财政部关于划定老区公社（镇）的标准执行，即在一个乡镇内，老区村庄或老区人口超过半数的乡镇确定为老区镇。确定老区镇由茂名市人民政府提出意见报广东省民政厅审定，经批准电白县羊角镇有老区村庄 180 个、那霍镇 132 个、马踏镇 111 个，这 3 个镇老区人口和村庄都超半数，被评划为革命老区镇。

至 1993 年，全县老区分布在 21 个镇 142 个村委会，老区人口 42202 户 217467 人，占全县总人口的 16%。

二、电白老区建设概况

华楼村是电白全县首批评定的抗日老区村，也是电白首批获得援建的老区村。1975 年，县农业局先后两次拨款 5 万元，派出技术人员帮助华楼建沼气池 120 个，解决群众的照明、燃料、肥料等问题。1980 年，县民政局根据改革开放的形势，积极协同有关部门支持华楼村老区。是年开始，市、县每年都拨给华楼化肥指标 10 多吨，支援发展农业生产。1982 年，县民政局给华楼无息贷款 5000 元，送去杂肥 40 吨，帮助群众种荔枝 8 公顷，每年可获得 8.6 万元的经济效益。1984 年，县投资 3.2 万元，群众集资 4 万元，在县电力部门的支持下，架设高压电线 6.6 千米，华楼村 667 户居民全部用上电。相继创办粮食加工厂、锯木厂、塑料制品厂等村办企业。至 1988 年，县水电局投资 7000 元，群众集资 2.3 万元，打好饮用水井 12 口，基本解决群众用水难的问题。1985 年，县教育局投资 1.3 万元，群众集资 2.2 万元，新建小学校舍 262 平方米，解决 180 名适龄儿童上学无课室的问题。1987 年，投资 10 万元〔其中广东省老区建设委员会办公室（简称"老区办"）2 万元、大衙镇 4000 元、华楼村委会 2 万元、县有关部门 4400 元、群众集资 5.16 万元〕，修筑大衙圩至华楼村的公路 7 千米，桥梁 1 座。同年，市老区办拨款给华楼水泥指标 47 吨，县投资 1.6 万元，拨水泥 13 吨，群众集资 10.4 万元，修筑河陂 4 处，使全村 141.3 公顷农田旱涝保收。另外，从 1980 年开始，市、县每年都拨给华楼化肥指标 10 多吨，支援发展农业生产。1990 年，县财政投资 13.7 万元，县交通部门投资 4 万元，再为华楼老区打水井 6 口，解决老区 2080 人的饮水难问题。教育部门为华楼老区建校舍 82 间，解决老区适龄儿童入学难问题。是年，华楼村的粮食生产已由 1980 年的年人均 0.09 吨提高到 0.18 吨，人均收入由 1980 年的 150 元提高到 398 元；全村有私家汽车 5 辆、中型拖拉机 2 台、手扶拖拉机 25 台、摩托车 15 辆，60% 的群众有电视机，10 多户农民成为万元户。

1991 年，全县第二、第三批革命老区评定后，县老区建设委员会办公室（简称"县老区办"）和县老区建设促进会（简称"老促会"）相继成立，全面制定电白老区建设"八五"计划和十年规划。是年，县支持其他革命老区打水井 9 口，引山水（储水）塔 7 宗，使 8 个老区村庄 4610 人受益，解决了部分老区群众饮水难、用水难问题。还为老区村庄建设乡村公路 3 宗，长达 30 千米，建设桥梁 2 座；修校舍 5 所，课室 138 间，面积 6120 平方米；为 2 个老区所在镇卫生院添加了医疗器械。指导老区人民发展种养业，全县老区种果树 17 公顷，新种药材 2 公顷，造林 77 公顷，种竹 7 公顷，新开发淡水养鱼 10 公顷；支援老区化肥 60 吨，投入扶持资金 7000 元，投入种子 1500 千克，支持老区柴油 2 吨。

1992 年，各级政府和有关部门投入全县老区建设资金 59 万元，群众集资 56 万元，为老区打水井 12 口，建水塔 6 座，解决老区村庄 7182 人饮水难问题；修建公路 3 条总长 43 千米，建桥修桥 3 座，修复陂头 3 宗，新建水槽 2 宗，修建校舍 2 所 970 平方米，开通电话 7 门，新架和更换通电线路 1500 千米；还扩大造林种果、养殖面积 28 公顷。

1993 年，各级政府和有关部门投入全县老区建设资金 94.6 万元。交通部门帮助羊角禄段、林头黄阳修建桥梁 2 座共 187 米，解决老区村庄 9.3 万人行路难问题；水电部门帮助马踏镇成琅村、那霍镇水石村等老区修建水利设施 5 宗，灌溉农田面积 340 公顷，打水井 6 口，并且帮助羊角镇佛仔窪村进行饮水工程改造，解决该村 3100 人饮水难问题；电力部门架设电线 8 千米，解决老区群众 2.5 万人的用电问题。

1994 年，各级政府和有关部门进一步把老区建设列入议事日程和年度计划，增加老区建设资金的投入。全县当年总投入资金 583 万元。其中交通部门投入 32 万元，帮助老区修（续）建桥梁 7 座，路涵 25 个，修路 15 千米；水电部门投入 187.5 万元，支持沙琅谭儒、马踏等老区修建水利设施 8 宗，打水井 5 口，饮水工程 1 宗；卫生部门投入 131 万元，修建 4 个镇卫生院门诊大楼，购置卫生医疗器械一批，同时帮助解决两个镇 5000 多人饮水不合卫生标准问题；教育部门投入 153 万元，解决老区适龄儿童入学难问题；邮电部门开通老区的程控电话，并免费为老区的 14 个村装上电话；电力部门专款投资 24 万元，为马踏镇拉电 2 宗线路长 30 千米，使 3.5 万人的生产及照明用电状况得到改善；林业部门扶持 29 万元，为马踏、小良等镇造林 58 公顷，育苗 53 万株；另外，县老区办将省、市、县扶持老区资金 26.5 万元，安排到马踏、那霍、羊角、林头、坡心、观珠、黄岭、岭门等镇，重点解决老区生产、生活上的突出问题。

1995 年，省、市、县三级财政和有关部门投入全县老区建设资金 1010 万元，为老区修路 24 千米，建桥梁 4 座，修筑拦河坝 1 座，引水渠 80 千米，人畜饮水工程 6 宗，安装低压线路 27 千米，修（建）中小学校 32 所，修建 7 个镇卫生院住院、门诊大楼 5860 平方米，添置医疗器械如 X 光机、B 超机等一批。县老区办投入扶持资金 14 万元，扶持贫困老区种植储良龙眼种苗 1 万株，挖鱼塘 10 多公顷，养殖 "三鸟"、牲畜 3 万多只（头）。

1996 年，全县投入资金 918 万元，进一步加快老区基础设施建设。水电部门投入 86 万元，建设及维修水利设施 15 宗；农业部门投入 33 万元，改造低产田 1667 公顷并培训了一批农业科技人才；畜牧部门为老区优惠供应鸡、兔苗共 6.5 万只并免费提供 267 公顷的牧草种子，还贷给饲料及减免牧畜的诊治费；林业部门投入 165 万元，扶持老区发展黄榄基地；卫生部门投入 306 万元，修建 5 个卫生院及门诊楼，购置卫生医疗器械一批，指导改水工程 2 宗；教育部门投入 60 万元，维修教室 1050 间。县老区办安排发展生产资金 41 万元用于扶持 7 个项目，解决老区群众生产、生活上急需解决的突出问题。老区贫困人口有 550 人脱了贫，22 个老区村集体收入已跨进超 3 万元的行列。

1997 年，全县集中力量打好扶贫攻坚战，加大力度扶持老区群众脱贫和解决"五难"（行路难、读书难、饮水难、用电难、看病难）问题，加快老区基础设施建设。省、市、县三级财政投入老区建设资金1561万元。修通11条老区村乡道，12个村安装程控电话，22个村饮上清洁水。试点搬迁那霍覃坑大河、汤鸡坑两个老区村20户114人。成立老区科教文卫基金（县政府拨给垫底金20万元）。筹拨资金5.2万元给烈士直属后裔作助学金和对革命有贡献的特困户发展生产。

1998年，全县投入老区建设资金1339万元，老区科教文卫基金筹集到60万元。电力部门为老区架设高压线路28千米，低压线路29千米；电信部门拉电话线路57千米；交通部门修通乡道16千米，桥梁5座，路涵37个；水利部门建陂头80座，加固中小水库6座，加固江堤28千米，新修防渗渠60千米，整治旧渠道800千米，修复水毁工程425宗；农业部门改造低产田2000公顷，科技培训果农2100人次；教育部门新建小学分校1所，改造薄弱学校18所；卫生部门新建4个管理区的卫生所，增设卫生院分院1所。县老区办扶持140多户种果34公顷；发放烈士后裔助学金1.6万元，发放对革命有贡献的特困户3.98万元；完成那霍覃坑大河、汤鸡坑的搬迁试点工作。

1999年，各级财政和有关部门投入全县老区扶持资金1340万元，为老区整改高压线路24千米，建电站1座；加宽乡道83千米，桥梁6座，路涵48个；加固小型水库5座，陂头65座，筑修硬底渠道48千米，建自来水工程3宗，打水井12口；扶持生产项目10个、加工项目3个、养殖项目5个及种植170公顷；改造学校27所，修建校舍2.6万平方米；新建卫生站6个。为13户新搬迁老区村民建楼房。县老促会组织老区农户学习种植技术，拨出资金支持烈士后代读书和支助生活困难的"五老"（老堡垒户、老地下党员、老接头户、老游击队员、老交通员）人员及其后代发展生产。

2000年，老区经济持续发展，群众生活普遍改善。全县老区工农业生产总值达到18.5亿元，人均年纯收入达到2408元。各级财政和有关部门投入资金750万元完善老区基础设施。其中交通部门投入182万元，修建乡道10千米、桥梁3座、路涵5座，部分镇及村委会公路实现硬底化；电力部门投入160万元，整改线路35千米；水利、爱卫办等部门投入130万元，加固水库3座、水陂1座，修固渠道8千米，解决3000多人的生产用水问题；教育部门投入110万元，改建中小学12所，修建校舍9000平方米，解决老区学生读书难问题；卫生部门投入70万元，新建卫生站5个，购置、更新卫生医疗器械一批，解决大部分群众看病难问题；电信部门投入98万元，维修了部分老区通信设施。老区科技、文化水平普遍提高，基层政权全面加强。

进入21世纪后，全县老区建设更是如火如荼。据不完全统计，2001—2017年17年间，全县（区）为老区基础设施建设和精准扶贫累计投入资金38亿元。其中交通部门投入10亿元，修建老区乡道、村道6500千米，桥梁20座，路涵18座，老区镇、村公路、乡道全面实现水泥硬底化，解决老区群众行路难、出入难问题；电力部门投入5亿元，整改线路138千米，更换变压器1300多台；水利、爱卫办等部门投入5亿元，加固水库5座、水陂120座，修建三面光水渠1180千米，老区村实现村村通自来水，解决30多万老区人民生产生活用水问题；教育部门投入10亿元，改建老区中小学22所，修建校舍11.90万平方米；卫生部门投入8亿元，新建卫生院20家，卫生站165个，购置、更新卫生医疗器械一批，解决广大老区群众看病难、就医难问题。全区革命老区建起好心（好家风）公园200多座，楼房3000多座，广场30多座、省市名村5个、文明村6个。全区上下发生了翻天覆地的巨变。

电白老区经济社会发展情况

　　革命老区电白县（区）经济社会的发展，经历了从贫穷到温饱到奔小康的历程。中华人民共和国成立初期，全县人民在县委、县政府的正确领导下，响应党中央号召，自力更生，艰苦奋斗，经过 30 年的努力，逐步解决了衣食温饱问题。中国共产党第十一届中央委员会第三次全体会议（简称"中共十一届三中全会"）以来，全国进入了改革开放的历史发展新时期，全县人民坚持改革开放，由计划经济向市场经济过渡，由国有、集体经济向多种经济形式并存发展，使全县经济得到快速发展，实现了从封闭、贫穷、落后、缺乏生机到开放、富强、文明和充满活力的历史性巨变；老区人民的生活，也实现了由贫穷到温饱到小康。中国共产党第十八次全国代表大会（简称"十八大"）以来，电白的经济社会发展步入正轨，区委、区政府紧紧围绕党中央"四个全面"的战略布局，主动适应和引领经济发展新常态，坚持稳中求进工作总基调，加快推进结构调整和转型升级，不断深化改革开放，实现了经济平稳较好发展和社会和谐稳定，为努力全面建成小康社会、加快建设社会主义现代化奠定了坚实基础。

一、1949—1978 年经济缓慢发展

　　中华人民共和国成立前，电白经济落后，物质缺乏，人民生活贫苦。1949 年，全县地区生产总值仅 0.67 亿元，人均地区生

产总值仅 133 元。1950 年，电白县财政预算收入为 48 万元，金融机构存款只有 19 万元，整个城乡居民储蓄存款余额只有 1 万元。20 世纪 60 年代初期，电白获得省"五好县"的殊荣，但后来发生了十年动乱，经济发展停滞不前，至 70 年代中期，老区人民的生活水平仍不高。

（一）计划经济时代老区发展缓慢，基本解决温饱问题

中华人民共和国成立后的 30 年，电白处于计划经济时代，经济发展缓慢，工业落后，商品匮乏，社会需求大于供给，油、米、糖、布、猪肉等主要商品凭票供应，流通领域缺乏活力。这一时期，由于经历多次政治运动，特别是发生"文化大革命"这一长达十年的动乱，全县工农业产值一度出现负增长，加上全县经济仅以第一产业为主，主要是发展农业，解决吃饭问题，第二、第三产业发展缓慢。1978 年，全县地区生产总值 2.72 亿元，其中，第一产业增加值 1.88 亿元，占比 69.1%，第二、第三产业增加值 0.40 亿元和 0.44 亿元，分别占 14.7% 和 16.2%，人均生产总值 275 元，固定资产投资 0.22 亿元，社会消费品零售额 1.06 亿元。

（二）全县财力极度薄弱，老区人民生活清贫

1978 年，全县财政预算收入仅 0.21 亿元，职工工资水平很低，年均工资 549 元，月均工资 45.75 元。1978 年以前没有个体、私营经济，人们只能在国营、集体单位上班，或在农村生产队劳动，个人不能从事其他经营活动，所以家庭收入只有上班工资或务农工分，没有其他任何经济来源，一般家庭都是人口众多、收入极少。全年全县农民人均纯收入 48 元，城镇居民人均纯收入 323 元。老区人民的生活仅仅解决了温饱问题，日子过得紧巴巴的，谈不上有钱存银行。全年全县金融存款仅 0.13 亿元，城乡居民储蓄存款仅 0.06 亿元。民生清贫的程度可想而知。

二、1979—2012 年经济快速发展

1978 年 12 月，中央召开了具有划时代意义的中共十一届三中全会，作出了全国改革开放的重大决策，确立了以经济建设为中心的基本国策，开启了中国特色社会主义道路的探索。革命老区电白县人民在县委、县政府的领导下，解放思想、实事求是，改革开放、锐意进取，经济社会发生日新月异的变化。

（一）结构优化，实力提高

2012 年，电白地区生产总值首次突破 300 亿元大关，达到 302.55 亿元，比 1978 年增长 111.2 倍，年均增长 14.5%。第二、第三产业得到前所未有的快速发展，经济结构逐步优化，第一产业增加值 92.27 亿元，第二产业增加值 162.98 亿元，第三产业增加值 179.36 亿元，三大产业占比由 1978 年的 69.1：14.7：16.2 优化为 21.2：37.5：41.3，第二产业占比提高 22.8 个百分点，第三产业占比提高 25.1 个百分点。1978—2012 年这 35 年间，三大产业都进入发展的快车道，第一产业增加值年均增长 10.2%；第二产业增加值年均增长 16.6%，其中工业年均增长 17.7%，建筑业年均增长 14.9%；第三产业增加值年均增长 16.4%。电白人均地区生产总值 26500 万元，年均增长 12.6%。

（二）商品丰富，流通活跃

中共十一届三中全会以来，全县流通领域发生翻天覆地的变化。个体、私营、股份制经济如雨后春笋般蓬勃发展，与公有制并存，打破单一公有制经济格局，社会主义市场经济体制初步建立。工业产品、农副产品日益丰富，结束了凭票供应时代，市场供求关系实现了由卖方市场向买方市场的历史性转变。流通领域充满生机与活力，社会消费品零售额快速增长，全县 2012 年达到 170.2 亿元，比 1978 年的 1.06 亿元增加 169.14 亿元，增长 158.6

倍，年均增长 16.1%。

（三）对外贸易迅速发展，实际利用外资增长

20 世纪 80 年代以来，由于实行对外开放，特别是 2001 年后中国加入世界贸易组织（WTO），全县的进出口贸易和实际利用外资不断增长。1981 年电白县开始有了出口贸易，出口额是 3 万美元，1990 年发展到 484 万美元，2000 年 4530 万美元，2012 年 12678 万美元，1981—2012 年出口额年均增长 30.9%。2000 年起有了进口贸易统计，进口额为 148 万美元，2012 年为 7987 万美元，2000—2012 年进口额年均增长 39.4%。出口、进口都实现了高速度发展。同时，全县外商投资也不断加大。1981 年全县实际利用外资 15 万美元，1990 年 298 万美元，2000 年 2057 万美元，2012 年 3062 万美元，1981—2012 年实际利用外资年均增长 18.7%。

（四）金融发展稳健，财政收入提高

改革开放以来，全县金融机构存、贷款日益增多，财政收入稳步增长。2012 年，全县金融机构存款余额 248.71 亿元，比 1978 年的 0.13 亿元增长 1856.5 倍，年均增长 24.8%；金融机构贷款余额 99.75 亿元，比 1978 年的 0.67 亿元增长 146.6 倍，年均增长 15.8%。地方公共财政预算收入 13.38 亿元，比 1978 年 2136 万元增长 61.6 倍，年均增长 12.9%。

（五）投资快速增长，房地产行业崛起

固定资产投资逐年加大。2012 年，全社会固定资产投资 109.17 亿元，比 1978 年增长 505.4 倍，年均增长 19.7%。改革开放，百业兴旺，房地产业尤显突出。1990 年全县房地产开发投资 67 万元，1994 年超亿元，达 1.15 亿元，2007 年 4.1 亿元，2010 年超 10 亿元，达 13.38 亿元，2011 年 22.47 亿元，2012 年 29.93 亿元，1990—2012 年房地产开发投资年均增长 46.5%，是

全县国民经济中发展最快的行业。

（六）职工工资提高，老区人民生活改善

随着实体经济的增多，电白经济发展逐步进入快车道，财政收入相应提高，民生支出不断加大，职工工资稳步提升，人民的生活实现了由贫穷到温饱。1988年全县在岗职工年均工资1499元，比1978年增长173%，1998年5757元，比1988年增长284.1%，2012年31344元，比1998年增长444.5%，工资提速逐年加快，1978—2012年在岗职工工资年均增长12.6%。

改革开放，充分调动了人们发展经济的积极性，在各个行业努力拼搏，创业发展，增加收入，改善生活。2012年，全县城镇居民人均可支配收入15054元，农村居民人均纯收入9491元，分别比1985年增长22.5倍和21.2倍，年均分别增长12.4%和12.2%。革命老区人民生活富裕了，钱袋子涨了，除了满足生活需求外，银行存款也不断增加了。2012年，全县城乡居民储蓄存款余额180.54亿元，比1978年的0.06亿元增长3000多倍，年均增长26.6%。

三、2013—2017年经济快速平稳发展

党的十八大以来，支撑经济高速增长的要素条件与市场环境发生明显改变，潜在生产率趋于下行，与此同时，国际金融危机的后续影响有增无减，经济面临较大的下行压力。面对困难和挑战，电白县（区）委、县（区）政府主动适应经济发展新常态，坚持稳中求进工作总基调，积极作为，精准发力，加快推进结构调整和转型升级，确保全县（区）经济持续健康发展。

（一）"三驾马车"齐发力，共促经济中高速发展

2013年以来，电白县（区）消费、投资、出口稳步增长，共同促进经济发展。全县经济总量持续稳步攀升。2013—2017年，

电白地区生产总值年均增速 10.1%，比全省同期高 2.2 个百分点，比茂名同期高 0.9 个百分点。2013 年，全县实现地区生产总值 345.47 亿元；2014 年撤县设区后首次突破 500 亿元大关，实现 516.79 亿元；2015 年实现 538.84 亿元；2016 年实现 580.97 亿元；2017 年突破 600 亿元大关，达到 613.69 亿元，一直稳居茂名各县（区、市）之首。2017 年，全区社会消费品零售额 280.41 亿元、固定资产投资 420.94 亿元、进出口总额 43.48 亿元，五年年均分别增长 9.9%、32.5%、25.2%。电白人均地区生产总值从 2012 年的 2.65 万元增加到 2017 年的 3.98 万元，年均增长 9.7%，比茂名同期高 0.5 个百分点。电白区在茂名市县域发展交流会投票测评和茂名市各区、县级市经济社会发展考核中继续排名第一。

（二）物价控制在合理区间，节能降耗初见成效

党的十八大以来，电白居民消费价格指数基本稳定，涨幅均在 3% 以内，2017 年涨幅是 1.3%。相对稳定的物价，有利于经济社会健康发展，有利于提升老区百姓的生活质量。同时，节能降耗初见成效。全区采取有效措施，加强对重点用能企业和重点领域的节能管理与监察，狠抓节能改造和淘汰落后产能工作，不断调整和优化产业结构，确保每年节能指标的完成。2015 年、2016 年、2017 年电白的地区生产总值能耗下降率分别为 2.91%、3.01%、3.02%，均超额完成市下达的年度 2.97% 的节能目标。

（三）财政实力增强，金融存贷增长

党的十八大以来，电白县（区）地方财政实力明显增强。2017 年一般公共预算收入总量 23.94 亿元，位居粤东西北各县（区）前列，五年来年均增长 13.1%。随着财政实力的增强，财政对经济社会发展的支持不断加大。2017 年地方一般公共预算支出 81.62 亿元，五年来年均增长 16.5%。金融存贷款不断增长，

2017 年全区金融机构本外币存款达 436.96 亿元，比 2012 年的 248.71 亿元增多 188.25 亿元，五年年均增长 11.9%；2017 年全区金融机构本外币贷款 182.33 亿元，比 2012 年的 99.75 亿元增多 82.58 亿元，五年年均增长 12.8%。

（四）研究与发展（R&D）投入加大，企业效益提高

近年来，全区企业为了在市场激烈竞争中生存发展，科技活动日益得到重视，R&D（研究和开发）经费投入不断加大。2017年，电白规模以上工业 R&D 经费支出 2.3 亿元，比 2012 年增长 140.3%，年均增长 19.2%。企业效益不断提高，规模以上工业企业效益综合指数提高，2015 年、2016 年、2017 年同比分别提高 1.9 个百分点、83.8 个百分点、84.7 个百分点。2016 年企业利润 66.24 亿元，2017 年 67.11 亿元，比 2012 年分别增长 21.7% 和 28.7%。

（五）建筑业做大做强，旅游业蓬勃发展

2016 年，电白建筑业被中国建筑业协会授予广东省首个"中国建筑之乡"，电白二建集团晋升为国家特级资质建筑企业，永和集团和电白二建集团被认定为省级企业投资技术中心。随着电白建筑业实力的增强、声誉的提升，近年越做越大越强。2017年，全区建筑业总产值 331.44 亿元，比 2012 年增长 172.7%，年均增长 22.2%。同时，电白区是"广东省首批全域旅游示范区"创建单位，也是茂名市 A 级旅游景区数量最多的县级行政区，至 2017 年末有国家 AAAA 级旅游景区 5 个、国家 AAA 级旅游景区 2 个，全力打造"旅游＋"开启旅游新业态，加快旅游业从"景点旅游"向"全域旅游"转变，推动旅游业转型升级。2017 年，全区接待游客 590.6 万人次，旅游总收入 42.5 亿元，比 2012 年分别增长 369.8% 和 232%，年均分别增长 36.3% 和 30.6%，成为电白发展较快的行业。

（六）职工提资创高新，居民收入增长快

党的十八大以来，电白城镇单位在岗职工提工资力度之大是历史之最。看以下 3 个五年的工资数据：2007 年比 2002 年多7479 元，2012 年比 2007 年多 15994 元，2017 年比 2012 年多20025 元，达 51369 元，最后五年的工资年均增长 10.4%，比地区生产总值年均增长高出 0.3 个百分点。电白居民收入也持续提升，城镇居民、农村居民人均可支配收入分别由 2012 年的 15108元、9492 元提高到 2017 年的 24968 元、15772 元，年均增长10.6% 和 10.7%，分别超过电白的地区生产总值增速 0.5 个百分点和 0.6 个百分点。

（七）基础设施加强，城区扩容提质

电白区近年进一步加强重点项目建设，对薄弱环节基础设施建设加快推进。2015 年全区投入基础设施建设 32.85 亿元，2016—2017 年为248.97 亿元，投资力度不断加大。交通基础设施建设取得新成效，全区一级公路、农村公路硬底化建设加快，深茂铁路即将建成通车，汕湛高速电白段、潘州大道、工业大道南、西部快线顺利建成通车。2017 年，随着省道 S281 线升级为国道G325 线（原国道 G325 线改为国道 G228 线），全区公路通车总里程长 2706 千米（其中高速公路 123.29 千米，国道 120.6 千米，省道 303 千米，县道 106.62 千米，乡道 1499.24 千米，村道553.25 千米，另有 4889 千米其他通车小道不计），比 2012 年增长 32.5%，年均增长 5.8%。同时，城区扩容提质迈出新步伐。城区上马水东大道、凤凰大道等城市道路及体育公园、水库公园、沉香文化公园等一大批市政项目。东湖、西湖改造工程及占鳌广场、红树林科普教育栈道（一期）、海堤绿道、观鹭阁等建成投入使用，环市路建成通车，寨头湿地公园、东湖核心价值观主题公园抓紧建设，区博物馆项目全面启动，城区绿化美化亮化进一

步加强，城市的品位和活力大大提升。

（八）科教文卫全面推进，社会事业全面发展

教育事业方面，电白近年加大教育"双创"（创强、创现）投入。在前几年的"创强"过程中，先后投入资金6.5亿元。其中2014年的教育"创强"攻坚年，全区投入教育"创强"资金10925.54万元（其中财政投入资金8003.75万元、社会捐资2921.79万元），顺利通过全省"创强"验收。"创现"工作开始后，全区教育投入更上一层楼。仅2017年，全区教育"创现"投入高达8.17亿元。广东茂名健康职业学院、广州科技职业技术学院海滨校区、茂名职业技术学院等普通高校落户电白，使电白改写了一直没有普通高校的历史。至2017年末，全区有普通高校3所，在校学生7058人；中等职业学校和技工学校1所，在校学生2800人；普通中学49所，在校学生81147人；小学400所，在校学生115536人。卫生事业方面，全区继续加大投入，2013—2017年财政用于医疗卫生（含计划生育）支出42.69亿元，2013年、2014年、2015年、2016年、2017年分别增长25.7%、126.7%、77.9%、28.8%、62.6%。2017年电白区卫生事业机构床位数0.72万张，比2012年增长131.3%，年均增长18.3%。2017年卫生技术人员0.55万人，比2012年增长52.7%，年均增长8.8%。全区2017年卫生"创强"工作顺利推开，乡镇卫生院标准化建设按计划推进，区人民医院扩建、区中医院和区妇幼保健院搬迁新建顺利推进，乡镇卫生院标准化和村级卫生站公建规范化建设完成年度任务，全区至年末有医院、卫生院40所，床位7246张。其他社会事业蓬勃发展。2017年，全区社保、医保和就业工作完成市下达任务，城镇登记失业率控制在2.4%；全年城镇新增就业人数11102人，完成市下达全年目标任务111%；促进"双创"人员336人，完成市下达全年目标任务105%；社保扩面三项主要指标均提前超额完成市下达的目标任务，社会保险年度总体工作基本完成。全区低保对象实现"应保尽保"，全年发放低保金10670.08万元。全区发放医疗救助金2526.69万元，救助53104人次。疾病控制工作取得新突破，消除疟疾达到国家标准。成立区人才发展促进会和人才发展基金，筹措2800万元引进高层次和急需紧缺人才。实施创新发展战略，培育国家高新技术企业16家，专利申请1893件，授权424件，为全市之最。公共文体设施建设有新进展，全区拥有群众艺术馆、文化馆、公共图书馆、博物馆各1座，群众性文体活动丰富多彩。电白区代表茂名参加全省科技创新实践挑战赛获得一等奖。全年累计投入精准扶贫资金3.9亿元，推动精准扶贫深入开展。改造农村危房2577户，完成市下达稳定脱贫年度任务；与广西马山县扶贫协作携手奔小康工作扎实推进。保障性住房建设顺利推进，2017年完成建筑面积59189平方米，安排户数232户。自来水村村通工程超额完成年度计划任务。"平安电白"建设方面，2017年区司法局建立省、市、区、镇（街）社区矫正四级联通指挥平台，成为全省第一个拥有四级联通专项工作指挥平台的县（区）。公安机关圆满完成十九大安保维稳工作，实现进京上访零通报；打击电信诈骗、重点整治顺利"摘帽"；社区戒毒康复网格化、全覆盖，成功举办全省禁毒"6·27"现场会。"飓风2017"专项打击行动总成绩排名全市第一；推进基层派出所警务新机制全面落实，社会治安视频二期项目通过验收，"平安家园"视频报警系统全面推开，建成872个监控点。年度群众安全感、对政法工作满意度和平安建设知晓率总得分排名全市前列。全区社会治安呈现良性化发展态势，老区人民安居乐业，社会和谐有序。

四、老区电白发展前景更美好

党的十八大之后，茂名市正式实施向东向南靠海发展战略。并在 2012 年起先后设立广东茂名滨海新区、广东茂名水东湾新城、茂名高新技术产业开发区（高新区）三大经济发展平台。而全市城市规划区则按照"北优、中联、南拓、东进"来推进四大组团的建设，形成"两轴双中心、四组团多廊"的规划结构。电白区正好位于"中组团"（高新区、坡心、林头一线）、"南组团"（水东主城区、水东湾新城区一线）和"东组团"（电城、博贺新港区一线）一带。因此，茂名市委、市政府对电白寄予厚望，将电白定位为茂名市发展的新增长极。随着深茂铁路、汕湛高速、广湛高铁、粤西国际机场、广东沿海景观公路、深水港口的建设与陆续使用，将给革命老区电白带来大好发展机遇！

中国共产党第十九次全国代表大会（简称"十九大"）召开之后，电白区全区上下坚持实干兴区，当好建设广东沿海经济带新增长极主力军，全力推进老区的沿海经济带建设，加快构建三大经济发展平台，推动经济高质量发展的体制机制，深入实施乡村振兴战略，致力打造生态宜居美丽电白，着力打造文化强区，加快建设共建共治共享的社会治理格局，切实提高保障和改善民生水平，加快建设宜居宜业平安有序的滨海新城。

（一）三大经济发展平台乘势而上

广东茂名滨海新区：致力打造成粤西地区重要的经济、文化中心，茂名市政治中心，以石化、能源动力、装备制造、新材料、电子信息、旅游休闲、港口物流、海洋产业为主导的宜居宜业、富有魅力的现代化国际化滨海新城。

广东茂名水东湾新城：致力打造成服务粤西地区，辐射珠三角乃至泛珠三角内陆腹地，将建设成为茂名城市新的中心，打造成为亚热带滨海景观优美、生态良好、服务完善、宜居宜业，体现魅力、健康、共享、宜居理念的现代化海韵绿城。新城先后落户茂名一中新校区、茂名职业技术学院、茂名健康职业学院、茂名人民医院新门诊部等，开启了老区电白高等院校和高级文教卫生宏伟局面和新的篇章。

茂名高新技术产业开发区（高新区）： 着力构建"以石油化工和精细化工特色产业为基础，以新材料、高端装备制造、生物健康三大战略新兴产业为支撑，以现代服务业为补充"的"131"现代产业体系，努力打造粤西及环北部湾地区战略性新兴产业增长极，建设产业重镇、创新高地、绿色新城。国内外知名企业如德国巴斯夫、法国液化空气、日本阪田油墨、辽宁奥克、山东鲁华、抚顺佳化等先后入驻园区，园区逐步实现从原来的单一产业为主导向多元化科技型转型，产城融合发展水平提升，发展的后劲与活力持续增强。形成具有国际竞争力的精细化工、环氧乙烷、碳四、碳五、碳九、油品深加工、橡塑加工等特色高端产业集群，成长为茂名市产业转型升级、创新驱动发展的核心载体，成为带动周边地区产业经济发展的强劲引擎。

三大经济发展平台的建立和发展，大大提升了电白区的城市品位，更扩大了电白区的知名度，为电白区的招商引资、发展旅游业等方面提供了便利的发展条件。

（二）县域副中心磅礴而出

县域副中心承担着区域功能互补、协调发展、辐射带动的重任。茂名市委、市政府和电白区委、区政府于 2017 年 9 月将拥有革命老区的沙琅镇作为区县域副中心进行全面规划建设。总面积 89 平方千米的沙琅镇县域副中心建成后，将形成布局合理、科学统筹、规模适度、功能健全、特色明显、协调力强、形成合力的集聚作用，从而带动和辐射副中心周边的观珠、黄岭、罗坑、那霍等革命老区镇和望夫等山区镇经济社会全面发展。沙琅镇县域副中心正加快推进基础设施和公共服务设施建设等重点项目建设，加快扩容提质，提升城镇品质，凸显区位经济优势，带动周边老区又快又好发展。

（三）基础设施发展突飞猛进

电白地处粤港澳大湾区、北部湾城市群、海南自由贸易试验区这三个国家发展战略区域的"三圈交汇"地。拥有益湛、深茂、广茂、疏港等"两横两纵"的铁路网和国道 G228、G325 线两条，还有包茂、沈海、汕湛及博贺港支线高速等"二横二纵"的高速公路骨架路网体系，以及水东港区、博贺新港区、博贺港区（渔港）、吉达港区等茂名港四大港区，为电白对接和融入国家、省的规划布局带来新机遇。

包茂大道（电白连接线）、西部快线、潘州大道、工业大道和中德大道将沟通起"北组团"和"南组团"的连接，形成南北向连接的多条快速通道，由工业大道、茂名大道、潘州大道和包茂大道构成四大纵向快速干线。

深茂铁路的开通，结束了茂名没有动车的历史，广州、深圳到茂名的时间缩短了一半，进入了珠三角两小时经济生活圈。身在博贺湾新城，更可以就近在马踏站上车。同时，规划中的广湛高铁又称广湛客运专线，规划双线客运专线，时速350千米，预计2022年底前建成通车，将茂名与珠三角的时空距离进一步缩短到1.5小时左右。其中广湛铁路在电白设马踏、茂名南（市民公园附近）两个站，电白城区从此也拥有更便捷的高铁车站。发达的交通，无疑将促使更多的企业落户老区电白，吸引更多的旅客前来电白旅游度假。茂名市委、市政府"向南发展，向海而兴"的宏大目标就有望更好更快地实现。

茂名市与湛江市联合共建的粤西（湛江）国际机场位于与电

白相邻的吴川塘墕镇，是拓展国际航运和国际物流功能的新机场。该机场距电白城区仅40多分钟车程（约40千米），其项目规模远期按4E级规划、近期按4D级标准建设，计划在2020年底前建成运营，建成后将成为广东四大国际机场之一。届时，电白将形成陆、海、空兼备的强大交通网络。

（四）重点项目强势上马

茂名博贺新港区东西防波堤项目： 该项目投资总概算25.8亿元，工程总长8738米，其中东防波堤全长约5423米，西防波堤全长3315米，形成环抱式港池面积6平方千米，码头作业面积11.2平方千米，万吨级以上液体化工、煤炭矿石、集装箱通用泊位、原油、液化天然气等各种专业生产性泊位33个，可建设吞吐能力1.5亿吨左右。规划吞吐能力3.5亿吨、76个万吨以上的码头泊位，其中30万吨级码头泊位1个，20万吨级码头泊位2个。通过5～8年的发展，逐渐达到亿吨级的年吞吐能力；通过打造面向南海的能源新通道，实现当年孙中山先生在《建国方略》中提出的将"博贺港规划为全国十大商港之一"的伟大构想，成为粤西连接21世纪海上丝绸之路的重要节点。

博贺湾大桥项目： 在建的博贺湾大桥是连接电城、博贺两镇的重要桥梁，西接滨海大道，直通水东港区，东接茂名港大道，直通博贺新港区，是博贺湾新城的"黄金要道"。

茂名保利大都会项目： 茂名保利大都会落户滨海新区博贺湾新城中心地带（老区电城）。千亿央企保利是城市运营商，以深耕茂名之决心打造千亩旗舰级城市综合体。茂名保利大都会首期工程基本完成销售，二期工程动工建设，95～140平方米海岸都会美宅和部分稀缺别墅正倾城加推。该项目的建设将进一步提升茂名城市建设的档次、品位和知名度，对博贺湾新城的建设具有品牌效应和辐射带动作用。

水东登步大桥项目：水东登步大桥原称海滨跨海大桥，总投资 8000 万元，从电白一中北边跨过寨头海沟连接环湾大道直通陈村登步片区，桥身总长约 600 米，桥面双向 6 车道、两边人行道各 6 米，在桥头两侧规划建设近万平方米的桥头广场，与红树林湿地景观融为一体，成为寨头海滨湿地公园。

水东湾大桥项目：水东湾大桥原称水东湾跨海大桥，起于南海片区茂名日报彩印厂附近，终点与环城东路相接，全长 6.61 千米，其中跨海特大桥长 3.33 千米、接线道路长 3.28 千米，主桥宽度 35.2 米，引桥宽度 32.5 米，主桥主跨径 328 米，跨海桥梁部分为双向 6 车道。总投资约 12 亿元。该大桥建成后，将成为粤西地区最大的跨海大桥（湛江跨海大桥仅为双向 4 车道长 3981 米宽 25 米），使水东湾这个全国最大的咸水潟湖形成一道亮丽的风景线，也使水东城区构成一幅"海韵绿城"的美丽蓝图。

滨湾路及附属设施建设项目：滨湾路总长 9.1 千米，有车行道、绿化带、绿道步行道、绿道景观带、自行车赛道。行车时速 40 千米，道路宽度为 39 米的城市支路。总投资合计 75609 万元，环保投资 3717 万元。

高地智慧城路网（一期）项目：该项目涉及智城一路南段、智城一路北段、智城五路、海宁街 4 条市政道路，总长 9.33 千米，总投资估算 82418.08 万元。

海洋公园（一期）项目：该项目用地面积 45.33 公顷（含海域），项目定位打造成国家级城市红树林湿地公园。建设内容包括：入口区、科教服务区、红树林观赏区、池塘湿地浏览区等。与对面的水东湾红树林、科普教育栈道、海堤绿道、观鹭阁等景点遥相呼应，使水东湾这个全国最大的咸水潟湖形成一个新的风景区。

茂名市中心医院项目：该项目规划用地面积 17 公顷，项目建成后，可满足每日 5000 人次的门诊量并提供 1500 张病床位，成为水东湾新城的一个现代化综合性的三级甲等医院。

歌美海公园项目：该公园位于歌美海西岸，滨海沿线 2.3 千米。总面积 22 公顷，一期建设面积 16 公顷，二期建设面积 6 公顷。

南海旅游岛道路及两旁改造工程项目：该项目结合南海旅游岛创建国家 AAAA 级旅游景区，对南海大道、海城路、润海南路、广场西路、霞海南路市政道路、园林景观实施升级改造。茂名市南海旅游岛中国第一滩景区已批准为国家 AAAA 级旅游景区。

茂名电白万达广场项目：2017 年 4 月 28 日，万达集团正式入驻电白，是广东非珠江三角洲地区第四座"万达广场"。该项目将量身打造融高档住宅、SOHO 写字楼、高档购物中心、国际影院、城市商业街、甲级写字楼、五星级酒店等多种物业形式，集居住、办公、购物、休闲、娱乐、餐饮、酒店等多种功能于一体的国际级城市综合体，将传统的购物中心打造成真正 O2O 互联网大数据的场景式生活体验中心，内设大型 IMAX 影城（含目前世界上最先进的杜比全景声观影厅）、大型超市、次主力店、科技玩乐城、儿童体验店、运动集合店等，构建茂名地区商业经济的全新范本。该广场规划用地面积 12 公顷，总建筑面积约 63 万平方米，总投资额约 20 亿元，可安排上千个岗位就业。

波顿（电白）香精香料产业园项目：该项目由出生于老区岭门镇的中国香精香料集团董事会主席、波顿集团总裁、董事长王明凡回乡投资建设。产业园占地面积近 67 公顷（千亩），总建筑面积 126.4 万平方米，总投资 33 亿元。旨在打造成国际一流的香精香料研发中心、国际一流的电子烟生产产业园区、国内第一的电子烟生产基地。预计年产值可达 200 亿元，可安排 5000 个岗位就业。

　　浮山腾飞国际旅游区项目：在革命老区霞洞镇，新引进浮山腾飞国际旅游区项目，这是电白区年度重点项目、茂名市旅游重点项目、广东省重点预备项目，由广东浮山腾飞国际旅游有限公司投资建设。旅游区建设在风景秀丽的浮山岭，项目占地面积800公顷，总体规划建设用地60公顷，规划建设周期五年，计划总投资20亿元。旅游区按国家 AAAAA 级景区标准建设，集生态、观光、文化、养生、运动、游乐、休闲、度假于一体。该景区计划在2019年9月建成开业，届时将成为茂名市又一个旅游新亮点。

　　广州科学技术职业学院滨海校区项目：广州科学技术职业学院是广东省政府批准设立的普通高等学校，正厅级建制，成立于1985年，前身是广东省科技干部学院。该校区规划占地面积75.93公顷，位于水东湾新城高地片区昌旗岭小区，是广东省及茂名市的重点项目。总建筑面积约14.3万平方米，总投资估算5.12亿元。该项目正紧锣密鼓地加快建设，力争早日投入使用。

　　广东茂名健康职业学院项目：广东茂名健康职业学院是广东省人民政府批准设立的公办全日制普通高等学校。该学院位于水东镇安乐东路，北靠沈海高速，南濒水东湾，西邻包茂高速，东接国道 G228 线。规划占地面积37公顷，建筑面积23.7万平方米，总投资约7亿元。学院开办高职和中职教育以及继续教育，建立多层次多形式的培养模式，高职开设助产、中药学、医学营养、健康管理、护理、药学、医学检验技术、康复治疗技术、中医养生保健9个专业，中职开设护理、助产、药剂、农村医学、口腔修复工艺等专业，发展规模1万人。

　　茂名职业技术学院项目：该学院占地面积33.33公顷（首期建设21.33公顷），拟建设教学行政用房和实验、实训基地40万平方米。学院开设有人文与传媒系、土木工程系、化学工程系、机电信息系、经济管理系、计算机工程系等，2017 年末学院在校学生 6700 多人。

华南师范大学附属电白学校项目：该学校位于茂名市电白区迎宾大道与潘州大道西侧。投资约 6 亿元，建成一所从小学到高中 12 年一贯制类型的学校。全部由华南师范大学派出管理团队实施全方位管理，以"以人为本，持续发展"的办学理念和"以完整的现代教育塑造高素质的现代人"的办学宗旨，按照"一年打基础、三年出成效、五年上等级、八年创品牌"的发展目标，全力将学校打造成为粤西名校。

华南师范大学附属滨海学校项目：该学校拟投资约 7 亿元，建成一所省一级规范的、从幼儿园到高中 15 年一贯制及国际部类别的学校。由华南师范大学团队全面管理，秉承华南师范大学办学理念和办学宗旨，倾力打造成为广东名校。预计 2020 年 9 月开学。

城区民生项目：电白主城区一批民生项目，如引罗供水工程——占鳌水厂、荔枝文化公园、体育公园、水库公园、碧桂园、凤凰大道、电白四小、新一小、青少年活动中心、妇女儿童保健中心、御景大酒店、御湖国际和"四馆一中心"（电白区图书馆、综合档案馆、规划展览馆、博物馆及美术中心）等项目正加快建设中。

另外，2017 年下半年，全区投入 3200 万元，购置 80 辆 56 座大型高档校车，开通水东城区各寄宿学校至各镇（街）21 条专线校车，彻底缓解城区学生返乡、回校乘车难问题。同时，全区添置 200 辆新能源巡游出租车（2.5 千米起步价 5 元，超出部分每千米 2.5 元）投放市场，打造以城乡公交为主，快速客运、出租客运为辅的立体公共交通体系，有效解决群众打车难问题，促进

全区"双创"（创国家文明城市、创国家卫生城市）和省级全域
旅游示范区工作全面开展。

　　可以预见，在不远的将来，英雄的电白革命老区人民在区委、
区政府的坚强领导下，必将充分利用新的发展平台带来的一系列
新机遇，同心同德，奋力开拓，乘势而上，建设电白、发展电白，
一个美丽的现代化的滨海新城必将很快呈现在人们面前。

2

第二章

冼太故里起风雷　电邑迎来大革命

第一节 在冼太故里创建广东南路中共第一个党支部

电白是"中国巾帼英雄第一人"——冼太夫人的故里。爱国典范冼夫人在征战海南去世后,其遗体就安葬在老县城电城山兜之原。

20世纪一二十年代,深受老前辈冼夫人爱国主义思想熏陶而成长的电白知识青年,其时受辛亥革命(1911年)、俄国十月革命(1917年)、五四运动(1919年)和中国共产党成立(1921年)等几个重大事件的影响颇深,他们的思想和灵魂震动很大。大革命时期,这批进步学生如饥似渴地学习新知识,吸收新思想,进步很大。其中先后到广州求学的邵贞昌、区就宪、崔万选、崔万佳、陈德滨、谢申等人,在爱国运动新思潮的影响下,努力阅读进步书刊,寻求中国人民解放道路和真理,很快成为电白革命的骨干。

1923年6月,中国共产党第三次全国代表大会(简称"三大")在广州召开,决定与孙中山领导的国民党合作,建立反帝反封建的统一战线,允许共产党员以个人身份加入中国国民党。

1924年1月20—30日,国民党第一次全国代表大会在广州召开。这次大会确立了新三民主义,即联俄、联共、扶助农工三大革命政策。新三民主义的政纲和中国共产党在民主革命阶段的纲领的若干原则基本一致,都有反帝反封建的共同主张,所以它成为国共两党合作的政治基础。从此,农民运动(简称"农运")

有了合法地位。

1924 年春，就读于广东大学（中山大学前身）的电白县籍学生邵贞昌、区就宪、崔万选等参加阮啸仙创办的"新学生社"，加入中国社会主义青年团，并于同年冬转为中共正式党员，他们也是电白首批入党的中共党员。

1925 年 2 月，共产党员邵贞昌、区就宪、崔万选受中共广东区委派遣，从广州回故里电白筹建中共电白县组织。他们回到电白后，主要开展如下几个方面工作：组织进步青年学习《共产党宣言》《社会发展史》和其他进步书刊，宣传马克思主义，反对帝国主义、封建主义和军阀主义，用马克思主义武装头脑；向进步青年介绍俄国十月革命，宣传苏维埃政权，宣传男女平等、婚姻自由，加强民主意识；组织进步青年讨论会、谈心会，交流心得体会，启迪解放思想，提高阶级觉悟，增强组织和领导能力；开展农民运动，培养和考察入党对象，把思想先进、立场坚定、工作积极、组织领导能力较强的青年吸收为党员。

1925 年春节期间，邵贞昌在三区（树仔）、区就宪在一区（电城）、崔万选在五区（霞洞）等地进行革命活动。邵贞昌利用白马乡春节年例演戏机会，连续三晚在演戏前向人民群众宣传革命道理，教育农民要翻身解放，必须组织起来，参加农民协会（简称"农会"），团结一致，与土豪劣绅进行坚决斗争。他的演讲，使广大青年深受启发，明白许多革命道理，激起了他们的革命热情，使他们积极主动地参加农民运动和革命工作。

5 月 1 日，邵贞昌参加广东省第一次农民代表大会（简称"农代会"）。会后，他一回到家就组织白马乡农运骨干在邵氏七世祖祠开会，传达省农代会精神。5 月 13 日，邵贞昌在邵氏八世祖祠门前晒谷场上召开群众大会，传达贯彻省农代会精神。大会声势浩大，震动全县。接着，一区（电城）、三区（树仔）、五区

（霞洞）、七区（观珠）等纷纷筹建区农会。由于农民运动蓬勃发展，对发展党组织创造了有利条件。在农运中，经受锻炼和考验的骨干邵以梅、邵锡瑞、黄景荣、陈德滨、崔万佳、邵锡琉等人，相继被吸收为中共党员，使电白县党员队伍不断发展壮大。5 月下旬，邵贞昌决定将在白马乡入党的 13 名党员成立白马乡党组织。这个党组织也就成了全县第一个乡级党组织。

1925 年 6 月初，在农民运动迅速发展和共产党员逐步增加的情况下，邵贞昌受命在县城电城东街严家祠主持召开党员大会，成立县级党支部——中共电白县支部，大家一致推举邵贞昌为支部书记。中共电白县支部的创建，是电白县历史上的一件大事，为电白农民运动的迅猛发展起到战斗堡垒作用。该支部的成立，也是广东南路最早成立的第一个县级党组织。同时，蓬勃发展的农民运动也为党支部不断输送大批新生力量，壮大党员队伍。1927 年底，中共电白县支部的党员人数很快发展到 80 多名，至 1928 年末，全县党员人数更是发展到 100 名以上。

电白成功开展首次国共合作

第一次国共合作期间，广东国民革命军于 1925 年 10 月出兵南征，讨伐邓本殷军阀。以共产党员潘兆銮为主席，林丛郁、彭刚侠、谭竹山、朱曼为成员的国民党广东省南路特别委员会（简称"广东南路特委"）随南征军一起到南路。11 月，驻电白县的邓本殷部队被国民革命军击败。

11 月下旬，邵贞昌、区就宪受广东省农会和国民党广东省党部委派，组织电白县农会筹备处和国民党电白县党部筹备处。在筹备期间，土豪劣绅邵华卿竭力捣乱，散布谣言，并派人殴打区就宪、陈德滨等人。邵贞昌即组织农民与其进行坚决的斗争，并争取革命军对土豪劣绅作了处理，使筹备工作得以顺利进行。12 月底，南征军占领雷州半岛，邓本殷部队败退海南岛，广东南路遂告平定。

1926 年 1 月，南路特委潘兆銮、朱曼等人调回广州等地工作，留下林丛郁、彭刚侠两人在吴川县梅菉挂牌办公。

1 月 26 日，电白县召开国民党电白县党部成立大会，由广东南路特委林丛郁（共产党员）主持。根据党组织决定，共产党员以个人身份加入国民党的邵贞昌、区就宪、陈德滨、吴干帮、崔万选等人当选为国民党电白县党部委员，其中邵贞昌、区就宪、陈德滨为执行委员（简称"执委"）。国民党电白县党部（以下简称"县党部"）的成立，为电白县国共合作的开展创造了有利条件。但是，电白县党部成员复杂，有的是国民党左派，有的是国民党右派，观点不一，意见分歧，各自为政，给电白县首次国共合作留下了隐患。土豪劣绅见有空子钻，从广州湾（今湛江市）购回一批枪支弹药，勾结电白县党部右派，企图摧毁电白县党部和县农会筹备处。电白县党部和县农会筹备处获悉此情况后，即派代表向国民党广东南路特委汇报，南路特委转报国民党广东省党部。国民党广东省党部立即通知驻电白县国民革命军严密查处，并委派高炳辉、邵贞昌等 7 人为改组委员会，改组国民党电白县党部。改组后的电白县党部委员、执委，绝大多数是加入国民党的共产党员和国民党左派人士，有利于国共合作和农民运动的开展。

电白农运的兴起及农会、工妇渔组织相继建立

1924 年 5 月中旬，邵贞昌、区就宪等在白马、仙桃园、电城等地秘密进行革命活动，先后教育培养邵以梅、黄景荣、邵玉龙等 17 名骨干分子，并酝酿组织农会。他们利用假期时机，深入农村，以多种形式向群众宣传共产党为人类求解放的理想，教育农民只有组织起来，团结一致，向封建地主、土豪劣绅作坚决斗争，才能在政治上、经济上翻身解放。

1925 年春，邵贞昌乘白马乡春节年例演大戏，向农民群众演讲农民运动，为白马乡成立农会做好思想理论准备工作。同时，布置邵以梅、邵锡瑞等人发展农会会员，筹备成立白马乡农会。

同年 5 月 1 日，广东省第一次农代会在广州召开，成立广东省农民协会。邵贞昌在白马乡召开有 1000 多名农民群众参加的大会，传达省农代会精神，大讲农民受封建统治之苦，号召农民起来革命。会场周围贴满了标语，会上人们高呼口号："打倒帝国主义!""打倒军阀!""打倒土豪劣绅!""执行联俄、联共、扶助农工三大政策!"

此后，电白县农民的思想觉悟迅速提高，农民运动和成立农会的筹备工作从白马乡迅速扩展到文峰、树仔、福船岭、长金、莘陂、黄花、儒寮、麻岗、电城、霞洞、观珠等地，全县涌现了一大批农会积极分子。

同年 6 月下旬，即广东南路第一个党支部在县城严家祠成立

后不久，电白县第一个农民协会——白马乡农会宣布成立，会员400多人。接着，三区由邵以梅，一区由陈德滨，五区由崔万选、崔万佳，七区由廖殿扬，九区由吴干帮等，相继筹组农会。

同年6月26日，邵贞昌召集全县各地农运骨干分子邵以梅、邵锡琉、邵玉龙、邵锡瑞、黄景荣、黄日光、陈德滨、崔万选、崔万佳、吴干帮、高筱英、区维繁、杨熙隆、邵锡梅、杨良卿、邵天槐、杨乃廷、蔡亚昌等19人，在县城电城开会，研究如何发展农会等问题，进一步推动农会的发展。会后，各自回到岗位，积极宣传、发动和组织农民群众参加农会。

1926年2月，电白县第一次农民代表大会在县城电城召开，成立电白县农民协会。大会选出邵贞昌、区就宪、黄景荣、苏步余、陈永昭等5人为执行委员，邵贞昌、区就宪、黄景荣为常务委员，邵贞昌为会长。县农会设军事部、宣传部、仲裁部、财粮部，邵锡瑞为秘书。接着，相继成立了电白县工会筹备委员会、县妇女解放协会和博贺渔民协会。其中，电白县工会筹备委员会主任委员为区维繁，电白县妇女解放协会主任为高筱英。

同年3—6月，全县9个区和40多个乡相继成立了农会，会员有2.3万人。各区农会会址是：一区电城、二区马踏、三区树仔、四区沙琅、五区霞洞、六区羊角、七区观珠、八区水东、九区林头。会员以发展雇农、佃农、半自耕农和自耕农为主，不准地主豪绅入会。入会的必须有两名会员介绍，并按规定办理手续，方能审批入会。会后，每名会员发给一枚圆形铜质会员证章，凭此可以拒交民团谷，实行"二五"减租。

同年3月下旬，县农会为了保卫农民运动健康发展，防止土豪劣绅和地主民团的破坏，经报请广东省农民协会南路办事处批准，三区（树仔）、八区（水东）和黄花乡、福船岭乡、文峰乡等区乡成立农民自卫军，各拥有农民自卫军十多人、枪支十几支不等。

同年6—8月，电白的土豪劣绅和国民党右派等反动势力，丧心病狂地摧残各级农会，破坏农民运动。打伤和逮捕各级农会干部及会员数十人。8月7日，电白县第二次农代会在电城求雨坡召开，成立农民自卫军和农民自卫队，誓死保卫农会。8月10日，中共广东南路特派员、广东省农会南路办事处主任黄学增在《人民周刊》上发表了《为电白农民求救》一文，披露地主豪绅镇压农民的罪行。

同年8月17日，广东省农民协会执行委员会召开扩大会议，参加人员有全体执委、各地办事处主任、各县市农运主要领导人等108人。中国共产党中央委员瞿秋白等出席大会。毛泽东在会上作讲话。电白县农运领导人邵贞昌出席会议，并汇报6—8月电白县惨案情况，揭露电白县反动当局的滔天罪行。大会全体代表和广州郊区农民1000多人，以彭湃为总领队，举行游行示威，向国民党中央、国民政府请愿，强烈要求惩办电白、东莞〔今东莞市，1985年撤县设市（县级市），1988年升格为地级市〕、花县（今花都区，1993年撤县设市，2000年撤市设区）等县破坏农民运动的罪魁祸首，以保证工农运动的顺利发展。大会最后发出《为电白、东莞及花县惨案通电》《致电白、东莞及花县县长书》《慰勉电白、东莞及花县农民书》。

会后，电白各级农会领导和组织农民群众开展反对地主豪绅和贪官污吏的斗争，抗交苛捐杂税，进行"二五"减租，农民群众成立组织，团结起来保护自己的权益，这是前所未有的。他们个个欣喜若狂，人人斗志昂扬，努力工作，这有力地推动全县农民运动的发展。

第四节 电白"四二二"反革命事件

1926 年 9—11 月，国民党广东省党部右派分子林云陔到南路"巡视"。他所到各县，国民党右派势力纷纷抬头，与国民党左派、农会作对，酝酿掀起一场反共高潮。林云陔到电白活动后，反动大地主邵奇渊、邵奇炯等人马上活动起来，暗中筹集经费，组织反共事宜。他们一笔就拿出 3000 大洋作为破坏农民运动的活动经费。从 10 月 27 日至 11 月 19 日，在 24 天时间里，民团制造了 5 起镇压农会事件，攻陷了 2 个区、3 个乡的农会，抢走农民自卫军步枪 20 支和财物一批，捉去农民自卫军 7 人，打死农会人员 4 人，打伤多人。继有七区观珠土豪、老财主廖尊福、廖尊才唆使地痞，用石头向农会会员廖殿扬家人袭击进行威胁，并散布流言蜚语中伤廖殿扬；五区霞洞反动团董崔国栋，则传讯警告和派人半路截击崔万佳等。他们的罪恶行径激起广大农民的极大愤怒。

1927 年 3 月中旬，电白县农会举行一次全县性的声势浩大的游行示威。那天，各地成千上万的农民群众手执三角旗，涌上街头和大路，组成浩浩荡荡的队伍，由农会会旗开路，走街串村，不断挥动着三角旗，高呼"打倒土豪劣绅！""打倒恶霸地主！""打倒贪官污吏！""一切权利归农会！""农民协会万岁！"等口号，一路上张贴标语和散发传单，一时声势浩大，群情激昂，威震四方。

由于全县各级农会不屈不挠的斗争和广东省农民协会南路办事处的支持，电白县县长不得不将屠杀农会干部、会员的凶手依法逮捕问罪，勒令民团将劫掠的财物退还农会和农民，并将第三区民团局所征收的民团款项全部交给农会使用。

4月12日，蒋介石领导的国民党背叛革命，于上海调集军队屠杀共产党员和革命群众，发动震惊中外的"四一二"反革命政变。4月15日，广东国民党反动派紧跟蒋介石后尘，大肆逮捕屠杀共产党员和革命群众，制造了骇人听闻的"四一五"广州大屠杀，白色恐怖一时笼罩着整个中国。

山雨欲来风满楼。广州大屠杀仅过7天，4月22日，电白县的反动派也开始磨刀霍霍。当天深夜，驻电白的国民革命军第四军三十一团团长余汉谋率领1000多名官兵，会同电白县地主豪绅把持的区乡反动政权民团，突然袭击全县各级农会，进行烧杀抢掠，镇压农民运动。一时间，腥风血雨，白色恐怖笼罩整个电白大地。这就是震惊粤西的电白"四二二"反革命事件。

电白"四二二"反革命事件发生的前一天晚上，共产党员崔万佳通过内线获知形势危急，得知电白县国民党反动派要出动军警袭击全县各级农会，于是决定去县城通知同志们逃避。21日当晚正遇狂风暴雨，崔万佳到电城通知完后，马上冒雨回家。抵家已是深夜，兄弟们尽已逃走，他又叫侄子崔南屏等人去河子板村通知崔宪民逃走。不一会儿崔万佳想起电城还有些同志未通知齐全，完全不顾自己的安危，又立即披上蓑衣出门，直奔县城。接到通知的同志们逃走了，他却被捕了。崔万佳被捕后，家人去交涉，要交赎金白银1000元。经家中典当田地，向亲人借贷，倾家荡产，凑足其数。正待交割，反动团董崔国栋和崔育英（不法地主，绰号"发鱼六"）却去县里告崔万佳搞"共产、毒害地方"。电白县国民党反动派头子谢维屏得悉，也大叫"崔万佳，猛虎也，岂可纵之！"遂解押广州，营救失败。

4月22日早上5时，电城的国民党反动头子吴廷松带领军警把陈德滨家重重包围，捉拿陈家参加农会工作的陈德滨、陈德溥、陈德淙三兄弟。军警进屋搜查，只抓到陈德滨、陈德淙，没有抓到陈德溥。因陈德淙不是领导人，不久被释放。陈德淙回家后，积极设法营救兄长陈德滨。但却无能为力，只能下决心与国民党反动派斗争到底，为大哥陈德滨报仇。

电白"四二二"反革命事件中，全县有112人被捕，数十人先后被杀害。其中，县农会骨干、执委、共产党员邵以梅和邵锡瑞被押途经水东寨头渡时惨遭杀害；县农会执委陈永昭，县农会干部、共产党员陈德滨、崔万佳、吴干帮、邵锡琉和区乡农会干部谢萱、廖殿扬、林立、陈材干、陈盛丰、赖若仙、黄高球等17人，被押送广州，囚禁于南石头监狱后英勇就义。

中共电白县组织创始人、县农会会长邵贞昌，因工作需要，上级党组织于1927年1月决定将他调离电白。4月上旬，他离开电白，化名到国民革命军第五军某营当书记员。电白"四二二"反革命事件发生后，其父邵殿熙急往广州，在高第街租了一间房子给邵贞昌住宿，并嘱咐他不要出去活动，注意安全。但邵贞昌仍然外出开展革命活动，被电白县土豪劣绅发现，密告国民党反动派。不久，邵贞昌在广州被捕，囚禁于南石头监狱。1928年3月，邵贞昌在广州北街被国民党杀害，时年24岁。

至此，中共电白县组织几乎全军覆没，党组织活动一度中断了10年多时间，直至1939年3月才在抗日救亡的烽火中恢复重建。

3

第三章

电白抗日举旌旗　隐蔽斗争抗蛮敌

第一节 电白各界开展抗日救亡运动

　　1937年9月，经中国共产党一系列的工作，国共两党第二次合作正式实现。日本侵略军对中国实行全面的战略进攻，抗日战争进入战略防御阶段。此时，电白县人民同全国人民一样，对日本的野蛮侵略同仇敌忾，对中国共产党的伟大号召热烈拥护，纷纷要求奋起抗日救国。特别是电白县知识界和青年学生，踊跃发表抗战言论，开展抗日救国宣传活动。

　　1938年春夏间，电白县立中学（简称"电中"）召开抗日宣传座谈会。自此，师生们纷纷写文章、出墙报宣传抗日。进步教员叶春等支持陈广杰、李卓儒等一批学生，在暑假期间组织抗日宣传队伍奔赴县内的那霍、沙琅、观珠、大衙、林头、羊角等地，向群众宣传抗日救国的道理，教唱抗日歌曲，大书"抗日救国，不当亡国奴！"等巨幅标语。

　　1939年5月，中共党员麦逢德进入电白县简易师范学校（简称"电师"）任教，组织学生"读书会"，引导学生阅读《社会发展史》和艾思奇的《大众哲学》等革命书刊，并针对汉奸和亲日派散布的"抗战必亡"等反动谬论，组织学生进行"抗战必胜"的演讲和讨论，以毛泽东《论持久战》驳斥亲日派的"亡国论"，用抗日理论武装学生的思想。同时，组织学生抗日宣传队伍，走出校门张贴抗日标语，向群众演讲和公演抗日戏剧，大唱《报国仇》《共赴国难》等抗日歌曲。

　　1940 年 9 月，电白县实践中学（简称"实中"）在教员、共产党员李康寿、李锦波的指导下，进步学生组织四五十人的"读书会"，引导学生阅读《论持久战》《西行漫记》《新华日报》等进步书报，宣传坚持抗日，传播革命思想，开展学生运动（简称"学运"）。

　　在抗日救亡运动热潮中，电白县各中学进步师生积极组织"读书会"，阅读进步书刊，经常汇集一起纵谈国事，关心时局，激发抗日救亡热情，推动抗日救亡运动蓬勃发展。同时，为恢复重建中共电白县组织打下了坚实的思想基础，并考验和储备了许多入党积极分子。

第二节 日军进犯电白罪行滔天

1938 年 10 月，广州沦陷，日本侵略军开始向南进攻。电白县作为广东南路的沿海县份和交通要道，是南侵日军的重点攻击目标。日军占领了电白海面放鸡岛之后，军舰不时游弋于电白港，不断轰炸、炮击和侵扰电白，造成电白人民生命财产的巨大损失。

一、县城和马踏惨遭日军蹂躏

电城是电白县城所在地，首当其冲成了日军攻击的目标。1938 年，日军南侵，电白沿海地区的电城、博贺、水东、南海连日遭受日机扫射、轰炸和敌舰炮击。5 月的一天晚上，入侵电白港至放鸡岛海域的日本军舰，用探照灯探视县城的防御情况。几天后的一个晚上，日本军舰开炮轰击电城，炮弹落在北门头。9 月的一天，日本军机入侵县城上空，投弹炸毁电白县中学电城分教处一座平房教室。此后，日军飞机经常于白天入侵县城并低飞盘旋，开机枪扫射街上行人，投弹炸毁民房和庙宇，居民生命财产遭受损失。面对敌人的攻击，县城内许多人为避免敌机轰炸伤害，迫不得已停工歇业，每天清早起来，吃过一点东西，带上衣物，扶老携幼，匆促地出城而去，避于农村的树林下，直到太阳下山，再没听到空袭警报，才返回家里。电白人民过着颠沛流离的日子。

为避免日机轰炸，电白县政府及所属机关学校不得不于第二年的 1 月迁往霞洞大村。同时，县政府下令拆毁县城城墙，掘毁县城通往水东的公路，以实行抗日战争的"坚壁清野"政策。

1939 年 2 月 6 日早上，电城镇内的居民还在梦乡中，突然间钟鼓楼发出紧急空袭警报。不一会儿，一架敌机侵入电城上空，并低飞盘旋，掩护海边登陆的日军进犯电城和附近的马踏。天将亮时，一艘日本军舰驶入爵山乡北山港，用几艘橡皮艇承载 200 多日军登陆，个个荷枪实弹，分别进犯电城和马踏。上午 10 时，进犯电城的日军从东门、北门入城，并开机枪扫射人群，有 3 名平民中弹身亡。

日军进入电城，白天闯进商店、民房搜索掠夺大米、花生油、食糖等食品，搬到驻扎地去。还迫使县城居民为其宰杀掠夺来的猪、鸡、鸭等。

电城东街居民区锡康家是一座宽敞的房屋，日军驻扎进去，捣毁区家的木质家具，当柴火烧饭，吃饱后往大瓦瓮里拉屎拉尿，搅得整座房屋乌烟瘴气。东街中山公园草地上，一位女青年被日军强奸后杀害，尸体被吊在一棵树上。西街一间商店里，40 多岁的守寡老板娘被闯进店内的敌兵拉入卧室里奸污，受到巨大创伤。

进犯电城、马踏的日军，狂暴地奸淫掳掠，长达七天之久，40 多居民惨遭杀害，100 多名妇女被强奸，10 多间商店、民房被烧毁。

二、日机轮番轰炸水东及附近多地

水东，是电白县商业繁荣和水陆交通发达的港口城镇，也是日军进攻的重点。1939—1941 年，日军飞机经常轰炸电白，仅水东就有 10 多次。

1939 年 8 月 9 日，日军 6 架飞机首次空袭水东，忠良街 20 户居民和 8 户店铺被炸毁，数人死伤。

1940 年 9 月 6 日，日军飞机再次轰炸水东，商务会所属火水局的煤油仓库被炸，数千斤进口煤油被烧掉。

1941 年 3 月 3 日（农历二月初六），日军两股 200 多人，兵分两路分别从南海狗岭（今虎头山）和爵山的绿豆岭同时进行骚扰性登陆，对水东、七迳、电城、马踏进行疯狂掠夺。一股日军 100 多人在狗岭登陆后经沙院、咸水田进入水东，日军在铜鼓岭用机枪扫射三角庙（今电白县人民医院一带），用炮击公岭等地，并在水东、七迳一带进行"扫荡"，抢劫钢、铜、铁、麻皮、桐油、粮、糖、猪等物资搬到船上运走，来不及逃避的 10 多名妇女遭强奸、轮奸，男人则在背上刺上"亡国奴"三字被强逼充当奴役，抢来的猪、牛等尽被屠杀。

1941 年 9 月 5 日，日军 3 架飞机轰炸水东忠良街及鸡行街（今解放街），投弹 20 多颗，炸毁民房十五六户，死伤数人。

1941 年 11 月 8 日，日军飞机轰炸水东忠良街油地码头，10 多间民房被炸毁，死 7 人，伤 2 人。

1941 年 11 月 16 日下午，日军 9 架飞机，编成 3 队，轮番滥炸东阳街、忠良街、鸡行街，投弹 100 多颗，扫射机枪子弹数千发。这次轰炸水东损失最严重，炸毁民房 20 多户，死伤 30 多人，损失洋纱布匹等物资一大批。

1945 年 7 月 12 日，日军败退时路过水东，水东又一次遭劫。丧失人性的日军把拿不走的食物，拉上屎尿后遗弃。

据统计，日军入侵水东期间，共炸死和杀害平民 200 多人，炸毁房屋 500 多间，损失物资不计其数。

此外，还有博贺、南海、陈村等地乡村和渔船，屡遭日本军舰炮击和飞机轰炸，死伤人数和财产损失无法统计。

　　为防备日军飞机轰炸和军舰炮击，许多老百姓在村镇旁边的山边、堤下，挖掘防空洞，白天在洞里防空，晚上才敢回家，生活和生产大受影响。日本帝国主义在电白犯下的滔天罪行，罄竹难书。

电白县党组织在抗日硝烟中重建

1928 年 4 月，由于大革命失败和广东南路党组织受到严重破坏，中共电白县支部前任书记杨绍栋去广州湾联系上级党组织，却找不到中共广东南路特委，从而导致电白党组织一度与上级党组织中断了联系。自 1928 年 7 月至 1939 年 3 月，中共电白县支部中断组织活动长达十年多时间。

一、电白正式建立民众抗日武装

抗日战争爆发后，1937 年 9 月，国共两党实现第二次合作。1938 年初，原国民党十九路军爱国将领张炎受任广东省民众抗日自卫团第十一区统率委员会主任，2 月该会在梅菉成立。在广东省南路动员、组织广大民众和散居高州六属（茂名、电白、信宜、化县、吴川、廉江等六县）的原十九路军将士起来抗日，张炎接受中国共产党的抗日主张，并支持共产党员和进步人士组织各界民众抗日救亡运动。其间，受全国形势和南路抗日形势的影响，电白县民众抗日统率委员会和电白县民众抗日游击指挥部成立，原国民党十九路军张炎将军的部下唐威任主任兼指挥，何中行任副主任兼参谋室主任。宣告电白正式建立民众抗日武装。

1938 年 10 月，广州沦陷。为应付广州沦陷后的形势，中共广东省委机关迁往粤北，并对粤中、粤南等地区的党组织也相应作部署。同月，广东省民众抗日自卫团第十一区统率委员会改为广东省第十一区游击司令部，张炎任司令，司令部从梅菉迁往高州城（广东省第七区专署所在地）办公。并在七区所属各县招收青年，组织司令部乡村工作团。该团派出电白乡村工作队（简称"乡工队"），到电白开展抗日救亡运动。

同年 12 月，爱国将领张炎全力开展抗日锄奸活动，先后处决汉奸林绳武（信宜人），许宝石、许伯伦父子（电白大榜人）。这个抗日锄奸行动在南路地区震动甚大。

同年 12 月底，中共广东省委东南特委派遣香港学生赈济会青年回国服务团第一团（简称"服务团"）到达高州，设立服务团总部，服务团团长刘谈锋（中共党员）、副团长黄秋耘（黄洛思，中共党员；注：凡有另名或别名均在首次出现时仅附注一次，不再重复，下同）。

1939 年 1 月，因害怕受到日机和日舰的攻击，国民党电白县政府自电城迁往霞洞大村，电中也随迁过来。同月，服务团副团长黄秋耘，团员袁惠慈（张越，女，中共党员），秘书长、进步青年马勇前等人组成的工作队，到电白县民众抗日游击指挥部工作。黄秋耘担任教导队政治教官，袁惠慈担任教导队教导员。不久，马勇前调回高州团部工作。服务团又派麦逢德（中共党员）来电白，后入电师工作。服务团总部党组织交给他们三项任务：一是参加当地抗日团体，掌握部分抗日武装；二是恢复重建中共电白县组织；三是做好统战工作，争取唐威、何中行等人，开展团结抗战活动。工作队到电白后，全力为恢复电白党组织开展工作。

二、中共电白县组织恢复重建

1939 年春，中共广东省委派遣周楠（任书记）、陆新（陆瑜，任委员、秘书）等同志到高州筹建高雷工作委员会（简称"高雷工委")。3 月，中共高雷工委派陆新到电白霞洞，在电师附小代表工委宣布成立中共电白县中心支部委员会（简称"中共电白县中心支部"），由黄秋耘担任支部书记，袁惠慈、麦逢德为支委。这标志着，中共电白县组织在抗日救亡的烽火中恢复重建。

中共电白县中心支部恢复活动后，陆新向支部传达高雷工委对电白工作的指示：一是要到那霍茶山山区调查访问，了解地形，发动群众，掌握社会情况，开展游击战争；二是调查大革命时期保留下来的革命力量和民间武器的情况；三是做好县民众抗日游击指挥部上层人士的统战工作。至此，中共电白县组织，在中断组织活动十年后终于恢复重建，继续领导电白人民开展抗日救亡运动。

1939 年 5 月，在张炎接任广东省第七区行政督察专员兼保安司令后，即将乡村工作团改称战时工作团（简称"战工团"），派往各县的称战时工作队（简称"战工队"）。其中电白县战工队罗文洪（周崇和）、黄禄海、苏坚等 3 人在高州总部集训期间加入中国共产党，并成立电白县战工队党支部，罗文洪任支部书记。集训结束后，党支部又吸收了张逸侬、詹润桐、王丙光等人入党。此时，电白县共产党员已有 10 多名。7 月，李延年、黄骥英等人在电白学生队加入中国共产党。8—9 月，邱鸿迪、崔峻彬、林宜生、刘俊才等人加入中国共产党，全县共产党员增至 20 多名。

1939 年 9 月，为了有利于抗日救亡运动的开展，黄秋耘、袁惠慈上调高州学生总部和妇女总队工作。中共电白县中心支部由罗文洪接任书记，麦逢德、李锦波、苏坚为支委。

1939 年 7 月，新招一批知识青年，经培训后加入战工队，成为特别守备区学生总队，派到电白的是第四中队。9 月，中共高雷工委密件指示电白县中心支部，指出日军随时可能在电白登陆，而国民党内部又发生了激烈的分化，反共顽固派已一再制造摩擦事件，因此要求在做好应变准备的同时，抓紧时机，做好三项工作：一是大力向群众宣传中共提出的"坚持抗战，反对投降；坚持团结，反对分裂；坚持进步，反对倒退"的方针，坚定抗战到底的决心。二是加强开展山区和沿海地区的工作，充分发动群众，组织"救国会""服务队""锄奸队"等抗日群众团体，为开展抗日游击战争做准备。三是加强统战工作，特别要注意做好电白县民众抗日游击指挥部首脑人物和知识分子的工作，大力发展进步力量，孤立和打击顽固分子，努力防止政治逆流的冲击。

根据中共高雷工委的指示，罗文洪先后召开两次党支部会议，认真学习、研究高雷工委指示，作出三项决定：一是以霞洞地区为全县领导中心，指挥全县工作；二是对山区要进行长期经营，准备建立抗日游击根据地；三是立即派遣干部开展沿海地区工作。会后，罗文洪即带领第四中队主力去沙琅地区开展工作，并到博贺等地作调查，先后派遣共产党员黄禄海、李延年回羊角、凰渐一带地区加强领导，分工麦逢德、李锦波负责学校方面的抗日救亡运动。

1939 年 11 月，罗文洪在沙琅地区先后成立农民抗日救国会（简称"农救会"）、青年抗敌同志会（简称"青抗会"）、妇女抗日救国会（简称"妇救会"）。同时，开展统战工作，召开沙琅地区开明绅士会议，号召各阶层人民，有钱出钱，有枪出枪，有力出力，共同抗日。从而动员了一批青年，筹集了部分武器，组织了抗日自卫小组。

1939 年后，因日军南侵，广州和广州湾先后沦陷，原广州实践中学和广州湾的南强中学因躲避日军的骚扰，先后搬迁到电白坡心继续办学。这两所中学的到来，为电白培养人才和革命骨干力量带来了动力。陈广杰、严子刚（严佩琼）、林凤文、李若堂、林立、崔翠文、邵若海（邵福祥）、程允祯等就是这两所中学的学生。

1939 年 11—12 月，李延年回羊角后，吸收党员，成立党小组，小组长李芳。羊角地区的抗日工作很快掀起一股热潮。

1940 年 9 月，中共电白县中心支部改为中共电白县特别支部（"特别支部"简称"特支"），由陈其辉任书记；1941 年 3—9 月，由庞达（庞仲钦）任书记；1941 年 9 月至 1942 年 3 月，由严子刚任特支负责人；之后，由庞自（庞仲道）接任书记至 1945 年 2 月，领导全县革命武装开展抗日斗争。至 1945 年 7 月，全县共产党员发展到 40 多名。

电白县党组织与国民党反共逆流作斗争

1937 年 9 月下旬，国共两党开始第二次合作，全国抗日民族统一战线宣告形成。但不久，国民党顽固派破坏抗日民族统一战线，推行消极抗日、积极反共的方针，自 1939 年 12 月至 1943 年 7 月，先后掀起了三次反共高潮。

一、"周文事件"

1940 年 2 月，广东南路反共逆流日趋恶化，电白县学生队奉命调往茂东地区活动，该队领导、中共电白县中心支部书记周崇和（罗文洪）随队调离电白。3 月 29 日，便发生了轰动一时的"周文事件"。

其时，周崇和、文允武（中共党员）两人因在茂名县新洞乡散发八路军揭露国民党顽固分子制造分裂、破坏团结抗战的传单，29 日当天即被该乡乡长逮捕。七区国民党督导员孙甄陶等人多次审问周崇和，诬蔑说周伪造传单，造谣惑众，攻击政府，破坏国共合作，支持了日军，犯了汉奸罪。周崇和反驳说，传单内容是八路军致国民党中央的通电，公开发表的文件，何来伪造？通电揭露少数反共分子企图分裂国共合作，破坏团结抗战，投降日军，才是真正的汉奸行为。多次审问失败后，孙甄陶了解到八区国民党督导周胜杲是周崇和的族叔，便到广州湾找同行周胜杲求助。十多天后，孙甄陶拿着周胜杲的名片与周崇和谈话，进行劝降。

孙甄陶说，周君，你到底是什么时候参加共产党的？只有你坦白交代了，看在令叔的分上，我决不会为难你。周崇和说，我是一个爱国青年，值此国土沦亡、民族危难之际，只为抗日救国奔走呼号，对什么党派都不感兴趣。孙甄陶说，共产党共产共妻，你是家庭富有子弟，共产党对你有什么好处？周崇和说，共产主义学说我没有研究过，但孙中山的三民主义我学习过，孙先生说共产主义是三民主义的朋友，实现三民主义的终极目的是建立大同世界。两人唇枪舌剑，大谈党派、主义、理想、前途，孙甄陶没有占上风，只好灰溜溜地走了。国民党顽固派对周崇和没有办法后，逼迫张炎将军把周、文两人送省严办。

中共南路特委派员力助营救。后张炎将军以周、文两人"越狱"为名，暗中义释了他们。对此，国民党顽固派不甘罢休，强令取缔和解散香港学生赈济会青年回国服务团和学生总队。张炎也于1940年6月下旬被迫辞职。电白县党组织根据中共南路特委指示，对原在各抗日团体工作的共产党员和骨干分子，有组织、有计划地把一部分撤到高州、广州湾等地，重新分配工作；一部分转移到县内学校、农村，以合法的社会职业作掩护，坚持长期秘密的革命斗争。

这就是"周文事件"始末。

二、驱逐反动校长

1941年1月，震惊中外的"皖南事变"爆发后，电白县的革命形势发生了很大的变化。同月，国民党电白县当局加紧镇压实践中学的革命活动，破坏该校党支部，解聘教员李康寿（该校党支部书记），开除进步学生杨坚（党员）、廖华（党员）和陈广杰。同时，又在全县搜捕共产党员，破坏共产党组织。

同年3月，为抗击国民党反共高潮，中共南路特委和电白县特别支部对暴露身份的领导和党员及时撤离和转移。身份暴露的陈其辉、徐东翔撤往外地。庞达接替陈其辉任中共电白县特别支部书记。

1942 年 3 月，时任中共电白县特别支部书记的庞自和由严子刚当助手的电白特支，严格贯彻执行各级党组织实行的"隐蔽精干、长期埋伏、积蓄力量、以待时机"十六字方针，并要求党员坚持"三勤"（勤学、勤业、勤交友）、"三化"（职业化、社会化、合法化）的原则，改变斗争策略和方式，有效地抗击国民党顽固派的反共行径。

1943 年夏，国民党搞所谓"十万青年十万军"运动，名为抗日，实为反共和开展内战做准备。其间，电白学校当局非常卖力，鼓动学生当兵。为粉碎国民党这一阴谋，时任学生会主席的陈东（陈仲凯）等进步学生，采取各种形式发动各界同学进行抵制。实践中学的共产党员陈擎天等，开展秘密串联，教育学生安心学业，反对参军。结果，报名当兵的学生寥寥无几。

同年秋，高州地区的国民党党务督察专员李云鹤到电白"视察"，并"指示"各中学都要建立和发展"三民主义青年团组织"（简称"三青团"），有的学校还普遍分发申请表要学生填表参加"三青团"。对此，各学校进步师生发动同学加以抵制，使国民党的阴谋失败。

同年冬，谭儒小学校长邱鸿儒十分反动，给电白地下党组织在该地区活动造成困难。该校教师、共产党员邱鸿迪等，抓住邱鸿儒贪污学校经费的劣迹，一方面发动学生罢课，一方面争取乡绅支持，向国民党电白县政府告发，终于把邱鸿儒赶下台，换上共产党员邱鸿达当校长。

第五节 电白人民英勇抗击日军侵略

1938 年 10 月，广州沦陷，日军继续向南推进，战火很快就燃烧到了地处沿海的电白县。

日军为了保护水陆交通，经常对电白一带进行飞机轰炸、军舰炮击和派部队入侵，烧杀抢掠，无恶不作。但由于日军战线过长，作战兵员不足，减弱了日军的作战能力，日军无力完全占领电白。当时，国民党在电白也无配备大部队，仅留有张炎将军的部下唐威、何中行组织的一支 1000 多人的电白民众抗日游击队和乡村工作队等武装队伍，武器装备差，战斗力不强。但是，在敌强我弱的情况下，电白军民还是顽强地抗击日军的侵略。

一、电白军民打响南路抗日第一枪

1939 年 7 月的一天晚上，月色朦胧，一股日本海军乘坐橡皮艇到电城附近海面挑衅，用机枪扫射沿海渔船。中共电白县中心支部书记、电白县国民兵常备队中尉政治指导员黄秋耘带领 40 多人的加强排，潜伏在海滩边的芦苇丛中，等敌艇驶近时，以密集火力射击，封锁海面。日军见中方军民有准备，感到情况不妙，不敢贸然进攻，只好撤走。这是电白军民抗击日军的第一枪，也是打响南路抗日的第一枪。这显示了电白人民抗日救国的坚强意志，也打击了日军的嚣张气焰。

二、水东盐警队阻击日军

1941 年 1 月起，日军加大了对电白的侵略。3 月，两股日军约 200 多人分别从虎头山和爵山海岸登陆，入侵水东、七迳、电城、马踏一带进行抢掠。国民党军队采取不抵抗政策，闻风而逃。老百姓扶老携幼，离乡背井，向山区逃命。水东盐警队 30 多人进行阻击日军，因力量悬殊，寡不敌众，牺牲 1 人，被迫撤退。

三、农夫与游击队员用简陋武器杀敌

1945 年 7 月，侵华日军败局已定。一批日军为收缩战线从广州湾撤往广州。日军途经电白，电白人民恨之入骨。当大批日军进入水东时，南海一农夫却在那渊路头铺附近赤手空拳袭击一放哨伤兵，并俘擒一被日本兵拉去入伍的台湾籍青年。路过树仔登楼村的一股日军，在一地主家找到半缸酒，立即争相痛饮，后一士兵大醉，等日军走后，醉兵忘记拿枪便蹒跚前行，被村民冲上来用刀砍死。江界乡清湖村共产党员杨瑞春与游击队员杨运隆、杨德雍蔡庆明，拿着禾叉、扁担，尾随日军来到儒洞河边，见 3 个掉队的日军在鹰岭边小便，于是举着禾叉冲上去刺死敌军 2 名、伤敌 1 名，缴获一些枪械，游击队员没有伤亡。

第六节 电白建立起抗日游击队伍

　　1938 年 10 月，广州沦陷，日军向南推进，于 1943 年 2 月占领广州湾，雷州半岛陷于敌手。中共南路特委书记周楠于 1944 年 3 月远赴重庆，向中共中央南方局汇报工作。南方局领导听了汇报，分析指出：日军可能很快打通湘桂线，两广即将处于敌后，要求南路地区积极准备，开展游击战争。6 月，周楠回到南路，召开特委扩大会议，传达南方局的指示，并部署各县建立抗日游击小组，发展共产党领导下的独立自主的抗日人民武装，开展抗日游击战争。从此，中共电白县特别支部坚决贯彻执行中共南路特委的部署，把工作重点转移到抗日武装斗争上去，建立抗日武装队伍和举行抗日武装起义。

　　1941 年 2 月，中共电白县特别支部召开会议，教育党员坚定革命意志和抗日必胜的信心。羊角乡成立抗日自卫中队，主要骨干都是共产党员，由李延年担任中队长。电师共产党员梁弘道，组织党员和进步青年 10 多人，筹集 10 多支枪，集中进行军训，准备上山打游击。木院抗日队伍骨干梁心波（梁秉纪），建立一支 80 人左右的抗日中队，配备枪支弹药，开赴电城地区，准备作战。马踏、沙琅、霞洞等地，同时着手组织抗日武装。但因日军撤走，队伍原地分散开展抗日宣传活动。

　　1945 年 1 月，严子刚吸收实中进步学生严政（严佩琔）加入抗日游击小组后，再将他派回实中去发展游击小组，后发展了邵若海、程允祯等 5 人为抗日游击队员。

同年 3 月，霞洞地区党小组组长王杰（王鸿运）组织农村抗日游击小组，他将蔡智文、何逢益、王克等 3 人同时宣誓吸收为抗日游击队员。至 7 月，这支游击小组成员发展到 20 多人。

同年 5 月，全县新发展共产党员近 20 名，抗日游击队员发展到 800 多人，这为电白日后开展抗日武装起义创造了条件。

第七节 电白党组织发动抗日武装起义

一、华楼抗日武装起义

1945年1月，为反对日军侵略和国民党顽固派的统治，在中共南路特委的领导下，电白县党组织具体组织和发动华楼抗日武装起义。

1945年1月上旬，遂（溪）吴（川）化（县）廉（江）梅（茂）人民为抗日保家，谋求生存，纷纷举行武装起义。1月14日，张炎率领所属800多人在吴川起义，攻入吴川县城。这时，南路特委决定各地党组织全面发动武装起义。1月24日左右，中共茂电信特派员陈华（原名温万宗）在茂名烧酒召开会议，向严子刚布置武装起义任务，要求电白县在游击小组发展较快的华楼举行武装起义。严子刚接受任务后，立即向中共电白县特支书记庞自汇报，并按陈华的指示，由庞自到大衙华楼负责组织武装起义，严子刚到各地组织力量配合。

华楼村位于电白县中部，靠近白花岭，有回旋余地，是比较适于开展游击战争的地方。1944年秋，在高州国民大学读书的华楼青年陈广杰参加了党领导的游击小组。11月，陈华布置陈广杰回华楼发展游击小组，准备武装起义。陈广杰回华楼后，在青年学生和农民中进行形势教育、阶级教育和游击战争的军事知识教育，使华楼游击小组迅速发展壮大。1945年1月中旬，华楼起义前夕，遂吴化廉梅人民武装起义，反对日本侵略者和国民党顽固派的斗争如火如荼，电白县国民党顽固派害怕人民起来武装抗日和反对他们的统治，决定收缴华楼的民枪，以防万一。华楼的数十支枪，是陈姓为防匪自卫而购置的。国民党当局收缴民枪的决定，激起华楼民众的不满。于是，陈广杰等人发动华楼群众抗拒收缴民枪，并将这批枪支筹集为武装起义的武器。由于群众反对，迫使国民党停止收枪活动，数十支枪全部顺利地掌握在游击小组成员手中。同时，陈广杰和李卓儒还到大器村和白花岭脚下的山塘村一带发展了一批游击小组成员，并上白花岭观察地形，准备在武装起义不能在华楼坚持的时候，把队伍拉上白花岭进行游击战争。

1945年1月25日，负责组织武装起义的庞自布置电白中学游击小组到华楼参加起义，他到禄段小学与爱人罗英一起到华楼。随后，陈东、陈叔平、李佐平、苏克（苏翠眉，女）、崔明（崔雪辉，女）、郑学海等一批骨干也从各学校到了华楼，参加武装起义。此外，还有陈华派来协助组织起义的梁之梗。集中有四五十人、三四十支枪，并筹集了经费。经过研究，起义队伍定名为"电白县人民抗日游击队第一中队"，陈广杰任中队长，庞自为指导员，陈交德、陈广安、陈广维、陈广立为小队长。计划先袭击国民党乡公所，夺取枪支弹药，然后将队伍开进白花岭，开展游击战争。严子刚到凰渐（今爱群）和木院发动游击小组配合起义，李佐平、李卓儒在羊角、大器等地进行筹款和联络工作，何逢林、黄成煦、李延年、黄东、杨瑞芬等都在各自家乡等候。

武装起义的政治动员、军事训练等各项准备工作正在紧张进行之际，华楼村的国民党保长陈国文及地主当权派陈广善、陈广仁等却在暗地里加紧破坏武装起义。陈广仁是国民党电白县党部庶务，曾因失意抨击过国民党的腐败现象，同情过进步青年。起义前夕，他回到华楼。起义领导人找他谈话，争取他参加革命，但见他态度隐晦，便派人监视他。陈国文则在暗地里煽动一些不明真相的群众妄图捉拿起义领导骨干，并向国民党地方当局通风报信，被起义战士陈广位发觉。当起义队伍采取紧急措施，搜索敌人的时候，陈国文于1月27日仓皇逃走，向国民党电白县政府告密，破坏了武装起义的原定计划。庞自等得悉此紧急情况后，决定提前起义，并于27日晚将队伍撤出华楼，向白花岭转移。起义队伍撤出之后不久，敌人便来包围了华楼堡。当晚，起义队伍在白花岭下的一个小村里住宿。28日清晨，队伍开到白花岭上的稔窝田村驻扎。由于队伍撤离华楼时过于仓促，所带衣服、粮食、弹药都不多，此时正是天寒地冻的季节，又与配合队伍联系不上，困难很多。29日，华楼村有个别群众找上队伍，以看望亲属为名，劝说自己的亲人离队回家。为了巩固队伍，起义的领导一方面派人与配合队伍联系，争取援助；一方面整顿队伍，加强思想政治工作，鼓励同志们克服困难，坚持斗争。经过细致的思想政治工作，同志们精神饱满，斗志旺盛，团结战斗。

包围华楼的敌人扑了个空，继续侦察起义队伍的行踪。当他们发现起义队伍驻扎在稔窝田村时，便纠集地方反动武装，于29日深夜11时许，袭击起义队伍。当时，是陈叔平带战士陈广邦放哨。陈叔平听到远处狗吠声时，机警地搜索敌情，发现敌人已接近营地，他立即鸣枪报警。起义队伍闻讯，迅速组织突围，撤上后山，占领了有利地形，居高临下迎击敌人。敌人虽然数倍于起义队伍，但他们处于不利地形，不敢轻举冒进，使起义队伍得以及时撤退转移，避免了重大伤亡。

为了防止国民党武装"围剿"，保存革命力量，起义队伍连夜撤离白花岭山区。由熟悉山路的战士陈增德领路，艰难跋涉，转移到麻岗附近的一个山顶洞里，过了一个白天。接着，晚上又继续转移到那行村陈广杰的亲妹陈惠芳家里，受到她一家的热情款待，安排食宿并搞好掩护。之后经大家紧急商议，决定暂时解散队伍，各自找适当的地方隐蔽，转入地下活动。起义队伍骨干庞自、陈广杰、陈东、苏克、崔明等转到南海（今属南海街道）霞里村杨展华家，得到杨增（杨牒青）赞助盘缠，然后分散到南路各地继续革命。

这次起义，有10名华楼优秀儿女先后牺牲：在起义过程的白花岭战斗中，华楼战士陈广邦当场壮烈牺牲。陈广畔、陈广弼、陈广洲、陈阿惠等4人被俘后在观珠英勇就义。陈广畔在刑场上义正词严地怒斥敌人，带头高呼"打倒国民党反动派！""打倒日本帝国主义！""中国共产党万岁！"等口号。陈广畔被害时，年仅15岁。支持起义的群众陈五妹、陈守万、陈广万当天傍晚被杀。游击队员陈增德、陈广安等不久被捕，遭酷刑后也惨遭杀害。

轰轰烈烈的华楼抗日武装起义最后以失败告终，但它的历史意义是深远的。这次起义是电白县党组织领导和发动的反对日本侵略者和国民党顽固派的首次武装起义，也是南路人民抗日武装起义的一个重要组成部分，为电白县日后的武装斗争留下宝贵的经验。

二、大衙抗日武装起义

华楼起义失败后，庞自离开电白到广州湾，由中共南路特委另行分配工作，中共电白县组织的领导工作由严子刚负责。华楼起义的其他骨干执行分散活动的方针，进行隐蔽活动。其中，陈东、苏克到马踏，陈广杰等人进入林头地区一带农村，开展抗日宣传活动，发展抗日组织。电白县党组织先后在霞洞吴启春家、崔广书家、唐舜基的保济堂药店、王铭新家、林头谭黄邓文达家，分别建立了联络据点。中共茂电信特派员陈华从高州转移到电白水东，以水东为特区，进行调查研究，进一步加强对茂电信地下革命工作的领导。

1945年春，电白县国民党顽固派加紧对全县共产党员和革命者的搜查、逮捕、刑讯、枪杀等疯狂镇压。3月，严子刚活动的隐蔽据点正龙乡高圳车村李灏家被敌兵搜查，因李家事先得到情报，提前采取措施，没有受到损失。同月，电白县国民党派兵100多人会同乡兵连续3天搜查凰渐一带的村庄、山岭、学校，企图搜捕在李荣平（李平）、李佐平兄弟家联络据点的电白、茂名地下党领导。因事先已转移，敌兵的行动扑了个空。

同年3月下旬，电白县党组织根据茂电信领导在羊角那际召开的会议指示精神，总结吸取华楼起义失败的经验教训，重新部署党的工作：继续发展新党员；在农村中发动群众，发展抗日游击小组；收集武器，以小股武装方式开展革命活动；提高战斗力，进一步做好开展武装斗争的准备；开展锄奸、肃特工作，保护干部和进步群众。至5月，全县新发展的共产党员20名，抗日游击小组队员发展到800多名。

到了6月、7月间，日军已日暮途穷，败局已定。为收拾残局，占领广州湾的日军佯攻高州，实为确保梅菉、水东、阳江陆路作为撤退广州的后路。陈华紧急通知中共电白县特支负责人严子刚到水东，布置抗日武装起义的任务。陈华指出："日军要作最后挣扎，估计要占领高州。因此，我们必须在有条件的游击区举行抗日武装起义，以建立和发展由共产党领导的、独立自主的人民武装队伍，对侵华日军进行游击战争。电白要在大衙—林头—鲤鱼塘游击区举行武装起义。"因时间很紧，陈华还要求严子刚立即去吴川覃巴，与中共吴梅茂特区特派员庞达取得联系，以便起义后如不能坚持时，将队伍拉到覃巴会合。严子刚当天赶到覃巴联系，翌日上午回到鲤鱼塘。这时，国民党电白县反动派万分惊恐，非常混乱。严子刚等领导人认为这是大好时机，当即将陈华的指示向大衙—林头—鲤鱼塘游击区负责人陈广杰、林凤文等人作了传达，确定陈、林两人具体负责领导大衙起义，霞洞、马踏等地区配合起义。同时，研究了大衙起义的行动计划：先集中力量攻占国民党林头区公所，然后兵分两路，分别向大衙、羊角进发，取得胜利后再集中兵力，发动群众，进攻国民党电白县政府所在地霞洞，控制全县大部分重要地区，建立巩固的游击根据地，抗击日军，保家卫国。

起义计划布置下去的当天晚上，起义领导人分头组织行动。严子刚赶赴霞洞找到王杰、张顺南，进行起义前的研究部署。林凤文、林凤振一组去林头、木院，陈广杰、曾桂初一组则去大衙、华楼一带农村，分别进行筹粮筹款，组织武装力量，迎接和投入起义战斗。游击队员们对日军的侵略十分仇恨，对国民党反动派欺压民众和不抵抗政策极为不满，人人摩拳擦掌，斗志昂扬。各游击区的群众为了保国保家，积极支持游击队，因此武装起义的准备工作进行得很顺利。起义前夕，抽调100多名游击队员，组成了"南路人民抗日解放军电白大队"，下设3个中队。上级任命严子刚为大队政治委员，梁昌东为大队长（未到位），陈广杰任代理大队长兼第一中队中队长，林凤文任第二中队中队长，林凤振为第三中队中队长。

7月11日，正当起义部队按原定计划积极准备进攻国民党林头区公所的紧张时刻，部队情报员报告：当天下午，一个营的国民党军队进驻林头区公所。这对起义部队实施起义作战计划极为不利。经过陈广杰等部队领导人研究后，临时决定把进攻林头区公所的战斗计划，改为进攻大衙乡公所。因为当时大衙圩敌人防守力量薄弱，估计容易得手。而且，大衙的地理位置靠近白花岭，便于回旋。此外，他们还对各方面的敌情作了分析研究，采取措施，以防万一。

起义队伍于12日黎明前攻进了国民党大衙乡公所，解放了大衙圩，迅即控制了大衙圩周围村庄。天大亮后，部队分头向各界群众宣传共产党的政策，扩大影响。同时，开仓分粮，赈济贫民。民众欢欣鼓舞，奔走相告，热情欢迎和支持起义部队，军民团结，共庆胜利。

当天下午2时左右，起义部队哨兵报告，发现一队人马向大衙圩开来。后经查明，这是驻扎在水东的国民党保安队，在撤穗日军即将撤到水东时，闻风而逃，路经大衙圩。这场遭遇战不可避免了。为保卫大衙圩，部队一方面命令前哨指战员进行阻击，另一方面通知林凤文、林凤振组织队伍投入战斗。战斗打响后，敌兵认为对方能及时开火狙击，似是一支训练有素的队伍，未敢贸然向大衙圩前进，两军相持了一段时间。后来，敌人从火力中发现起义部队的装备较差，火力又较分散，便依仗着他们的装备优势，分兵三路向起义部队包抄过来，形势对起义部队十分不利。且当时林凤文已带领部分队伍向大衙圩东边巡逻去了，林凤振部又与部队失去联系，兵力分散，难以形成坚强的作战能力。起义部队权衡利弊，决定主动撤出大衙圩，分散隐蔽，以待时机。在坚持激战一个小时后，便一面抵抗，一面带领队伍向白花岭方向撤退。因那一带的群众基础较好，撤出和分散隐蔽较为顺利，故这支部队没有遭到什么损失。

但林凤文带领的一部分队员，却向观珠棠苷乡方向撤离，那一带村庄的群众基础较弱，且反动地主武装又较强，加上地形不熟，人员散失不少，终于陷入敌兵的重围。在敌强我弱的情况下，林凤文和战士林洪年在撤退途中，遭棠苷乡乡兵突然伏击，不幸被捕，嗣后在塘村附近被杀害。大衙起义宣告失败。但大衙还是解放了一天时间，是全县首个被解放的圩镇，使广大群众欢欣鼓舞，有力推动电白革命斗争的发展。

由于这次起义失败，霞洞、马踏等地奉命停止举行武装起义，集结起来的游击队员就地分散隐蔽。

三、那霍石坦堡抗日武装起义

石坦堡位于那霍西部边沿地带，与茂名县云潭圩是一河之隔。1944 年秋，共产党员吕炳玉在石坦小学任教师，通过地下党员串联发动，组织近百名青年农民，唱抗日歌曲，也学军事知识，搞得相当活跃。中共茂电信特派员陈华曾赋诗称赞："山乡扛起农奴戟，石坦堡里练兵忙。"

1945 年 1 月，云潭、那霍地区负责人郑光民按上级指示，组织抗日武装起义，组成"云潭、那霍地区革命军事委员会"，郑光民为政治委员，范式为军事委员，张杞才为财粮委员，梁平为组织委员。当月 29 日，集中到石坦堡的起义人员有 70 多人，计有步枪 13 支及大刀、长矛、三叉等，计划攻打云潭乡公所，举行起义。因叛徒出卖，情况变化，当即决定起义中止，全体人员暂时疏散，待命再起。30 日晚，起义部队上百人在郑光民的带领下围攻云潭乡公所。云潭的范式等人与乡兵遭遇，范式被捕遇害。嗣后，茂名、电白两县反动当局军警围攻云潭、石坦村，石坦堡多名群众被捉，罗怡才、杨汝坤、杨国周、杨阿兴等 4 人被害。

那霍石坦堡抗日武装起义以流产告终。

四、电白抗日武装起义的经验教训和历史意义

电白县党组织领导的几次抗日武装起义先后受挫了，但这绝不是偶然的。其原因：一是对形势估计不足，过于乐观。上级分析说，日军会扩大占领，南路成为敌后，茂电信也可能成为沦陷区。但是，日军没有扩大占领区，中央南征大军王震部队到了南

雄又奉命北调，张炎部队起义也遭到失败。在这种形势下，抗日武装起义不可能达到目的。二是对敌人力量估计不足，对自己力量估计过高。敌人打通湘桂线后，电白县仍不属于沦陷区，也不属于边沿区。国民党的统治还原封不动，官僚地主反动武装较多，力量相对来说还是比较强。在起义之前，共产党组织的地下游击小组只有300多人，枪支弹药不足，人员训练较差，战斗力较弱，力量对比是敌强我弱。因而集中起义，敌人一来就得撤退分散隐蔽。三是领导上"一刀切"不符合实际。是否起义，要根据实际情况，看有没有条件，不能不分地区，全南路"一刀切"。抗日热情高，发展武装队伍，精神可贵。但是"一刀切"地布置全面起义，结果全面暴露，给敌人以可乘之机，给自己造成极大的困难。四是缺乏武装斗争的经验，凭着一股热情组织起义，可起义之后如何进行坚持斗争则考虑不周。所以，在起义后很被动。这是很深刻的经验教训。

但是，电白县党组织领导和部署的几次抗日武装起义，其行动是当时形势的需要，也符合中共中央战略部署和人民的强烈要求，为党自主领导抗日武装创造了条件。所以，其历史意义是极为深远的：首先，这些起义集中了电白县党组织的中坚力量，起义战斗培养和锻炼了一批骨干分子，为电白县以后的革命实践造就了领导者和组织者。其次，它是电白县党组织领导和发动的首次反对日本侵略者和国民党顽固派的武装起义（如华楼起义），为电白人民树立了武装斗争的旗帜，鼓舞了电白人民抗日救国的斗志，点燃了电白武装斗争的烈火，拉开了电白公开的武装斗争的序幕。再次，这些起义积累了武装斗争的经验教训，为电白日后的革命武装斗争打下了基础，促进了抗日人民游击活动的发展。

电白地下党组织建立革命据点并开展隐蔽斗争

1940 年 10 月，国民党顽固派掀起第二次反共高潮后，中共电白县组织开始建立秘密活动据点、联络站（交通站），接待和掩护地下党的领导人和共产党员开展革命活动，开展对敌人的隐蔽斗争。

早在抗日战争中期，电白北部山区那霍茶山一带已开辟为游击根据地。之后，全县各地秘密活动据点和联络站（交通站）也先后组建。

1940 年秋，共产党员杨增遵照党组织的指示，在南海霞里村自己的家中建起地下活动据点。

1941 年 9 月，中共电白县组织负责人严子刚选定正龙高圳车村李灏家为秘密革命活动据点，住宿在李家，领导全县党组织开展革命活动。

1944 年 11 月，羊角乡凰渐村李荣平、李佐平兄弟家及山和、田心等被车振伦定为长驻的抗日活动基地。

1945 年 1 月，华楼抗日武装起义失败后，电白县党组织领导布置，先后在霞洞（二区）唐舜基的保济堂药店和吴启春、崔广书、王铭新等人的家里，还有林头（三区）邓文达的家（谭黄），沙琅（二区）的谭儒，霞洞（二区）的牛栏、独竹头，林头（三区）的红袍岭，羊角（三区）的那际，马踏（一区）的长山、石鼓湾、下龙塘，坡心（三区）的山寮，沙院（三区）的木苏，观珠（二区）的旱平，那霍（二区）的茶山等分别建立地下联络据点（交通站）。

1945 年上半年，中共茂电信特派员陈华根据茂电信党的领导机关因武装起义暴露了部分人员身份、联络据点而活动困难等情况，把联络点转移到茂名山区和茂电边的羊角、青山等地。6 月，陈华根据中共南路特委委员、组织部部长温焯华的指示，把联络点转移到电白水东镇。因为水东地处港口，交通方便，商业发达，来往人员较多，并且周围又有一些地下交通站（点），对领导革命斗争较为有利，便于逐步把领导机关迁设水东。此后，水东一度成为茂电信地区革命斗争的指挥中心，以及中共南路特委的一个联络站。

众多的地下革命活动据点，如南海霞里村的杨增家、正龙乡高圳车村的李灏家、羊角乡凰渐村的李荣平、李佐平兄弟家等，为党的隐蔽斗争创造了条件，也为电白甚至为南路革命发展作出了重大贡献。

革命据点的历史地位作用

一、杨增家革命活动据点

1940 年，南海霞里村人杨增在高州中学读书时加入中国共产党。同年秋，他高中毕业从学校回到家乡，先后与中共电白县特别支部的领导徐东翔（委员）、陈其辉（曾担任特支书记 7 个月）、庞达（曾担任特支书记 7 个月）、庞自（曾担任特支书记 36 个月）、严子刚（负责人）、黄存立（委员）秘密接上了联系。从这时开始，杨增遵照党组织关于把南海自家开辟为党的地下联络据点的指示，以家为点，在抗日宣传中开展秘密的革命活动，特别是注重做好联络点的接待和掩护等工作。

1942 年秋，党组织同意杨增进入广东国民大学读书，其弟杨学青也一同入学。从此，他们兄弟俩一面读书，一面继续积极投身于抗日救亡运动，特别是对一些较有觉悟的青年进行培养。如杨永程就是受到杨增的教育和影响，后来经过一段时间的考验，由杨增发展为中共党员的。同时，杨增回家时，致力于做好地下联络据点的各项工作，并布置妻、弟、妹及婢女中的欧翠琴等人，做好联络据点的迎来送往、接待保卫和秘密传递地下活动书信、文件等各方面的工作。

1945 年 1 月，电白县人民抗日武装部队在华楼举旗起义受挫后，起义部队的政治指导员庞自（特支书记）、中队长陈广杰及骨干成员陈东、苏克、崔明、罗英等人，撤退至霞里村隐蔽。当时，形势恶劣，国民党军队正在追捕起义人员，收藏他们可能会招致牵连。但是，杨增一家所考虑的是起义人员的安全，是革命的利益，而没有顾及自家会否惹来祸患，毅然接受了任务。庞自、陈广杰等先到杨展华家，然后被接到杨增家里，给予热情接待。最后，杨增从家里拿出一笔现款和一些金银首饰，护送起义人员转移到安全的地方隐蔽。

1945年初，杨增按照党组织的部署，把南海小学办成另一个地下交通站。不久，杨增当上了南海小学校长。于是，中共茂电信特派员陈华等领导根据革命活动的需要，将部分革命领导骨干，或以学校教员身份，或以"亲朋好友"关系，派进南海小学任教，秘密开展革命活动。先后派来任教的革命同志有朱敏、罗淑英、蔡智文、崔中文、邓维侬、吴时苑、邱鸿迪、易钦才、蔡庆明等。此外，还先后把游击队员郑溢、杨传安排为学校职工，担任据点联络员及成立党的外围组织"兄弟会"，曾发展到10多名会员，后来扩展成地下游击队。不久，党组织决定将杨增家在水东的"新和安"商铺，建成又一个地下交通站。进入这个站的革命同志，不少是由婢女杨树明、谢友等人具体接待的。为解决由水东进出南海的水路交通问题，杨传利用转卖祖宗一块瘦地所得的资金和党组织拨出的一部分钱，购买一只运输艇，由他本人和地下工作人员杨坤、杨水青等人负责驾驶，专作秘密迎送急需进出南海的地下党组织的领导人之用。自从南海与水东等地的地下交通站沟通后，形成保证地下活动安全、便利、灵活、进退自如的地下水陆交通联络网。

解放战争时期，该站继续发挥地下革命交通站的作用。

二、李灏家革命活动据点

1941 年 9 月，在国民党顽固派掀起的第二次反共高潮中，中共南路特委指派严子刚重返电白，担任中共电白县特别支部负责人，考入设在潭阪（坡心）正村的南强中学读高中，以学生身份作掩护，从事革命活动。为有利于开展革命活动，严子刚选定南强中学附近的高圳车村李灏家为据点，住宿李家，指导全县党员开展革命活动。

李灏曾是严子刚在电中读书时的同学。当时，李灏在高州读高中，其四姐李嘉是共产党员，正在高州从事抗日救亡活动，常回家乡做革命宣传工作。李灏受四姐李嘉的教育和影响，接受革命思想。李灏的父母早故，家务由外祖母和三姐李惠秀操持。外祖母心地善良，同情贫苦人家。三姐有相当文化，知书达礼，活动能力较强。尤其是李灏家历代在社会上有一定威望，有些亲戚朋友已参加革命，有些亲戚在国民党机关任职，若能做好他们的统战工作也可为党所用。胆大心细的严子刚还仔细考察了高圳车村的特点：村小人少，都是李姓人，村民不复杂，容易保密；村西临沙琅江，东边有条小河汊，把村庄包围住，敌难进，我易退；水陆交通方便，沙琅江有渡船，横渡过去，可撤往西岸隐蔽，也可以从这里到高州、水东、广州湾，向上级联系汇报也很便利。

李灏对以其家作为革命活动据点，表示坚决支持。于是，严子刚将上述情况向中共南路特委汇报，获得同意，正式定为革命活动据点。据点建立以后，常有同志来往，需要解决接待、食宿和安全保卫等问题。因李灏在校读书，主要由其夫人陈惠珍和三姐李惠秀挑重任。

为传播革命思想，该据点办起了一个半公开的书店。除销售一般图书外，还秘密运回《列宁选集》《新华日报》《群众》杂志等书刊，先给当地党员传阅，然后送给中小学校和农村的党员、进步青年传阅。特别是通过这个书店，秘密发行《新华日报》100多份。在此基础上组织他们讨论，加深理解，扩大党的影响，教育广大青年团结在党的周围，拥护和接受党的主张，有效地推动革命斗争形势的发展。

1942年3月，中共南路特委派庞自来电白任特支书记，严子刚成为他的助手。庞自来电白时，依照南路特委交给的联络地点是暂住潭阪圩一间中药店（老板是李灏亲戚），随后，以庞自是李灏同学为名，住进李灏家。庞自住进李家，得到李惠秀的热情接待，顺利与严子刚会面并了解情况，指导工作。后来，庞自转到禄段乡国民学校和电师任教，以教师身份作掩护，领导全县的革命活动。而严子刚一直以此为据点，开展革命活动，直至他于1946年4月北撤为止。

1944年底，国民党电白县县长李明馨怀疑李家开展革命活动，电告正龙乡乡长李以楷密切监视。李以楷找李灏谈话发出警告。根据这个信息，李家立即烧毁和收藏好交通站里存放的党内文件资料。第二天，国民党军队包围搜查李家，没有搜出任何革命活动的证据，扑空而归。

1945年初，车振伦、钟正书等一批同志在李灏家进行掩蔽活动。同年春，中共南路特委领导的抗日武装起义失败后，电白县国民党当局的军警到处搜捕共产党员和革命志士，顿时白色恐怖笼罩南路大地，电白形势更加严峻，共产党员和革命工作人员必须紧急寻找地方隐蔽，李灏家这个据点就成为共产党员和革命志士隐蔽的坚强堡垒。原茂名烧酒地区党支部书记龙思云和夫人罗淑英，起义失败后，先是转移到羊角一所小学任教，此时国民党电白县当局还在追查龙、罗夫妇的下落。寒假到了，茂名回不得；若住在学校，又惧怕引起疑云。在进退两难的时候，与有关人员联系投宿李灏家据点。李灏一家不怕风险，愉快接受他们夫妇食宿，使龙、罗安全渡过寒假这个难关。茂名飞马、烧酒地区抗日武装起义领导人郑奎，被国民党茂名当局悬赏 10 万两白银通缉，郑奎潜至李灏家隐蔽起来，安然无恙，顺利渡过险关。

解放战争时期，该站继续发挥地下革命交通站的作用。

三、那霍茶山革命游击区基地

茶山位于那霍西北部，西与高州交界，是个较为闭塞的山区村，有大小 20 多个村庄。1939 年，香港学生赈济会青年回国服务团派员进茶山宣传抗日，在当地播下了较有群众基础的革命火种。后来，中共高雷工委派陆新到电白，传达高雷工委对电白工作的指示，其中一条就是要到那霍茶山山区调查访问，了解地形，发动群众，掌握社会情况，开展游击战争。于是，中共电白特支把这里发展为游击基地。1944 年秋，石坦小学教师、共产党员吕炳玉通过地下党员串联发动，组织近百名青年农民学军事、苦练兵，搞得相当活跃。1945 年 1 月，云潭、那霍地区负责人郑光民按上级指示，组织抗日武装起义，组成"云潭、那霍地区革命军事委员会"，发动石坦堡抗日武装起义。但因叛徒告密，起义没有成功就夭折了。起义受挫后，反动派大肆搜捕起义志士，云潭的范式和石坦堡的杨汝坤等 4 人惨遭反动派杀害，郑光民等被迫转移到茶山游击基地掩蔽。同年 8 月，共产党领导的抗日武装郑奎大队开到云潭、茶山一带活动，继续开辟和巩固茶山游击基地，使之成为全党坚持武装斗争一个坚固的革命堡垒。

此外，羊角凰渐李荣平家、山和、田心等革命活动基地（据点）也发挥了极为重要的作用。直至解放战争时期，以上众多革命活动基地（据点）继续发挥着地下革命交通站的作用，为南路革命取得胜利和解放电白作出了极大的贡献。

4

第四章

两条战线齐出击　电邑人民迎解放

第一节 争取和平民主，准备武装斗争

1945 年 9 月，抗日战争胜利后仅半个月，中共电白县特支负责人严子刚根据中共南路特委的指示，向党员传达了中共中央关于抗日战争胜利后的时局和工作方针，组织党员学习中共中央发表的《对目前时局的宣言》，使党员正确掌握中共中央提出的"和平、民主、团结"三大口号的主要精神，进一步认识中国共产党对和平民主的真诚实意，明确新时期的重大任务，克服和平麻痹思想，投入新的战斗。

一、开展民主运动

1945 年 10 月，伍学海（又名香港陈）到电白任特派员后，根据形势和上级指示，布置各地开展公开合法的和平民主运动。

抗日战争胜利结束后，国民党电白县当局按蒋介石的两面手法，表面上也讲一些和平、民主的言论，不敢太露骨地用野蛮手段来压迫人民，但实际上恨不得把所有革命火焰扑灭。他们向电白县简易师范学校（电师）、电白县立中学（电中）、实践中学（实中）等学校派遣特务，监视和迫害进步师生，企图以此压制学生运动。

电师全体师生在中共电白县特派员伍学海的指导下，积极开展争取和平民主、反对内战独裁的学生运动。首先，在学校内外出墙报、贴标语、发传单，开展宣传活动。接着，反对学校当局

指定学生自治会和班干部人选，要求民主选举，使一批游击小组成员和进步学生当选学生团体骨干。继而，以罢课方式反对县政府克扣学生补助粮。学运骨干蔡智文、何逢益、廖如珍等与校长面对面论理，迫使校长出面同县政府交涉，补发了学生补助粮，罢课坚持了10多天，学运取得了胜利。

电中学生为反对学校无理开除学生和增收学费而举行罢课，伍学海指示崔洪加强领导，以王克、温玉、崔远波为核心，通过李德川、崔文明等学运骨干发表罢课宣言，提出撤换校长王汝堃，驱逐军训副教官蔡启胜，不得增收学费，不准无理开除学生，保障学生民主权利等五项要求。罢课持续了一个多月，最后迫使县长赖汉答应学生合理要求，同意由进步教师蔡守棠继任校长。这次学运取得了预期效果。

实中学生在中共电白县党组织领导下，举行反内战、反独裁的示威游行，随后罢课，要求增建校舍，改善学生学习条件和解决食宿困难。罢课斗争坚持了两周，迫使学校当局答应所有要求。

1945年10月10日，在国共双方代表签订的《政府与中共代表会谈纪要》（即《双十协定》）公布后，电白学运进一步掀起高潮。许多中小学校纷纷出墙报、贴标语、发传单，进行要和平、要民主，反内战、反独裁的宣传。电师学生发出呼吁书，要求释放"政治犯"，提出"要和平、要民主、要饭吃"的口号。实中邵若海（邵福祥）等30多名进步学生，捐款创办"拓荒书报阅读社"，负责代订《新华日报》《大众生活》等进步报刊。马踏地区党组织多次发动学生、农民张贴标语，散发传单。

二、发展党的组织

1945年10月初，中共南路特委委员、组织部部长温焯华来到电白水东，向中共茂电信特派员陈华传达广东区党委关于抗战胜利后形势和方针任务的指示，同时决定调王国强到信宜县（1995年撤县改县级市）任特派员兼管茂北工作，原负责信宜工作的伍学海调任中共电白县特派员。伍学海到电白与严子刚一起活动一段时间后，于10月根据南路特委的指示精神和电白的实际情况，对全县工作做了新的部署：一是积极开展学生运动和农民运动，以口头宣传、贴标语、发传单、出墙报等方式，揭露国民党假和平、真内战的阴谋，加强争取和平民主，反对内战和独裁的宣传；二是在游击小组中积极发展党员，特别强调发展农民成分的党员，以扩大党的队伍，培养骨干力量；三是继续发展游击小组，扩大活动地区，加紧做好武装斗争的准备；四是整顿和加强党组织的领导，根据党员的分布和游击小组活动的情况，建立一些党的基层组织；五是布置一些党员打入国民政府机关工作，了解敌人内部情况和争取民主人士，做好统战工作。

11月起，为进一步加强党对全县工作的领导，电白县党组织在各地成立了党支部。其中，在霞洞地区成立中共霞洞特别支部，书记先由伍学海兼任，后由崔洪担任；在马踏地区成立中共马踏特别支部，书记由严子刚兼任，支部委员是杨瑞芬（高佬杨）、杨子儒；12月，在电师成立党支部，负责人蔡智文；翌年3月，蔡智文任书记。

1946年2月春节期间，陈华在云潭珍珠垌附近主持召开茂名、电白、信宜三县武装斗争骨干会议。会议历时10天，参加人员有李载赓（化名）、郑光民、周亮、钟正书、杨超、李颐年、严子刚、陈广杰、王杰、郑奎等10多人。会议主要任务是贯彻中共七大精神，学习七大文件。重点学习毛泽东《论联合政府》的政治报告，领会党的政治路线："放手发动群众，壮大人民力量，在中国共产党的领导下，打败日本侵略者，解放全国人民，建立一个新民主主义的中国。"强调要贯彻中共中央南方局和南路特委关于加强党对武装斗争的领导、扩大部队、发动群众组织游击队、组成精干武装工作队（简称"武工队"）、搞好统战工作等方针。会议还根据斗争形势的需要，进行了革命气节教育，并对到会的人员布置好今后的活动地区和斗争任务。

这次会议是一次十分重要的会议，是在时局急剧变化的转折关头召开的，会议澄清了队伍中的各种混乱思想，增强了革命信心，明确了抗战胜利后开展斗争的工作方向，为进一步发展党的组织，壮大人民力量，开展游击战争奠定了基础。

3月，伍学海因病经陈华批准，到香港就医。

4月，中共南路特委书记周楠调钟永月（化名张英）任中共电白县特派员。钟永月到电白后，根据陈华对形势的分析，强调贯彻"隐蔽精干"的方针，部署了全面工作：一是已暴露身份、难以在本地继续坚持斗争的骨干，如陈东（陈仲凯）、黄东、张顺南、邱鸿迪等，实行调动或转移，有的调到遂溪、合浦工作，有的撤到灰色地区〔介于红色（革命）与白色（反革命）地带〕找职业作掩护，有的投亲靠友隐蔽起来；二是党员和游击小组成员停止组织活动，实行单线联系；三是对党员和外围组织成员，加强形势教育和革命气节教育；四是教师和学生中的党员、游击小组成员，要求做到"三勤"（勤学、勤业、勤交友），还要利用业余时间和假期、假日，深入农村，做好宣传工作，使学运与农运紧密配合。

1946年春，为维护执行和平协议，迫使广东国民党当局履行《停战协定》和政协决议，迫使他们承认华南人民武装的合法地位，中共中央与国民党当局谈判签订了关于广东东江纵队北撤山东的具体协议。随后，电白县已暴露身份的干部严子刚、陈广杰、杨子儒参加北撤山东烟台，除杨子儒一人因病留港就医外，其余同志均抵达烟台，与胶东人民解放军会师。

三、建立武装队伍

1945 年 1 月，南路人民抗日武装"郑奎大队"在遂溪县整编为南路人民抗日解放军四团六连，连长郑奎，指导员周亮，副连长郑剑，副指导员梁振初，全连 60 多人。10 月，为贯彻"分散发展，坚持斗争"的方针，奉中共南路特委命令，六连返回茂电信活动。他们回到茂南后，同钟正书领导的手枪队会合。钟正书、郑奎、周亮商量决定：罗秋云率一个排留在茂南活动，另两个排由郑奎、周亮等率领，经电白县羊角地区开上云潭、那霍山区，与当地的负责人郑光民、李颐年等一起活动。次年春，根据陈华指示，将部队化整为零，由郑奎、梁振初率领，分别到茂南飞马、吴川覃巴活动，周亮、杨超带领留下的人员在那霍地区坚持斗争。郑光民调水东特区后，该地区的革命工作由周亮负责。

1946 年 4 月，中共茂电信特派员陈华根据南路党组织关于"必须坚持斗争，争取主动打击敌人，坚决镇压反动分子与特务活动"的指示，将茂电信工作分两线来抓，即一线抓武装斗争，一线抓地下党活动。他指派钟正书专抓武装斗争，并领导武装斗争地区的地下党组织。

同月，钟正书在飞马婆函村召集郑奎、梁振初、黄载源、黄成煦、陈超正、郑金、梁关等骨干开会，宣布成立茂电信武工队，郑奎为队长，钟正书为指导员，梁振初为副队长，黄载源为参谋。队员有 30 多人，主要任务是领导群众坚持反"扫荡"斗争，恢复老区，发展新区，镇压反革命，肃特锄奸。同时，指定各区负责人和武工队队长：覃巴区负责人梁振初，武工队队长梁关；飞马区负责人郑奎，武工队队长郑金；陈垌区负责人兼武工队队长陈超正；羊角区负责人黄成煦、李延年，兼该区武工队队长（9 月以后，郑金为飞马区负责人兼武工队队长，黄成煦为羊角区负责人兼武工队队长）。茂电信武工队成立不久，就处决了作恶多端的国民党覃巴乡乡长杨锦生和反动保长谭桂芬，恢复了覃巴一带革命工作。

5月28日，茂电信武工队从飞马出发前往信宜活动，钟正书、梁振初带领的第一、第二组先行顺利到达目的地。钟正书把第一、第二组交给王国强后，返回水东向陈华汇报。郑奎、黄载源和李时清分别带领的第三、第四组殿后，行至信宜县小水乡公所附近遭敌截击。第四组组长李时清带领战士与近200名敌人交战到天黑，毙敌1名，伤敌数名，向石狗岭后撤，经石骨、那霍辗转回到覃巴。而郑奎、黄载源所在的第三组，因向导跑了，迷失了方向。晚上，黄载源突围至蓝田一间铺仔住宿时，被敌查获，后押解往高州杀害；郑奎与战士张贵、杨康日、杨阿松等4人避入一座废瓦窑中，被敌包围，战斗到最后子弹打光，4人被捕押解往信宜东镇，英勇就义。这就是轰动一时的"小水事件"。第一、第二组在信宜中垌、池洞、岭底一带活动了一段时间后，因敌人加紧跟踪搜索，加上人地生疏，口音不同，难以开展工作，也于月底撤回覃巴。

7月，钟正书在覃巴召集郑金、梁振初、杨瑞芬、李时清、陈超正、梁关等人开会，商讨建立武装队伍问题，布置各游击区收集枪支建立队伍。同时，注意寻找便于袭击的目标，以夺取敌人枪支武装自己。8月，钟正书获悉，原四团六连战士陆志英分散隐蔽时打入吴川县谢麟图自卫大队属下的一个中队当机枪班长，该中队驻扎在梅福庙。钟正书、梁振初约定陆志英为内应，袭击该中队。8月17日夜，钟正书、梁振初率武工队30多人和农民积极分子50多人，分作打援、掩护、突击、搬枪4个组，在夜色掩护下接近梅福庙。陆志英发出信号后，突击组一拥而入，投出几颗手榴弹，炸死敌人6名，伤敌10多名，缴获轻机枪1挺、步枪数支及手榴弹、子弹一批。余敌连夜逃散，谢麟图无法收拾残局，后被其上级处死。武工队乘机将覃巴一带乡兵、保丁的枪支收缴过来，为组建基干队伍打下了物质基础。

8月25日，根据陈华的指示，钟正书将羊角、马踏、茂南、飞马、覃巴、三合窝等地的武装人员调集到覃巴沙涌村，以茂电信武工队成员为骨干，成立茂电信独立大队。大队长梁振初，政委钟正书，兵员140多人，分为3个中队，由杨瑞芬、李延年、李时清任中队长。在覃巴继续发动群众，扩大队伍，开展练兵活动，拓展游击区。

9月中旬，茂电信独立大队从覃巴调倪村出发，经木等、南瓜塘，第三夜到达马踏的蛟潭村。次日，被敌发现跟踪乘夜撤出，遭敌堵截，杨瑞芬带领一队战士绕到敌后，将其击退。梁振初、钟正书改变计划，率队撤上大山摆脱敌人，沿山脊西行，天亮后在芒草丛中隐蔽，入夜折回林头南瓜塘。然后，指派杨瑞芬带领一支短枪队回到家乡马踏一带开展游击活动。部队经霞洞、黄岭直上茂电边一带大山，分驻龙文肚、金斗坪、横冲、茶山等处。几天后，茂名、电白数百反动武装前来"扫荡"。部队聚拢龙文肚与敌周旋。敌人既不敢上山，也不撤走。部队在山坳里搭棚住宿，派李延年回羊角找黄忠去与茂电信特派员涂锡鹏联系，又派李时清带一个武工队回覃巴为部队筹措给养。

11月，王国强到龙文肚横冲山坳，向茂电信独立大队传达中共南路副特派员吴有恒的指示：一是要加强部队政治思想工作，进行前途教育；二是要加强军事训练，提高战斗力；三是要发动群众，开辟新区，以那霍地区为重点，加强在山区建立游击根据地；四是要加强同其他地区的联系，发动青年参军，扩充部队。

第
二
节

加强党的建设，扩大武装斗争

一、加强党的建设

1946 年 3 月，电白县有共产党员 90 多人，游击小组成员 200 多人，各地建立起一批秘密游击据点和交通联络站，还控制了一些保公所和小学校。马踏支部的工作发展到阳江三教、新圩、儒洞、沙扒等地，组织起 60 多人的游击小组，开展筹粮、筹款和锄奸等活动。

1946 年 4 月，中共南路特派员周楠调钟永月来电白，任中共电白县特派员。他根据中共茂电信特派员陈华对形势的分析，强调贯彻"隐蔽精干"的方针，部署了加强党的建设等全面工作。

6 月，国民党蒋介石撕毁《停战协定》和政协决议，新的全国内战因而爆发。在此前夕，中共南路副特派员吴有恒到水东，向陈华等人部署工作。吴有恒分析了全国形势，指出国民党要发动内战，进攻解放区。要发动群众，组织武装力量，建立根据地，坚持斗争。他肯定茂电信组织武工队开展武装斗争的做法，要求以武工队为基础，尽快组织起武装基干队伍，以茂名、电白、"两阳"（阳春、阳江）边界的双髻岭、八甲大山和云潭大轿顶一带山区为根据地，开展武装斗争，牵制和打击敌人。

9 月，中共电白县特派员钟永月与刚调来的副特派员朱敏，通过周德寿的关系，在羊角圩租了一个铺面，以经营大米、咸鱼为掩护，开展秘密活动。

11 月，中共茂电信特派员涂锡鹏向钟永月传达广东区党委"关于恢复武装斗争"的指示，提出"实行小搞、准备大搞"的方针，纠正党员中的消极隐蔽思想，积极开展武装斗争。同时指出，茂电信目前仍处于小搞阶段，应该创造条件，向大搞过渡。电白县党组织要向群众揭露国民党发动内战的罪行，宣传共产党自卫还击的方针以及敌必败我必胜的道理，为组织广泛的武装斗争打好思想基础。还要宣传减租政策，开展反对"三征"（征兵、征粮、征税）斗争，逐步积聚力量，为大搞创造条件。

1947 年 6 月，粤桂边地委决定改特派员制为党委制，成立中共茂名中心县委，任命王国强为书记、林其材（高佬林）为副书记，郑光民、钟正书、钟永月为委员（同年冬增补车振伦为委员，抓武装武装斗争兼管茂名县工作），统一领导茂、电、信三县工作。郑光民负责信宜、茂北的地下党工作；钟正书负责茂南、电白的武装工作；钟永月负责电白的地下党工作。

1947 年 12 月，粤桂边地委决定撤销中共茂名中心县委，成立中共茂电信工委，书记王国强（负责全面工作、重点抓军事），副书记林其材（分管组织及兼管电白工作），委员车振伦（分管武装和茂名县工作）、郑光民（负责民运兼管信宜工作）、钟正书（负责军事兼管茂南、电白工作）。

1948 年 3 月，钟永月奉命调离电白，电白党组织交由杨瑞芬负责。

为进一步加强党的领导和组织建设，中共茂电信工委副书记兼组织部部长林其材于 1949 年 1 月，召集杨瑞芬、唐力生、邵若海等人开会，宣布中共电白县工作委员会成立，杨瑞芬任书记，唐力生、邵若海为委员。

1949 年 6 月，成立中共电白县委员会，钟正书任书记，杨瑞芬、唐力生、邵若海为常委，王学明（别名大王）为执委。

二、建立游击基地

1946 年 6 月，中共南路副特派员吴有恒来水东检查指导工作。这时，钟正书向陈华汇报"小水事件"经过。吴有恒接见钟正书，指出"小水事件"的经验教训，并鼓励他要振作精神，重组基干队伍，开辟茂电阳边山区游击根据地。陈华也对钟正书做了具体布置，同时把马踏地区连同当地武装人员和党组织划给他领导。

9 月，陈华调离茂电信。吴有恒到水东开会宣布，涂锡鹏为茂电信特派员，负责全面工作，王国强为茂电信军事特派员。茂电信地区分为两线领导，第一线是公开的武装斗争，由王国强负责；第二线是秘密的地下党工作，由涂锡鹏负责。并命令王国强率茂电信独立大队到茂电阳边山区建立游击根据地，开展游击战。武装斗争地区的党组织也移交给王国强领导。

涂锡鹏按照吴有恒的部署，布置王国强率茂电信独立大队进军茂电阳边境，发动群众开辟茂电阳边游击区，并把云潭、那霍、马踏等山区的党组织交给王国强领导。在部队开拔前，王国强先到云潭、那霍、马踏接收武装斗争地区的党组织关系，同那霍区负责人周亮一起，视察地形，了解情况，并在那霍茶山、蕉林岭一带发动群众，建立游击基地，为部队开进山区做好准备。随后，梁振初、钟正书带领的另一支茂电信独立大队开到了茂电边大山，组成了一支 200 多人的独立大队。

1947 年 1 月，李时清在覃巴镇压了一些反动分子，在吴川滨海三合窝一带，袭击了两个保公所，缴获步枪 15 支及弹药一批，为茂电信独立大队补充了装备。

2 月初，独立大队下山，到观珠佛子楼、沙垌一带发动群众，建立活动基点，借以沟通那霍、马踏两地间的南线通道。6日，大队派杨瑞芬、李颐年带领19名武工队员袭击铁板村反动分子蔡什喜家，缴获步枪3支、白银300多元。马踏乡副警长许兴祥带队前来援救，被武工队击毙。被活捉的蔡什喜乘机逃脱。独立大队随后撤回那霍茶山基地休整。

其间，茂名、电白两县国民党当局各出动一个自卫大队，联合"扫荡"那霍游击区。为避敌锋芒，独立大队取道望夫进军马踏，准备开辟那霍到马踏的北线通道。部队到达马踏坝头村一带，收缴了当地保长的枪支。马踏联防中队中队长王恩才率所部和江界乡自卫队120多人来袭扰。独立大队向双髻岭方向转移，又遭沙琅联防队的阻击。部队越过大坳山口进入阳春境摆脱敌人，然后经八甲、丰高折回那霍茶山一带休整。

3月初，王国强根据当时部队的情况，将独立大队改编为茂电信独立第六连（简称"六连"）；连长梁振初，指导员钟正书。下辖3个排，李时清、黎光烈、蔡景祥为排长。接着，部队下山活动，在较短时间内，在那霍、沙琅、观珠、马踏等地开辟了一批新游击区。连队发展到280多人。

5月，王国强率六连驻茶山，开辟茂电新游击区。国民党茂电阳三县调集2000余兵力联合"围剿"，茶山群众秘密上山为六连送粮，并带领六连突破包围圈。7月，国民党那霍联防队驻茶山口的坡垌村和先师庙，疯狂"扫荡"茶山等地，茶山军民共同御敌。同月，钟正书、李延年、王克等在边塘取得反"围剿"战斗的胜利。11月，中共"北平"（代号）区工委在此成立，王克为书记。12月，中共茂电信工委委员车振伦、钟正书在茶山狗臂垌村召开茂电山区武装骨干会议。

1948年2月和12月，代号"国际队"的茂电信武工队和代号"林彪队"的电白独立连（连长黎光烈，指导员张顺南）在茶山成立，部队在牛蕴村集训，群众大力支持，不久发展为十三团。电白独立连连长黎光烈（茶山人）任团长，石广民等数十人参加十三团。1949 年 1 月，黎光烈率武工队杀了国民党云潭反动乡长张韵笙。6 月，王克率武工队和茶山村民 30 多人夜袭云潭乡公所。那霍茶山成为电白县解放战争时期开展武装斗争最坚固的革命根据地。

划水东为特区，建立交通联络站

1945 年 9 月，水东被划为中共茂电信特派员陈华直接领导的特区。其范围包括水东及其周围的地下秘密交通站，如南海杨增家、水东文锋书店、袂花陈泽永家、羊角黄成煦家、青山廖鸿才家和陈村小学（吴盛元主持）等。特区负责人先后是谭廷栋、李明、郑光民。其主要任务是：保护上级领导人的来往及茂电信特派员和直属机关的安全，同上级和各地区间保持交通联络，以利开展工作。工作人员有唐舜基、黄成煦、黄祖文、李佐平、黄忠等。同时，"实中"从山寮迁水东，有 8 名共产党员，成立了党支部，书记程允祯，后为邵若海。党员还有从信宜调来该校任教的郑康平（郑章）及其爱人梁英，他们对水东特区工作的开展起了一定的作用。

为适应新形势斗争的需要，陈华等领导人也搬到水东特区来工作，使水东成为茂电信地区的革命斗争指挥中心。陈华等领导认为，要保证指挥中心的正常顺利运作，就必须建立地下交通联络网。这个联络网，就是以水东特区为中心，分布茂电信各地。水东特区交联站在茂电信特派员直接领导下，不仅是茂电信地区革命活动的重要据点，而且担负着中共中央香港分局、广东区党委与粤桂边地委、粤桂边区党委、桂东南党委的人员来往和交通联络的重任。

一、水东（南海）交通联络站

早在 1942 年 2 月，中共茂电信党组织就从高州调郑溢到水东做交通联络工作。他先到南海小学交通站，以教职员工身份，做地下交通联络工作。由黄作标和谭廷栋给他布置秘密工作任务，经常来往于南海与高州城之间。为了安全，他在往返时挑起咸鱼担作掩护。在南海小学活动的还有朱敏、蔡智文、崔中文、邓维侬、吴时苑、邱鸿迪、易钦才、杨坤、杨传等人。而后，郑溢到水东文锋书店和民生米店交通站做秘密联络工作。他与南海霞里村的杨坤、杨传、杨焜、容运、杨卜、蔡亚贞、蔡树根、蔡凤群等结为"兄弟会"，通过他们做好交通站的工作。1945 年初，党组织决定将杨增家在水东经营的"新和安"商铺建成另一个地下交通站，由婢女杨树明、谢友等人做接待工作。为解决由水东进出南海的水路交通，杨增购买了一只运输艇，安排地下工作人员杨传、杨坤、杨永青等人负责驾驶，专作秘密迎送地下党组织领导人员之用。1947 年的一天，地下党左洪涛（新中国成立后曾任中共广东省委统战部部长、省政协副主席）以国民党军"师长"身份住进"新和安"，秘密活动一段时间之后再前往广西进行革命活动。

水东文锋书店交通站，先是党组织派共产党员陈擎天筹办的，除了公开销售书刊外，还秘密负责革命书报的发行和党组织的交通联络工作。1946 年 5 月、6 月间，陈擎天因身份暴露，党组织通知他撤去香港，将郑溢调入文锋书店，接替交通站工作。1947 年夏，文锋书店的秘密活动有被国民党特务分子注意的迹象。为安全起见，党组织通知郑溢撤离文锋书店，到水东菜市场另租一间小铺面，经营零售大米生意，挂名为"民生米店"，实际上主要是做秘密交通联络工作。1948 年 7 月，经林其材、陈泽永调查研究，了解到敌人并未掌握文锋书店革命活动的实情，故又将郑溢从民生米店调回文锋书店，以当炊事员的名义作掩护，继续开展地下交通联络工作。他在文锋书店担负着接收从香港通过商船渠道寄来的《新华日报》《大公报》《星岛日报》《华商报》《正报》等报刊及党组织的信函、文件，以及毛泽东的《论联合政府》等著作，再秘密分发给地下交通员转送到粤桂边区、茂电信地区的各级领导。党组织在水东秘密油印出版的小报，也是采取同样的办法传递到各地区。

在南海、水东活动的还有茂电信党组织领导人王国强、林其材、郑光民、钟正书、钟永月，县、区领导人杨瑞芬、陈以大、郑凌华、黎光烈、欧忠等。1948 年秋冬间，梁璧（钟正书妻）和李敏（王国强妻）先后由党组织安排到水东隐蔽了一段时间。

1948 年冬至 1949 年春，党组织从香港调派回内地工作的人员中，如张波虹、潘嘉禾、梁家天、梁琦、陈伯明、朱作彦等数十人，都是先接到水东交通站后，再请示林其材，由党组织作决定转送到粤桂边区或茂电信地区继续革命。

二、东寮（东安腐竹厂）交通联络站

1945 年，七迳东寮村谢杰、谢琛、谢江等人曾接待过陈广杰、曾贵初、苏克、程允祯、杨瑞芬、李发等地下革命同志，掌握了办理秘密交通联络站的做法和经验。1948 年 2 月，谢杰、谢琛在水东油地码头附近的公益小店建立了地下革命交通联络点，对外公开是贩卖日杂山货，对内则是秘密掩护地下革命活动。当时，中共茂电信工委领导人王国强、林其材、车振伦，以及杨瑞芬、梁平等同志，到店里进行隐蔽活动。1948 年 5 月，经梁平提出，林其材、车振伦、杨瑞芬等人考虑到公益小店狭窄人少，开展活动受限，于是考虑将交通联络点迁移至澄波街的怡和店。怡和店屋宇较为宽大，店后院可办腐竹厂，店前厅可开饮食档。这样，可扩大经营范围，增加营业人员，有利于更多、更好地迎送、接待和掩护秘密进行革命活动的同志。同时，营业盈利也可为革命补充活动经费。

但办腐竹厂、开饮食档缺乏资金。经谢杰和谢琛商量决定：由谢琛变卖家中财物，筹集 100 石（1 石≈72 千克）稻谷的款项；谢杰变卖家产，筹集 60 石稻谷的款项。两笔资金全部献给党组织兴办东安腐竹厂。1948 年 6 月，东安腐竹厂和饮食档建成开业。于是，东安腐竹厂秘密交通联络站也同时建了起来。

东安腐竹厂经营扩大了，需要的营业人员也增多了。他们动员原来的员工把自己的家属带进厂来，一是保证人员可靠性，二是有意识地制造出厂、出店人多混杂的场面，使设在厂内的交通联络站得到掩护。若国民党军警、特务来搜查，也难以认出隐蔽活动的革命同志。一次，中共茂电信工委王国强、林其材、车振伦、钟正书和电白党组织的杨瑞芬在后院楼上开会，事先在铺面安排营业人员放哨。忽然，有敌巡警进店准备饮食，欲进后院，营业员便发出信号。正在开会的同志立即收藏好文件、资料，做好一切应对准备，结果安然无事。

当时，国民党反动当局经常以检查身份证为名，搜捕共产党员。交通站便以腐竹厂工人的名字，多领取一批身份证，将身份证分给进站活动的同志带上，应付检查，免遭骚扰。

交通联络站除了做好在水东特区进行革命活动同志的迎送、接待和保卫工作外，还接待从斗争前线转送来的伤病员治疗和休养。邵若海、王克、张顺南、梁平等同志先后到站休养治病。特别是邵若海、梁平两同志，病势较重，身体虚弱，生活几乎不能自理，连大小便都要别人帮忙。他们服药、吃饭期间，则由店员李纯碧用汤匙一口口地喂养。经过一段时间的医治调理后，他们身体稍为好转，又离站继续参加战斗。

1948 年 10 月，党组织根据形势发展的需要，经研究决定，将东安腐竹厂及交通联络站撤到七迳东寮村谢琛、谢杰的老家去开办。因为他们已有办站的经验，东寮腐竹厂秘密交通联络站很快就办了起来，开展了正常的活动。谢杰、李荣、李纯碧等人公开经营腐竹厂，谢琛则在东寮村小学当教员。同时，他们也担负交通站的工作。该站的负责人先后是谢杰、谢允隆、谢雨、谢平。为了扩展交通联络工作，在短短的时间里，将东寮村周围的木等、安乐、田头、水秧根等 20 多个村庄，纵横 35 千米的大片农村，发展为交通联络网，十分有利于开展隐蔽革命活动。

1949 年 1 月，中共电白县工作委员会成立大会，就是在东寮村召开的。这次会议由林其材主持，参加会议的有杨瑞芬、唐力生、邵若海等同志。4 月，电白独立连 100 多人的学习整队会议，在水秧根顺利召开。4 月中旬的一天，邵若海在水东大东旅店被敌人围捕，突围脱险后，他撤退到东寮站，再由谢杰化装成学生、黄高扮成牧童、程霞霏母扮成提篮趁圩人，将化作商人老板样的邵若海护送到正龙高圳车村李灏家交通联络站，才化险为夷。6 月的一天，在谢杰家召开会议，林其材、车振伦、钟正书、杨瑞芬、唐力生、邵若海等人参加，成立中共电白县委员会。次日，由谢杰、黄高护送林其材、车振伦直往李灏家。7 月，中共电白县委整风会议在东寮站的木等交通点召开，参加会议的有中共高州地委、电白县委及区委的有关领导同志。

1948—1949 年间，革命形势迅速发展，电白县党组织和革命武装力量也日益壮大，日暮途穷的国民党反动派对革命力量的"围剿"则更加猖狂。1949 年 7 月的一天，国民党反动派组织 500 多名军警，分成四路"围剿"东寮交通联络站。但是，交通站前一天已发现敌情，提前撤离所有人员。敌人什么都没有抓到，只好灰溜溜地走了。10 月中旬的一天，敌兵 400 多人再次突然袭击东寮交通联络站，村内有 4 名交通员当即由李荣带路，趁敌兵包围尚未合拢，迅速向三合水山一带安全撤出，敌人一无所获。

三、高圳车李灏家交通联络站

1941 年 9 月，中共南路特委指派严子刚重返电白，担任中共电白县特支负责人。他考入南强中学读书，以学生身份作掩护，开展革命活动。他选定正龙高圳车村李灏家为据点，住宿李家，指导全县党员开展革命活动。该据点在抗日战争时期，为地下革命活动发挥了很大的作用；之后，该据点在解放战争中，更是发挥了巨大的作用。

1945 年春，茂电信的抗日武装起义失败后，参加起义的李灏姐姐李嘉、姐夫梁之模和表兄郑奎，于翌年被国民党反动派逮捕杀害，革命形势处于低潮。但是，李家不被反动派的屠刀所吓倒，化悲痛为力量，坚持把地下革命交通联络站办下去，并根据革命形势的需要，不断巩固和扩大据点。

1948 年下半年开始，来往李家交通联络站的领导人和地下工作者越来越多，床位不足，急需增加新的居住地点。于是，李家人经认真研究，并与相关人员商量决定，把游击队员李上江（李爵勋）掌握的正龙乡粮仓以及邻村农民李伟强家，扩展为地下革命工作人员来往食宿点。为加强联系和领导，由陈惠珍任交通联络站站长。

来往人员多了，需要的粮食和经费也增多了。那时，李家的经济来源一方面是靠先祖遗留下的 20 石农田年租收入，另一方面是雇请工人种 20 亩祖田，来维持生活，经济并不富裕。为了解决革命活动经费问题，李家三姐李惠秀与郑凌华商量，一起做正龙乡粮仓管理员李上江的思想工作，争取他能筹集一些经费。李上江把乡粮仓稻谷秘密出售120多石，把所得之款交给杨瑞芬、李惠秀转交给党组织作活动经费；同时，支援水东文锋书店交通站稻谷二三十石。

革命武装队伍不断发展，枪支弹药和经费不足的问题更为突出，急需解决。1949年7月，李灏通过郑伟猷、郑启明，从广东省保安第三师第九团（保九团）陈赓桃处取得一批枪支弹药交给电白游击队。并多方筹措300银圆，交给东寮交通联络站交通员谢杰转交给十三团，作为部队集训经费。革命所需经费不断增多，1948年李灏向党组织提出并经同意，将自家部分祖田对外卖出，所得款项全部交给党组织作为革命活动经费。

1949年夏，中共电白县委宣传部部长邵若海根据县委的决定，创办了《火车头战报》。此报先是在山寮袂窦车村赖邦豪家由他负责秘密刻印、发行，后来因发现有生面人扮成货郎担进村鬼鬼祟祟东张西望，怕出事，根据中共高州地委副书记林其材指示，为了安全，把赖邦豪安排进入游击区十三团，将油印组转移到李灏家，由李灏亲自指导编辑、刻印、发行等工作。而后，又由李惠秀带领油印组人员吴景晖、杨逢青、张宜昌、黄天冒等人，把油印组搬到正村李俊雄、李俊权兄弟家里办报。不久，李灏又将油印组搬到中坡村李超大家里。单门独户的李超大家，与正龙乡乡长李任铭是邻居。李任铭是共产党统战对象，由李超大和乡长儿子李锦勋两人负责组织油印组保卫安全，万无一失。油印组刻印发行了《论人民民主专政》《中国革命和中国共产党》等毛泽东著作，以及革命形势讯息、革命歌曲、十三团布告等资料。

交通站扩大了，到站活动的人越来越多。主要人员有林其材、车振伦、钟正书、杨瑞芬、唐力生、梁璧、黄成煦、黄高、邓素芬、陈桃等。同时，他们注意发展共产党员和青年团员，成立团支部，扩大革命队伍。经李灏等人介绍，钟正书、杨瑞芬批准，在该站吸收入党的有刘炽昌、陈孔安、张宜昌、杨学青等10多人。还在该站发展青年团员30多人，成立了正龙乡团支部，李俊雄为书记，团员分布周边村庄。并培养了陈光华、李怀深、陈照（陈克华）、陈惠芳、梁影辉、阿月、春梅、报喜等一批妇女骨干，组织了妇女会、姊妹会，发展会员上百人。后来，杨瑞芬、唐力生等人在该站教育动员30多人参加了十三团。

李灏是中山大学高才生，社会关系较广，善于做统战工作，地下党组织经常交给他做统战工作的任务。1946年下半年，正龙乡乡长任期届满，要换届选举。李灏向他三姐李惠秀和有关同志出主意，利用换届机会安排进步人士担任乡长。李惠秀和党组织有关同志研究，决定举荐进步人士李任铭竞选。当时，李任铭在电中任教，无意弃教从政。李惠秀耐心动员他竞选乡长，为革命、为乡亲父老当乡长，贡献自己的力量。终于，李任铭接受了建议，参加竞选活动，并在大家的努力下顺利当选正龙乡乡长。从此，李惠秀单线与李任铭联系，使交通站得到当地的保护。

1949年5月，李灏受中共中央华南分局之命，从广州回电白开展统战工作。当月，中共高州地委副书记林其材到李家，向电白县委转交李灏党员关系，并要求李灏继续通过蔡守棠、王昌怡，做好电白上层人士的统战工作。林其材、车振伦、钟正书等多次在高圳车李灏家召开会议，研究如何策反陈赓桃部队和王德全起义事宜并取得成功，为南路的解放立下了新功。

在解放战争中，高圳车村李灏家是电白主要的交通联络站，起到了重要的作用。

四、大榜乡祖岱村交通联络站

祖岱村位于电白县东南部大榜乡（今岭门镇）西部，与马踏、电城交界，民国时曾分属大榜乡、江界乡和大岳乡辖地。

1944 年冬，就读于广东国民大学的蔡和雍、蔡名显回到家乡祖岱村开展地下革命活动，举办有蔡维汉、蔡庆明、蔡庆昌、蔡仁忠等参加的青年补习班，秘密传播革命思想。次年初，中共马踏地区负责人杨瑞芬到祖岱设立联络点，宣传抗日，发动群众参加游击小组，先后发展 10 多名组员，革命活动扩展到相邻的石坑、夏篮、白石仔、潭面、黎屋洞等村，身为地主家庭的蔡仁忠非常支持革命，他家有两层 400 多平方米的楼房，便主动把楼房让给杨瑞芬和一些女同志入住。1946 年初，党组织在祖岱村建立交通联络站，蔡茂兰任站长。该站传递搜集情报信息，是联络电白、阳江的重要通道。5 月，党组织发动群众联名告发反动保长，推举游击组员蔡和雍当上保长，建立"白皮红心"两面政权。6 月，由党员黄德民、蔡庆明、许达泉和蔡茂兰等人组成党小组，黄德民任组长。党小组率武工队员袭击反动盐警，张贴标语，发动群众开展抗征抗税，筹集粮款和枪支弹药支援游击队。1947 年，蔡维汉、蔡庆明、蔡舜青、蔡明超等人参加茂电信独立连。党组织领导人王国强、车振伦、林其材、王学明等多次到祖岱村从事革命活动，该村成为地下党在电白东南沿海一个坚固的革命堡垒。

此外，在解放战争中立下汗马功劳的交通联络站还有羊角周德寿米站、田心、山和、大塘边、凰渐、田充、坡峒、下龙塘、山寮、木苏、篱仔山、棠蒂、板桥、调王、下坡、石头岱等。

电白的反"清乡"和反"围剿"斗争

从 1947 年上半年至 1948 年底，国民党电白县当局对全县进行全面的"清乡""围剿"（也称"扫荡"），致使中共电白县组织、武装力量、革命团体和群众生命财产遭受严重损失。中共电白县组织为了反击敌人的"清乡""围剿"，坚决贯彻执行中共南路和茂电信党组织的决定，广泛发动群众，成立群众武装组织，开展群众性的反"清乡"、反"围剿"斗争；大力发展武工队，以灵活机动的战术，给敌人以致命打击；巩固老游击区，开辟新游击区，把革命斗争推向全县，取得反"清乡"、反"围剿"的重大胜利。

一、不屈不挠，反对"清剿"

1947 年 4 月，国民党粤桂南区"剿匪"总指挥林英（12 月后是陈沛）为配合国民党"肃清"华南的阴谋，部署各县加紧"联防""进剿"。国民党电白县反动当局成立"清乡委员会""剿匪指挥所"，制定了"清剿计划"，妄图在几个月内"剿除"县内的共产党及其游击队。他们在霞洞、林头、羊角、马踏等地组织全面的"扫荡"。与此同时，加强特务活动，对地下党和进步人士加紧侦察监视，为开展大规模"扫荡"做准备。

6 月下旬，敌人先后"扫荡"了共产党在电白等地的茂电信独立连及武工队活动地区。

6月27日，由于叛徒出卖，国民党霞洞联防队围攻共产党重要活动据点——霞洞圩保济堂，捉去共产党员唐舜基，游击队员唐尧基，继又捕捉李鹏翔、程允政、梁魁武、刘俊才、王杰等，之后，敌人在各地先后杀害了李文光、李振成、曾贵初、冯有、周亮、许兆琪、杨基、程允祯、李平年、朱作彦、罗淑英、黄履韵、王杰、邵扬坤、邱鸿兴、张坤成等，对游击区、地下活动地区进行反复"扫荡"，围村捉人，抢钱劫物，威迫拘捕革命干部亲属，逮捕无辜群众，勒索钱财，强迫"自首"。在猖狂的"扫荡"和残酷的镇压中，被捕无辜群众300多人，被杀害者亦达40多人。同时，施行反动的政治手腕——"担保自首"。因此，一些地下组织受到严重破坏。

党为了营救被捕的同志，通过亲属探监的机会，了解他们在监狱的情况。中共电白县特派员钟永月布置唐舜基母亲利用探监的机会，向唐舜基和其他被捕的人员转达组织的关怀及营救措施。他们备受鼓舞。唐舜基要母亲向党组织表示谢意，并转达他们在狱中斗争的简况和决心。被捕的唐舜基、唐尧基、程允政、李鹏翔、梁魁武、刘俊才等都受到酷刑逼供和封官利诱，要他们承认各自的身份及供出党的机密。他们虽遭受了皮肉之苦和精神折磨，但坚贞不屈，表现出革命者的崇高气节。敌人抓不到证据，对他们无可奈何。在党组织多方营救下，唐舜基、唐尧基于1949年2月出狱；上述被捕人员也都未被杀害。在解放军兵临城下及大军压境的情势下，国民党电白县政府下属部分人员，不再为其主子卖命，他们在将程允政等从电城押解霞洞途中，发动暴动，程允政等逃走出来，重获自由。因被敌人出卖而被捕的党和人民的优秀儿子王杰，则在狱中坚贞不屈，视死如归，于1948年3月30日凌晨被反动派秘密杀害。

第一次"清剿计划"得手后，国民党电白县参议会于1947

年 7 月召开第五次会议，决定推行第二个"清剿计划"，集中上千兵力"扫荡"羊角游击区，并在羊角圩禄位楼设"剿匪指挥所"，由县参议长陈作新任指挥，保警大队大队长张狄飞任副指挥，还勾结茂名县保警大队杨爱周大队长对羊角游击区进行联合"大扫荡"。

陈作新一到羊角，就召开"两县联合清剿会议"，商讨"清剿计划"。参加会议的有杨爱周、张狄飞以及羊角乡乡长李子珍、新南乡乡长郑琼美、禄段乡乡长何国新、四维乡乡长唐猛、仁里乡乡长伍礼泉、保安（分界）乡乡长莫某等。他们决定，采取拉大网式的战术，统一行动，联合"围剿"。陈作新负责龙珠河东南，先包围田心、那际一带，然后再到山和、黄塘窟、凰渐、南香、油麻坡和禄段等地"围剿"。杨爱周在茂名县新圩至分界一带，反复包围搜索。白天设卡检查来往人员；夜晚在要道设伏，伏击游击队。

大包围没有奏效，敌人便按兵不动，派出一批便衣特务，伪装成牛贩子、猪牙郎、算命佬等到各村侦察。羊角武工队早已做好部署。特务来了就捉起来，证实是特务就地处决。那际村吴连母亲及她两个女儿，在群众帮助下，捉了两个特务，经审讯证实是杨爱周派来的，当即把他们除掉。黄塘窟、南香、凰渐、山和、田心、油麻坡和禄段等村对敌人派来的便衣特务也如法炮制，使敌人这一阴谋也不能得逞。

敌人行动失利，长官恼羞成怒，改用"定点、打钉"的战术，划段负责，重点"围剿"，血腥镇压。陈作新把 4 个中队分别驻扎在田心、青山、黄竹坑、南香 4 个村，2 个中队驻扎在羊角圩作为机动队。王正的中队进驻田心。王正到达田心当晚，就逮捕了李延年的父亲李业臣。驻在南香、黄竹坑、青山等地的国民党军队，也同样对群众进行迫害。

10 月 3 日，敌便衣袭击书房村，武工队员周文才遇难。14
日，敌人到高坡顶村搜查，拘捕了共产党员李振成、革命群众李
文光。李振成受尽酷刑，视死如归，大义凛然，他准备一有机会
就越狱逃跑。他对同时被捉去的山和村王守中说："我准备牺牲，
拼了就算。"他被扣押在禄位楼，楼后有条小巷，可以从这个小
巷越狱出去。1948 年冬的一天晚上，李振成以解手为由，三拳两
脚打倒两个卫兵，向小巷冲去。小巷后面的门却上了锁，被追来
的敌兵捉住，打得死去活来。第二天，敌人把他押赴刑场。路上，
李振成大骂国民党反动派。到刑场后，李振成坚贞不屈，立而不
跪。4 个敌兵把他压住，先是把他打倒再将其杀害。

10 月 19 日，陈超正、吴连、何文有等 8 名武工队员投宿于
鸡藤坡村，被敌包围，他们分头撤出。何文有中弹牺牲，被割下
头颅拿到羊角圩街头，高悬示众。

10 月 24 日，中共党员罗淑英、李平年从覃巴回羊角汇报工
作，到小良秦村渡口，与敌兵一起乘船渡河，罗淑英化装农妇用
的发髻被风吹落，两人被敌拘捕送往高州，后慷慨就义。

当人民解放战争转入战略进攻取得节节胜利和进入夺取全国
胜利的战略决战之时，国民党反动派在中原和全国各主要战场已
陷危局，南京政府需要"准备后事"，广东的战略地位对它来说
日益重要。为避免陷入总崩溃危机，国民党统治集团决定加强对
广东的经营和控制，派一批军师级将军任地区专员及县长，如潮
汕的喻英奇、阳江的甘清池、电白的王德全等，加强特务活动，
"清乡""扫荡"，武装军备。1949 年 4 月，国民党电白县政府把
有 400 多人、4 个中队的保警队、常备自卫队扩编为 869 人的电
白保安团（拥有 2 挺轻机枪、159 支步枪、5180 发子弹），王德全
兼任团长，辖 2 个营（各 3 个连）和 1 个独立连，王恩才、王正
分别任一营长、二营长。6 月，县政府出售所谓"自卫特捐"谷

2160 石，筹得银圆 1.08 万元，到广州购回轻机枪 5 挺、自动步枪 1 支、汤姆冲锋枪 4 支、79 式子弹 3.5 万发（其中支出枪弹银 10250 元、运费银 550 元）。同时，国民党电白县政府还请求广东省民政厅拨给重机枪 1 挺、子弹 6000 发、65 式步枪 20 支、日式手榴弹 200 枚、79 式子弹 1.1 万发。这给共产党及其领导的游击队活动造成严重的威胁。

二、贯彻"从小搞到大搞"指示，扩大武工队

1947 年 6 月，中共粤桂边地委书记温焯华在化廉边境向王国强传达中共中央香港分局关于武装斗争要"从小搞到大搞"的指示，即先以武工队开辟新区，发动群众，搞好群众基础，再组织武装主力部队，开展大规模的武装斗争。地委决定，王国强带领六连部分骨干回茂电信，成立茂名中心县委，加强武工队活动，广泛发动群众，扩大游击区。

1947 年 6 月 23 日，李延年、黄成煦率领的羊角武工队成功袭击茂名县陈垌利麻村国民党中将丁龙起的老家"将府"，缴获长枪 7 支、短枪 5 支、子弹 2 箩筐及其他战利品 3 担（150 千克）。因丁龙起不在家，仅捉了他的哥哥丁仲兰。武工队将缴获的全部战利品送交独立连。后经上级批准，武工队将作恶多端的丁仲兰就地处决。

7 月中旬，钟正书在羊角秧地头村召开武工队骨干会议，传达中共茂名中心县委会议精神，研究反"扫荡"的对策，粉碎敌人的"扫荡"阴谋，决定：武工队分成 3 个组，各自执行任务。一组由李延年和王克带领，到茂东的分界、泗水、谢鸡一带配合梁振初、吴汉兴领导的武工队，开辟茂东新区；一组由黄成煦、王杰带领，到茂南的高山、石浪、袂花一带配合郑金领导的武工队和合水地下党负责人柯越馥，开辟茂南新区；一组由黄茂坚带

领，直属钟正书领导，留在羊角老游击区做巩固工作。并充实情报人员，健全情报制度，巩固情报联络点。在大村庄建立一个总联络点，小村庄建立起联络分点，选派觉悟高、思想好的人当联络员，发现敌情，立即报告，及时掌握敌人的行踪和动向。同时，继续筹集粮款，收缴枪支弹药。准备好在敌人联合"大扫荡"之前，筹集粮款和收缴枪支弹药，以备应急之用。检查可疑人员，捕捉特务。经证实是特务的，就地处决。发现通敌分子，立即除掉。另外，凡暴露身份的党员和游击队员，不适宜于艰苦斗争环境的女党员和女战士，以及身体不好的人员，撤到安全地方掩蔽。会后，大家按分配的任务，分头开展工作。

为粉碎敌人"清乡""扫荡"，发展革命力量，茂电信地区领导人王国强、林其材、车振伦、陈兆荣等经常到电白指导工作、指挥战斗，并派工委委员钟正书带领独立连和武工队常在电白活动，开辟游击区。在反"扫荡"中，杨瑞芬、唐力生、邵若海、王学明、张顺南、王克、黄成煦、李延年、黎光烈、庄严（庄冠凡）、吴连、蔡智文、林立、温业荣、邱鸿迪、李新民、黄祖文、陈瑞源、马朝翼、邓勋、黄茂坚等，分别在各地带领武工队，发动群众，开辟新游击区，扩大武工队；做好统战工作，保护群众；杀敌锄特，打掉敌人的嚣张气焰，捉拿或处决了一些恶霸地主、反动军官和特务分子。自 1947 年至 1949 年 1 月期间，武工队先后处决了谭儒特务邱鸿儒，袭击了白花岭铁板村反动分子蔡什喜家，捉拿了霞洞恶霸地主崔济川，处决了反动军官丁龙起的胞兄土豪丁仲兰；在羊角、那霍还杀了几名特务密探；1948 年冬，活捉了沙琅塘头村国民党反动参议员陈晓典；1949 年 1 月，镇压了云潭乡反动乡长张韵笙（外号"豆豉油"）。武工队通过这些行动，震慑了敌人，鼓舞了士气，教育了群众。此间，为加强武装斗争，粉碎敌人的"清剿"，还先后从各地抽调石广民、邓福、李生、崔炳燊、何超、何宗玉、伍星辉、杨兆东、廖善祥、王克琳、谢克明、蔡群、邓素芬、赖邦豪、程霞霏、廖佑、陈东、吴仑江、杨传、杨瑞春、黎锋、吴景昌、杨志、蔡广元、蔡智南、蔡成元等一批农民和学生骨干充实到武装部队和游击区。事实证明：敌人的残酷镇压，消灭不了共产党及其领导的革命力量。经过反"清剿"、反"扫荡"的针锋相对的斗争，党的队伍壮大了，革命力量发展了，革命事业不断前进了。如1949年春，在环境十分恶劣的水东东阳街的一间小屋里，勇敢机智的邵若海面对200多敌人的层层包围，竟然单枪匹马突围成功。这更说明，敢于斗争、善于斗争就能夺取最后的胜利。

1947年12月，中共茂电信工委成立大会在电白县南海交通站杨增家召开。会后，中共茂电信工委委员车振伦、钟正书一起到茂东泗水深垌村召开茂名、电白两县平原地区武装骨干会议，传达中共茂电信工委指示。开会时，遭国民党义山乡联防队包围，程允祯被捕牺牲，其余人员突围脱险。稍后，车、钟两人又在那霍九臂垌召开茂名、电白两县山区武装骨干会议，传达中共茂电信工委指示，同时讨论巩固那霍游击区和开辟观珠游击区问题，决定建立骨干武装队伍，担负开辟新区、保卫老区的任务。

三、开辟新区，巩固老区

1947年11月，中共粤桂边区地委抽调一批干部加强茂电信工作，其中派到电白的有唐力生、王学明、张顺南、蔡智文、温业荣、林立等。同月，中共茂名中心县委决定，那霍游击区成立"北平"（代号）区工委，书记王克，副书记唐力生（后为书记），委员张顺南（后为副书记、书记）、温业荣（1948年2月起）、吴连（1948年8月起）。区工委成员分工是：唐力生负责那霍、云潭一带，张顺南负责甘坑、万坑、八甲、双滘一带，温业荣负责沙琅、谭儒、坡富一带。8月，邱鸿迪从遂溪调回电白，同温业荣一起工作。张顺南到阳春八甲地区开辟了50多个村庄的新区，建立了3个联络点，发展了1名共产党员，吸收了4名脱产骨干，打通了从那霍经阳春到达信宜的秘密交通线。1948年4—6月间，敌人对那霍区频繁"扫荡"。区工委决定，武工队分头活动：张顺南一组到八甲，温业荣一组到沙琅谭儒、坡富，唐力生一组在那霍、云潭坚持斗争。有一次，区工委集中在茶山开会，忽然接到统战对象、国民党那霍乡乡长石霭芝报信：敌人准备偷袭茶山。与会人员立即撤离，没有受到损失。还有几次，干部集中开会遇到敌人"扫荡"，都得到群众及时示警，得以安全脱险。

1948年3月，中共茂电信工委委员车振伦、钟正书决定抽调王克、王学明、蔡智文、林立等人到观珠、大衙开辟游击新区。王克负责全面工作兼抓观珠、大榕、严坑、霞洞一带工作；王学明协助王克抓全面工作，并与李新民负责磻坑、沙垌、马踏、电城、大榜一带；蔡智文、林立负责林头、亭梓、棠苹、大衙、热水、树仔一带。

同时，中共电白县特派员钟永月指示杨猗青指导南海的欧翠琴组织"姊妹会"。欧翠琴从为群众做好事入手，跟妇女讲革命道理和革命形势，宣传党的方针政策，串联政治觉悟较高的50多名妇女入会，支持革命斗争，保护南海交通站。

4月，王克、庄严带武工队8人到林头地区的田充、红袍岭一带与蔡智文一起开展工作。4月3日深夜，王克、蔡智文带领武工队，从红袍岭村悄悄来到平岗陂村一户人家中遇险，遭到木院乡和联防队50多人的包围，后武工队在王克、蔡智文等的机智周旋下，采取迂回战术，成功摆脱敌兵追击，全部安全脱险。

8月，马踏—观珠游击区（代号"华东区"）工委成立，书记王克，副书记王学明（后为书记），委员蔡智文。活动范围包括观珠、林头、霞洞、大衙、热水、马踏、电城、大榜等地。

10月，蔡智文指示吴仑江恢复电师地下游击小组。在大家的努力下，不久就恢复和发展游击小组成员10多人，并开展捐款、宣传和散发传单等革命活动。

同月，车振伦指派唐力生和那霍游击区领导人张顺南、黎光烈出面同国民党茂电阳三县联防大队大队长崔翼达谈判，达成互不侵犯口头协议。此后，敌人对那霍游击区的"扫荡"有所减少。张、黎等人又对那霍乡乡长石霭芝进行统战教育，使其保持中立。还做好山区保长、甲长的统战工作，使他们为游击队筹粮筹款，提供情报，成为"白皮红心"两面政权。王学明、蔡智文、林立等人教育、争取了林头乡副乡长林安泰，在他的家乡田充村设立电白中心交通联络站。该站与潭阪高圳车，七迳东寮，羊角山和、石曹，那霍茶山、坡垌，观珠篱仔山，大衙板桥，麻岗调王，树仔下坡，电城石头岱，大榜祖岱等交通联络站，都是当时电白县党组织活动的主要据点，构成全县地下交通联络网。

12月，根据中共茂电信工委决定，电白独立连（代号"林彪队"）在那霍茶山成立，连长黎光烈，指导员张顺南，副连长庄严、邓桂材。连队成员40多人。同月，由王克、邱国桢策划和指挥，王克、蔡智文带武工队为前锋，王学明带沙垌等地长枪队配合，袭击河口塘头村反动地主、县参议员陈晓典的家，活捉陈晓典，令其交出驳壳枪2支、白银500元。当晚武工队又袭击了霞洞河头村联防队队长、地主崔公达的糖寮和电城架炮村地主林某的糖寮，打通了羊角、观珠、霞洞、林头、大衙、潭阪等地向地主、富商、糖寮征税筹款的局面。武工队的行动，使敌人王正部急调回霞洞，减轻了羊角等地的压力。

观珠园垌仔村的汪仲西，依附县长王德全，在当地颇为得势。

同年 12 月，杨瑞芬利用国民党观珠分部书记汪炎与汪仲西的矛盾，带武工队进驻观珠园垌仔村，开辟了观珠园垌仔村一带的新游击区。同时，陈瑞源被派到麻岗、树仔开展工作，发展了廖佑等一批游击队员，开辟了调王、下坡、登楼、牛门、万山、双目启、塘仔尾等一带游击村庄，为电白主力武装队伍独立连的活动及牵制敌人起了积极作用。

四、开展学运，反对迫害

1946 年 6 月，国民党蒋介石撕毁《双十协定》和《停战协定》，发动了全面内战。在中共的领导下，解放区军民奋起反击国民党蒋介石的进攻，开展了解放战争。

1947 年春，蒋管区人民掀起了"反饥饿、反内战、反迫害"的高潮。中共电白县组织领导革命武装队伍，反对国民党电白县当局发动的"清剿"活动。同时，发动全县中学进步师生开展"反饥饿、反内战、反迫害"第二战线的爱国民主运动。各中学在开展"三反"运动中，均取得了胜利，有力地配合和支持了全县的反"清乡"、反"扫荡"和游击区武装斗争。

同年 6 月下旬，实中学校当局以"不堪造就"为由要开除 2 名学生，对进步学生进行迫害。学校党组织立即发动学生举行反迫害罢课，坚持 20 多天，迫使反动的训育主任陈作谋辞职，学校当局也取消了开除 2 名学生的决定。

10 月，在广州读书的电白进步青年李卓儒、刘炽昌、李灏、黄天冒、黄金鸿等人，在当地党组织领导下，秘密组织"秋白社"。该社成员组织电白留穗学生参加爱国民主运动，利用各种社会关系做上层人士的统战工作。他们通过秘密活动，掌握了广州各大学电白同乡会的领导权，组织电白留穗同学会和电白留穗青年联谊会，捐款和利用助学金办起《电风》《电声》《电白学报》等刊物，分发驻广州的电白青年，邮寄电白各学校及进步人士，宣扬爱国民主思想。"秋白社"先后募捐现款购买两批药品，派人带回电白秘密转送游击队。同时，根据广州党组织的指示，派成员刘东渤、崔文明等人利用同乡关系，发动国民党第八十兵工厂部分电白籍工人，开展护厂斗争，挫败了国民党在崩溃前把该厂迁往台湾的企图。

10月，电中进步学生蔡作、林其仁等人，利用电白县国民党内部王德全派系与邓经儒派系之间的矛盾，发动学生举行罢课，反对县"三青团"主任、电中校长谭文炯反动集团统治学校。中共电白县党组织领导人钟永月布置该校地下游击小组成员杨猗青、吴缵勋、何荃、林婉俊等人，引导学运骨干，把斗争深入坚持下去，揭露谭文炯的贪污、反动行为。电白各校学生会和广州中山大学电白同学会纷纷发表声明，给予声援和支持。罢课坚持了两个多月，反动校长谭文炯、训育主任邵德宽、教务主任刘茂桐等人被解职。

1948年2月，电白国民党当局要任用反动分子许炳忠为电中校长，该校地下党员杨猗青发动同学挽留原校长邵桐孙，全校学生集队到县政府门前请愿，并派出代表李川、吴兆奇、杨大沛等向国民党反动县长谢富礼面陈理由。经过激烈的谈判斗争，最后取得了胜利。

3月，电中通过罢课斗争后，发展了几名党员。这时，中共电白县党组织领导人钟永月决定成立电中党支部，由杨猗青任书记。9月，吴缵勋任党支部副书记。党支部成立后，引导同学阅读进步书籍、编墙报、演戏剧、举行讨论会，传播革命思想，并收集情报，筹集钱和武器，支持游击区的斗争。继而又派地下工作人员李川、王立勋参加由吴兆奇、杨大沛组织的"激流读书社"（后改名为"友文读书社"），该社成员发展到70多人，成为电中团支部发展的基础，后来团支部发展到上百人。

6月，国民党部队来水东接收新兵，无故拘留实中一名学生，引起公愤。实中学生会主席吴景晖、水东东阳小学校长杨逢青（均是共产党员），发动两校师生举行示威游行，张贴标语，抗议国民党军队的暴行。实中杨增等一批进步教师出面要求释放被拘学生。后来，被拘者获释。但是，实中反动当局却追查"闹事头头"，开除黄德升等3人。学生会发动全校同学罢课，找反动训育主任梁刚讲理。罢课坚持了一个多月，学校当局被迫取消开除黄德升等3人的决定。梁刚只好溜走。

第五节 电白革命武装连续转战茂电阳

1948年1月中旬，茂电信武工队在那霍游击区成立，代号"国际队"，也叫短枪队，成员20多人，主要来自那霍、羊角、霞洞等地。"国际队"由庄严为队长，王克为指导员，陈超正为副队长。3月底，王克调往观珠，李延年为代理指导员。4月上旬，"国际队"奉命开赴阳江与当地革命武装联合作战，取得伏击儒洞织箦保警队和攻打书村战斗的胜利。

1948年底，中共中央香港分局发出关于"迅速将各地武装正式编成纵队下属支队"的指示，中共粤桂边区党委决定在茂电信地区建立中国人民解放军粤桂边纵队第五支队。1949年3月上旬，中共茂电信工委在廉江游击区召开工委扩大会议，对组建第五支队的问题作出决定：支队下辖3个团，电白、茂名、信宜分别组建十三、十四、十五团。4月，香港分局批准中共高州地委成立，任命王国强为书记，林其材、陈兆荣为副书记，车振伦、钟正书、郑光民为委员。同时，中共粤桂边区党委书记梁广宣布组建中国人民解放军粤桂边纵队第五支队，任命王国强为第五支队司令员兼政委，陈兆荣为副政治委员兼政治部主任。

1949年5月，中共高州地委任命邵若海为中国人民解放军粤桂边纵队第五支队第十三团团长兼政治委员，张顺南为政治处主任。十三团成立后，邵若海亲赴阳江，将电白独立连整编为十三团第一连，下辖4个排和1个政治工作队（简称"政工队"）。一连连长黎光烈，一排排长梁德，二排排长张良海（张燕），三排排长黄德成，独立排排长邓福，政工队队长梁芝钊。同时，成立政治处油印组，由吴景晖负责，誊印内部文件、宣传资料和各种文告，出版《火车头战报》散发全县各地。

十三团为避免敌人"围剿"，转战阳江，与粤中纵队第二支队第八团并肩战斗，先后攻打了儒洞乡公所、龙门乡公所和沙扒盐警队等，锻炼了部队，取得了可喜的战绩。

一、"国际队"伏击儒洞织篑保警队

1948年4月上旬，"国际队"奉命开往阳江执行新的任务。出发之前，"国际队"在茂名泗水召开誓师大会，茂电信工委委员钟正书作了动员讲话，提出"国际队"开往阳江的任务：一是寻找战机，打好几仗，以牵制敌人，减轻南路东征部队的压力；二是筹措给养，收缴武器，支援家乡的武工队；三是改造陈观星股匪，发动群众建立游击区。

誓师大会后，"国际队"由王学明引路，取道霞洞、沙琅、马踏，进入阳江，在儒洞以东10多千米的南洞一带驻扎下来。

李延年与漠南独立大队领导姚立尹、陈朝碧取得联系，互通情报，建立沟通渠道，与漠南独立大队并肩战斗。"国际队"通过开会宣传，个别谈心，帮助贫苦农民解决紧迫困难等，逐步打下了群众基础。同时，主动与陈观星股匪搭上线，消除敌意，共同对付国民党反动派。

4月下旬，儒洞保警队前来"扫荡"漠南游击区，"国际队"先避其锋芒，不与交火，秘密转到敌人返回途中伏击。当敌人进入伏击圈内，"国际队"20多支枪一齐开火，保警队乱成一团，四处逃窜，不一会儿就毙敌2名，伤敌数名，战斗结束。几天之后，不甘失败的儒洞保警队联合织篑保警队一起"围剿"游击区。"国际队"在半路设伏，又轻松地毙敌 2 名，伤敌 10 名。两次伏击，共毙敌 4 名，伤敌 10 多名，"国际队"无一伤亡。

从此，"国际队"名声大震，当地反动势力受到威慑，中间势力加速向"国际队"靠拢。地主、乡绅和部分保长纷纷向"国际队"捐粮、捐款。有的主动送款上门，并邀请李延年等人到家中做客。上洋富商兼地主姚郁琼，一次捐款 3000 元。寿长乡原乡长陈和茂捐出两支手枪，并要求让他儿子参加革命。"国际队"在他家建立了交通联络站，分别由他父子俩为站长和交通员，寿长乡很快就成为游击区的一部分。

当地百姓更是大力支持"国际队"的革命活动。一次，"国际队"住在一个村里，保警队前来"围剿"，队伍马上撤走。当时，"国际队"成员黄同患病卧床，被同志们叫醒后又睡下去了。大家都走后，屋主发现黄同未走，急忙叫醒他，并把他送到屋后山上隐蔽起来，躲过一劫。

二、"国际队"与独立大队联合攻打书村

1948 年 5 月，茂电信"国际队"联合漠南独立大队攻打书村，取得胜利。

早在 4 月下旬，漠南独立大队奔袭沙扒，因事前泄密，敌人戒备森严，遂临时取消攻打计划。部队撤退途中，一战士迷途误入书村，被该村反动地主陈秀山指挥乡兵拘捕杀害。为报仇雪恨，漠南独立大队领导人陈朝碧找"国际队"李延年商量，决定攻打书村，惩治反动地主陈秀山。李延年表示同意。

书村离沙扒不远，是一个有 3000 多人口的大村庄。村里有十几户地主、盐田主和渔船主。他们拥有一支 20 多人的反动武装，且武器精良。村后有一座小山，山上筑一座炮楼，火力可以控制全村四周，有乡兵昼夜值班，防守森严，易守难攻。

陈朝碧和李延年经研究决定：首先，由"国际队"担任前锋，拿下村后山上的炮楼，扫除进村障碍；而后，由独立大队为主攻，冲进村内，执行惩治反动地主的任务。

5月的一天，攻打书村的战斗打响了。李延年安排陈观星部为向导，"国际队"紧跟其后。突然，陈观星部和"国际队"冲上小山，枪声大作，杀声震天。炮楼里只有少数值班乡兵，毫无准备，抵挡不住进攻部队，只好弃炮楼而逃命。攻入炮楼后，李延年发出夺炮楼得手信号。

陈朝碧指挥独立大队发动总攻，决心活捉陈秀山，为被害战友报仇。独立大队、"国际队"、陈观星部一干人马如潮水一般冲进了书村。陈朝碧迅速带兵到地主陈秀山家捉人，搜索了全部房屋，但不见陈秀山踪影，安排人到全村搜捕也无结果，于是没收陈家财产，结束战斗。

这一仗，部队没有人员伤亡，虽未讨还血债，但收到了很好的政治效果，震慑了作威作福的反动地主，人民群众拍手欢迎。

三、攻克儒洞乡公所

1949年3月，电白独立连遭到电白、阳春两县反动团队1000余人的"联合会剿"。为避敌锋芒并使连队指战员得到休整，中共茂电信工委常委车振伦即命黎光烈、张顺南率连队开往阳江西南地区，与当地的粤中纵队第二支队第八团联合作战。4月下旬，县内又陆续动员进步青年送往阳江扩充连队。经过练兵、整训，连队的政治、军事素质得到很大的提高。

4月23日，电白独立连和阳江八团共三个连队攻打上洋圩，国民党乡兵闻风逃窜，部队撤回儒洞、上洋之间的南洞村驻扎。当晚，八团团长姚立尹得到情报，国民党儒洞"防剿区第七中队"中队长陈宏志与联防主任陈翥光，密谋于近期内偷袭游击区，破坏地下交通联络网，姚立尹与黎光烈、张顺南共商对策，决定先发制人，于 25 日攻打儒洞圩。

儒洞是阳江县西南部的一个重要圩镇，是周围数十里的农贸中心，是附近几个乡镇的军事控制点。圩内有国民党的乡公所、警察所和"防剿区办事处"。乡兵、警察和"防剿区第七中队"等反动军警总数不下百人。他们经常四处"清乡""扫荡"，对漠南游击区村庄构成威胁，四乡群众也深受其害。阳江县的革命武装早就想拔掉这个反动据点，只是由于力量不足，所以迟迟没有动手。这次与电白独立连合作，正是大好时机。

这次攻打儒洞的方案是：电白独立连担任主攻，24 日晚乘着夜色先行运动到儒洞河对岸的电白境内隐蔽，次日拂晓开始行动。阳江八团两个连队担任掩护打援，要在天亮前占领儒洞北面一里左右的马岭，并构筑好防御阵地，一面控制儒洞附近的广湛公路，一面准备堵截驻扎在北面新圩附近闻讯驰援的"防剿区第七中队"。

25 日早上 5 时许，电白独立连跑步越过儒洞河桥，直扑圩内三个攻击目标。副连长兼排长邓桂材率全排战士从街道两边的骑楼底下接近"防剿办事处"前门。门卫未及发觉，已被邓桂材的手枪抵住了胸脯。战士们直扑门内高呼"缴枪不杀！"还睡眼惺忪的敌兵未反应过来已当了俘虏，顺服地交出了各自的武器。

副连长兼排长庄严，在前进中交代班长梁德带领本班战士隐蔽接近乡公所前门（无后门），暂时围而不打。庄严率其他两个班直奔警察所。刚到前门，有两名战士未等庄严下令已向敌门卫开枪。门卫未中弹，躲入门内正待关门，庄严一个箭步冲进去，用手枪顶住门卫脑袋，喝令其交枪，不准乱动。其余警察想抵抗，却被一拥而入的游击队战士用枪顶住背脊，只好举手投降。庄严叫警长引路去乡公所。

乡公所的门上了拖枕，没有人守门但也进不去。庄严叫战士站在门两侧不让里面敌兵看见，再让警长叫门。一个乡兵探头出来，见来人是本圩警长，忙把拖枕拉开。庄严向两边一挥手，战士们蜂拥而入。那开门的乡兵醒悟过来，一面向里狂奔，一面高叫"共产党来了！"庄严带领战士搜索前进，寻遍所有房舍竟不见一个人的踪影，到后院墙边，看到那里丢下许多枪支弹药。原来是里面的人刚才听见外边响动，知道事情不妙，想携枪越墙逃跑，但又怕携枪不能脱身，索性丢弃在那里。

9时许，中共电白县工委书记杨瑞芬带着几名武工队员从电白境内来到儒洞，配合游击队向群众开展宣传活动。远道而来的趁圩群众还不知道已经发生的事，街上仍像平日那样人流涌动。杨瑞芬经过儒洞小学门外时，听见有小孩哭声，进去了解，得知一些学生看见街上来了许多带枪的人感到害怕而哭了。杨瑞芬立即召集全校师生到操场上开会，并叫街上的人也来听。杨瑞芬用阳江话讲了解放战争形势和共产党的基本政策，很受群众欢迎。中午时分，游击队打开儒洞粮库，让圩内和趁圩的群众挑回家去。不到两个小时，库内2000多石稻谷全部运光。

这次战斗，两支队伍共缴获步枪96支、手枪4支、子弹1200余发、银圆2000余元、马1匹、自行车1辆。

四、攻打龙门乡公所

1949年春，电白独立连已整编为粤桂边纵队第五支队十三团一连。该连随十三团赴阳江参战并挺进阳春东南部山区。5月中旬的一天，阳春县龙门乡联防中队出来"扫荡"。此时，电白独立连和阳江八团一连事前已获悉这一情报。联防中队有一挺轻机枪，占据了高地。双方经研究，确定了作战部署：由十三团团长指挥一连担任正面主攻，阳江八团一连负责绝断敌人后路，以便前后夹攻，消灭敌人，缴获武器。

上午 9 时，战斗打响。十三团团长邵若海、一连连长黎光烈带两个排，作正面进攻，团政治处主任、一连指导员张顺南和副连长邓桂材带队在侧面伏击。打了两三个小时，十三团一连攻占了高地，敌人战败，退缩到龙门乡公所去。电、阳两个连随即包围了龙门乡公所。龙门乡乡长乡兵 30 多人缴械投降。部队又攻打河口圩。国民党保安师 4 个连和阳春、阳江 4 个保警中队被赶出河口圩。尔后，十三团一连向阳春北部转移，经春湾入新兴，过恩平再返阳江，历时 20 天，转战数百里，一路攻破了一些乡公所、保公所，缴获了一批枪支弹药。这些战斗锻炼了部队，鼓舞了群众，政治影响很大。

五、袭击沙扒盐警及乡兵

阳江县沙扒圩是个半岛，除了水路，只有一条陆路出入，周围海域盛产鱼、盐，是附近鱼、盐交易的重要圩场。当地商业较为繁荣，居民也比较殷实，但文化落后，常受国民党驻沙扒军政机构及盐警、乡兵等的凌辱敲诈。税务稽查员陈用行更是胡作非为，对渔民、商贩横加勒索，甚至强夺民财，奸淫妇女，群众恨之入骨，多次请求附近的地方革命武装攻打沙扒，拔掉国民党驻守圩里的军政机构，为民除害。

1949 年 6 月，电白十三团一连和阳江八团一连转战茂电阳，回师漠南。这时，沙扒圩里又有许多群众前来请求子弟兵去为他们解倒悬之苦。其时，八团团长姚立尹找十三团一连黎光烈、张顺南商讨攻打沙扒的方案。他们根据敌人少、易守难攻，且我方部队有可能被援敌截断后路等情况，决定采用轻兵奇袭、攻敌不备的战术。

6 月 14 日凌晨，两团精选三个排，在夜色的掩护下奔袭沙扒圩内的三个目标。先由一个排占领东面石山，作为打援的准备；另两个排直入圩中，分头奔赴国民党盐警的驻地、乡公所和税务所这些重要目标。其时，天已拂晓，盐警门卫见成群持枪的人冲过来，知道情况不妙，急忙躲入门内关上了大门。为了不惊动群众，战士们没有开枪，接近目标后，由两个人越墙进去打开大门，让战士们冲进去。不出所料，在战士们冲进去之前敌人已携枪逃遁。而攻打税务所的部队发现税务所没有门卫，大门上着拖栊，进不去。一阳江籍排长随即大叫开门，一个职工模样的人探头出来，问一大早叫门有什么事？排长用手枪指着他要他开门。他不敢违抗，顺从地把拖栊拉开。战士们一拥而入，税所职员刚刚起床，都成了俘虏。战士们问谁是陈用行？职工说陈住在家里。战士们便让该职工带路去陈家，顺利地把陈用行抓住了。

这天，刚好是沙扒圩期。由于整个进攻过程一枪未发，街上商户并不惊慌。再经过战士们逐家动员，家家商店都照常开门营业。四乡群众不知道发生了什么事，也都按时上圩做买卖。

9时许，团长姚立尹让战士们沿街号召群众到圩中心广场开会。群众多是出于好奇，广场上很快聚集了上千人。姚立尹、张顺南先后讲了话，宣传全国解放战争形势、共产党的方针政策，以及攻打沙扒的目的、意义等。然后，把陈用行押上来，宣布他的罪状，判处死刑，立即执行枪决。群众拍手欢呼。

圩中商户、渔民为感谢人民解放军为他们报仇雪恨，纷纷发起劳军捐款，仅两三个小时就捐集银圆3000余元，当场慰劳子弟兵。

盐警、乡兵为轻装逃命，还留下不少武器弹药和物资。经搜查，共缴获步枪23支、手枪2支、手榴弹100余枚、子弹1000余发及其他物资一批。奇袭沙扒凯旋。

六、再次转战茂电阳

1949 年 7 月，十三团团长邵若海到一连视察，向阳江八团团长姚立尹提出，要求八团一连与十三团一连一起，打回电白，协助电白打开局面。姚立尹立即表示同意。经研究决定，7 月 4 日部队从阳春八甲到茂北，进入云潭、黄岭、那霍，拔掉国民党这 3 个据点。第一天夜晚，部队从阳江、阳春边界赶去八甲，遭到国民党八甲联防队的伏击。八甲联防队有三四十人，配有 2 挺轻机枪，实力较强。但是，电白、阳江两个连队发扬英勇善战的革命精神，作为先头部队，庄严所属排的轻机班与敌交火仅十来分钟，敌人就撤退了。于是部队沿着阳春一条河边继续挺进。

第二天，八甲联防队又尾随电白、阳江两个连，不时进行骚扰。部队没与敌人纠缠，而是赶到那霍附近的丰高住了一夜。第三天转到那霍覃坑的茅坪。这里的群众基础较好，稍事休息后，中午，国民党的联防队又来了，用轻机枪向两个连队开火。两个连队也用轻机枪还击，打了一个下午战斗才结束。到天黑时，两个连队转移到茂北。当晚，又遭到国民党茂名独立营、电白县的王正保安营和联防队三路敌兵围攻。当时，双方都不了解对方情况，不敢贸然进攻。不过，电白一连首先发现了敌情，黎光烈率领轻机班突然向敌猛烈扫射，打死了一些敌人，还缴获了 2 支枪，敌人逃走了。当两个连队撤入茶山地区后，时至半夜，国民党茂名独立营也上来占据山头，双方形成对峙状态。

随后，电白、阳江两个连队拉到距离云潭 5000 多米的一个地方，那里群众基础比较好。部队前一段时间比较被动，主要是因为没有及时向当地党组织了解敌情。后来，他们与王克联系上了。王克给他们带来 2000 发子弹和一些手榴弹，并在一起召开了紧急会议，决定改变攻打那霍、黄岭和云潭乡公所的方案，将部队撤到万坑、甘坑休息后再回阳江。万坑有群众基础，那里有个"功夫佬"叫黄敦汉，是当地的游击队骨干，是张顺南动员他出来参加革命的。部队到来后，他宣传动员群众烧水、煮饭招待大家。不过，这个地方的联防中队中队长谢维金很反动，为防止发生意外，部队喝完水后，连饭都不敢吃，马上开走。途经望夫一带，遭到国民党电白县保安队伏击，阳江一连有两个战士受重伤。这时已是深夜了，大家又饿又累，决定向马踏方向撤退。到达马踏两条村庄，动员群众捐粮，做一餐饭吃。到了下午三四点钟，到达阳江县（1988 年 2 月撤县改地级市）新圩涩陂地区休整。

部队这次行程，历时 10 天左右，在电白境内，国民党调集 7 个连队跟踪纠缠，打了 13 仗。历程艰苦，日夜行军，没有饭吃，部队经受了锻炼，提高了战斗力。但这次军事行动没有达到预期的目的。主要原因是：客观方面敌强我弱，且敌人较为顽固反动；主观方面，电白情报工作未跟上，情况不明，致使配合部队打开局面的工作不能正常开展，导致原本希望打开电白局面的工作颇为被动。

七、电白整编革命武装势力大增

1949 年 10 月 24 日，在钟正书、邵若海的教育争取下，林头联防队和乡兵近 100 人举行起义，接受十三团改编。地下工作者赖冠华带领五和乡乡兵和当地游击队员数十人到林头集中整编。棠籁乡乡长王栋在杨瑞芬、刘炽昌的教育争取下率乡兵起义，开往林头接受改编。

1949 年 10 月 25 日，钟正书在林头召开十三团军人大会，宣布该团新建制和干部名单：团长兼政委邵若海（后黎光烈任团长），政治处主任张顺南，军需温廷杰。下辖 5 个连和 1 个政工队共 600 多人。第一连连长庄严（后邓福），指导员梁庚；第二连连长邓桂材，指导员梁芝钊；第三连由五和乡乡兵和当地的游击队组成，连长赖冠华（后黄强），指导员赖邦豪；第四连由棠篢乡起义乡兵组成，连长刘沛尧（指导员暂缺）；第五连由林头起义联防队组成，连长梁元度（指导员暂缺）；政工队队长王继声。

不久，第四、第五连合并为第四连，连长王栋（后张良海），指导员廖善祥；增设手枪队，队长赖冠华。观珠区武工队收缴了驻沙垌大王庙联防队的枪支和棠篢、大衙一带的地主武器，建立起40多人的区队。其他各区也大力收缴敌人武器，先后建立起各区区队。至此，全县革命武装势力大增，有力支持了即将到来的解放。

第六节 电白党组织开展统战工作富有成效

1949 年夏，南下解放军已长驱直下，势如破竹，蒋家王朝已经崩溃。广东的国民党反动派惊恐万状，急忙调防，作垂死挣扎。他们把广东省保安第三师第九团调防梅菉。事前，广东地下党曾派员做过省保安第三师副师长兼第九团团长陈赓桃的策反工作，有一定基础。中共粤桂边区党委布置高州地委继续做好策动陈赓桃部队起义工作，电白县委协助进行。此后，高州地委和电白县委决定，扩大策反工作，做好策动国民党电白县县长王德全和有关乡兵的起义工作。

一、策动陈赓桃起义

陈赓桃，茂名人，原是国民党三十五集团军的团长，1947 年在山东"剿共"中全军覆灭，孤身一人回广州闲居，情绪低落。陈赓桃的老家在秩花椰子村，与李灏的岳父陈运昌同村同宗，也就是李灏的堂舅父，其子陈孔安与李灏同在中山大学读书。1949 年初，陈赓桃受任广东省保安第三师副师长兼第九团团长。但只是虚衔，部属要由他自己招募。广州地下党布置李灏利用亲戚关系，会同已是中共党员的陈孔安，对陈赓桃进行争取工作，鼓励他接任保九团团长职务，并推荐电白进步青年郑伟猷、郑启明给其当干部。陈赓桃委任郑伟猷为该团第二营副营长兼直属步炮连连长，郑启明为班长，派他俩回电白招兵。中共电白县工委利用陈赓桃扩充队伍之机，在羊角、林头、东寮等地发动游击队员、进步青年 100 多人到步炮连当兵。之后，该连又发展了青年团员，成立了团支部，由郑伟猷、郑启明分别任支部正、副书记，掌握了这个连队，使之成为策动起义的基本力量。

1949 年 5 月，中共中央华南分局联络处派李灏、陈孔安等人回电白工作。中共粤桂边区党委书记梁广将华南分局转来的李灏、陈孔安的组织关系交给高州地委书记王国强，嘱咐要安排他们入陈赓桃团部做策反工作。王国强随即将两人关系交给高州地委副书记兼组织部部长林其材。6 月，高州地委在茂北东才乡召开会议，专门讨论争取陈赓桃起义问题。会议决定，派车振伦、李灏、陈孔安组成工作组进入陈赓桃团部做策反工作。7 月初，林其材、车振伦、钟正书在李灏家开会，讨论策反陈赓桃问题，决定：加强对步炮连的工作，以巩固革命力量对该连的控制；促成保九团团部从广州移驻南路；由车振伦带领一个工作组进入保九团团部，以加强起义的准备。

1949 年 7 月，保九团从广州调防茂（名）、电（白）、梅（菉），团部驻梅菉博铺，步炮连驻电白羊角新南乡新堡。李灏、陈孔安根据上级党组织的决定，加紧策反陈赓桃。

1949 年 7 月初的一天夜晚，李灏带着林其材悄悄地走进椰子村陈赓桃老家。林其材是以粤桂边区党委领导人的全权代表身份与陈赓桃会见的，李灏对双方身份作了介绍。大家都很高兴，寒暄几句之后，陈赓桃请林其材进入书房，关起门来，两人进行单独密谈。从晚上 8 点多开始，一直谈到黎明。他们各抒己见，没有达成协议。7 月中旬的一天，李灏又带林其材到陈赓桃家谈判。这次谈判有了进展，双方思想轻松、情绪高涨。最后，林其材说："陈师长，你拉起这支队伍很不容易，它是你的心头之肉啊！如今，这支队伍的生死存亡都握在你手里。起义，既可保存这支部队，又可为人民立功，将功补过。我们是诚心诚意的，说话是算数的。"陈赓桃说："我可以率部队起义，但是现在时机尚未成熟，希望多给点时间，让我再三考虑。"

1949年8月、9月间，在中共高州地委和电白县委领导下，李灏、刘炽昌与国民党电白县政府秘书蔡守棠、王德全儿子王昌怡联系，促成电白县委书记钟正书、十三团团长兼政委邵若海和国民党电白县县长王德全进行谈判，达成与陈赓桃一起起义的意向。9月下旬，王德全收到一份由薛岳签发的广东省政府《内部通报》，其中说到陈赓桃有"异动"，要各地注意防范。王德全马上叫蔡守棠告诉李灏。李灏一方面向电白县委、高州地委汇报，一方面转告陈赓桃及其儿子陈孔安。

陈赓桃马上叫陈孔安去找李灏，通知林其材迅速前来商谈。林其材另有任务，已去了粤桂边区。高州地委派陈兆荣、车振伦去见陈赓桃。李灏带领陈兆荣、车振伦到了梅菉保九团团部。陈赓桃和副团长、营长正在大厅等候。陈赓桃说："形势紧急，我们决定响应共产党号召，举旗起义。现在我提出几个问题：一是起义之时，边纵能否派部队接应？二是部队开往何方基地活动？三是部队粮食给养如何解决？四是全团兄弟的前途如何安排？"陈兆荣、车振伦一一作了答复。陈赓桃又提出"什么时候起义？"陈兆荣、车振伦两人感到事关重大，需要请示粤桂边区党委。

第二天，陈兆荣骑自行车直奔粤桂边区，找到区党委书记、边纵司令员兼政委梁广和边纵政治部主任温焯华。梁广、温焯华答复：陈赓桃起义时间定在广州解放后，大军向南挺进之时。

1949年10月上旬，高州地委抽调10多名干部组成工作组，由车振伦率领，进入陈赓桃部队，协助起义准备工作。正在紧锣密鼓地进行起义准备工作之际，陈赓桃接到国民党将领薛岳发来急电，命令其将保九团火速开往海南岛待命。随后，王德全派人送来情报，说国民党六十三军三二一师中将师长、粤闽边区"剿匪"总指挥部总指挥喻英奇的部队乘军舰从海上开来，准备在水东登陆。

军情十分火急。车振伦来不及向粤桂边区党委请示，也没有与王德全联系，立即同意陈赓桃改变计划，提前起义，连夜派人通知高州地委书记兼粤桂边纵队第五支队司令员王国强做好接应起义的准备。

10 月 15 日，陈赓桃在工作组的帮助下，下令对"不保险"的政工人员实行缴械和扣押，召开全团营连干部会议，正式宣布全团起义，拥护共产党的领导，参加人民解放军的行列。参加起义的有保九团第一营、第三营（第二营在惠阳未拉回来）和团部两个直属连，以及陈赓桃弟弟、保十一团副团长陈赓彬的一个营，共计 1200 多人。

10 月 22 日夜，起义部队围攻镇隆，炮轰国民党信宜县政府，城内国民党 4 个自卫中队 400 多人缴械投降。信宜县城解放了，起义部队和粤桂边纵队第五支队第十四团、第十五团胜利会师。

二、策动王德全和乡兵起义

在策动陈赓桃部队起义的同时，中共电白县委经请示高州地委，同意对国民党电白县县长王德全进行策反工作。王德全，原任国民党六十四军副军长，1946 年退役回乡，1947 年当选"国大代表"，1948 年被任为电白县县长。他的儿子王昌怡在广州大学读书时，与李灏、刘炽昌等人熟悉，受到进步思想影响，政治上比较开通；他的秘书蔡守棠，思想进步，也是中山大学毕业生，与李灏、刘炽昌等人有联系。蔡守棠、王昌怡在王德全身边，既可以对王德全的思想行为施加影响，又能为策动起义提供信息。

这些都是争取王德全起义的有利条件。李灏、刘炽昌等人，通过蔡守棠、王昌怡等多条渠道做王德全的思想工作。并说钟正书派他们带信到永乐村确定谈判日期，催促王德全率部起义。王德全派其子王昌怡答复说，起义时机尚未成熟。

1949 年 9 月，在国民党即将彻底垮台的时候，经蔡守棠疏通，钟正书、邵若海到王德全家乡霞洞永乐村与之谈判。结果，王德全口头应允：一是保持中立，尽量控制保安团营长王正，不使其到处"扫荡"，如控制不住，即把消息通知游击队；二是到适当时机，把其控制下的武装队伍集中起来，交游击队整编；三是在适当时机释放在押政治犯；四是保存好档案资料届时移交；五是双方保持联系，由王昌怡、刘炽昌负责联络。

1949 年 9 月下旬，王德全收到一份由薛岳签发的广东省政府《内部通报》，其中说到陈赓桃有"异动"，要各地注意防范。王德全马上叫蔡守棠告诉李灏。李灏一方面向电白县委、高州地委汇报，一方面转告陈赓桃、陈孔安。10 月上旬，正当陈赓桃紧锣密鼓准备起义之际，国民党将领薛岳电令陈赓桃率保九团火速开往海南岛待命。随后，王德全获悉国民党六十三军三二一师中将师长喻英奇部队乘军舰从海上开来，准备在水东登陆。他马上派人将这一情报送给陈赓桃部起义的有关人员。

1948 年，林其材、车振伦认为原国民党棠簕乡乡长刘沛尧可以争取，指示杨瑞芬、王学明、蔡智文等人，一方面在观珠棠蔸地区深入发动群众，扩展游击区；一方面对刘沛尧进行形势和政策教育，使之弃暗投明。1949 年 4 月下旬，刘沛尧动员其亲属、旧部 10 余人起义，携带轻机枪 1 挺、长短枪 10 多支，由蔡智文、王克带武工队护送到阳江参加电白独立连。

1949 年 10 月 24 日，在钟正书、邵若海的教育争取下，国民党林头联防处主任梁元度亲率联防队和乡兵 100 余人举行起义；

在杨瑞芬、刘炽昌的争取下，棠簕乡乡长王栋带领乡队起义；地下工作者赖冠华带领的五和乡乡兵和基地游击队，一起改编为十三团所属的连队；还有爵山乡乡长杨联芳、大岳乡乡长许炳湘也率部起义。

第七节 电白解放建立人民政权

1949 年 4 月，国民政府迁到广州，妄图利用广东作为基地，进行垂死挣扎。4 月 21 日，中国人民解放军强渡长江，23 日占领南京，之后攻占上海、浙江、江西、湖南、福建等省。10 月 1 日，毛泽东在天安门城楼向全世界宣告中华人民共和国成立。2 日，人民解放军发动了广东战役。14 日，广州解放。随后，解放大军一直向南路继续推进。

一、配合大军解放电白

1949 年 8 月间，中共电白县委扩大会议在木等召开，中共高州地委副书记、组织部部长林其材亲临会议进行指导，地委委员、电白县委书记钟正书主持会议，参加的有县委常委杨瑞芬、唐力生、邵若海，执委王学明，各区的主要负责人。会议通过整风学习，在提高思想认识、加强团结的基础上，讨论了配合南下人民解放军解放电白的有关问题。会议决定：加强宣传大好形势，鼓舞群众斗志；迅速扩大部队，加强武装力量；做好统战策反工作，争取国民党军政人员起义；做好城镇工作，迎接解放。

会议还根据斗争中形成的 6 个游击区，重新配备主要负责人。"华东"区，包括电城、马踏、大榜、爵山，区委书记王学明（兼），副书记黄祖文；"华南"区，包括麻岗、树仔、博贺、红花，区委书记蔡智文；"西南"区，包括水东、南海、沙院、七迳、旦场，区委书记吴连；"汉口"区，包括羊角、林头、潭阪，区委书记黄成煦；"华北"区，包括那霍、沙琅、黄岭、霞洞，区委书记王克；"华中"区，包括观珠、大衙、望夫，区委书记温业荣。会后，各区进一步发展党员、团员，到1949年10月，全县已有党员160多名、团员300多名。

1949年9月初，钟正书在林头田充村召开部分骨干会议，电白党组织主要领导人杨瑞芬、邵若海、王学明、蔡智文、黄祖文等参加。钟正书在会上分析了形势：南下大军已进入广东省境内，要迅速扩大武装力量，发动群众，迎接解放，加强统战和策反工作，积极准备建设政权。会议决定，加强"华东"区武装力量，派一支武工队由黄祖文率领到"华东"区工作，以打通儒洞至电城间的要道，迎接解放大军。但他们在先行至观珠时，出师不利，发生了骇人听闻的"旱平事件"，黄祖文等5位同志壮烈牺牲。

1949年10月，钟正书在林头召开干部会议，布置扩大武装力量，加强城镇工作，准备迎接南下大军解放电白。商讨如何破坏国民党交通设施，阻止敌人南逃，布置烧毁寨头渡和郁头鹅两处公路桥。

10月20日，陈赓桃起义部队北上信宜县，一批武器留在分界田头屋村李匡一家，车振伦通知黄成煦发动羊角山和、田心等村群众400多人，去分界运回步枪400多支、子弹80余箱。几天之后，钟正书通知林立带林头群众120多人去山和村，将步枪300多支及弹药一批运回林头，分配给电白武装队伍。

10月25日，钟正书在林头举行扩编十三团的军人大会。原来十三团只有一个连、100多人。扩编大会上，将林头乡联防队、乡队和五和乡、棠籍乡等地的起义乡兵及当地游击队员编入十三团，全团有5个连和1个政工队共600多人。扩编后的十三团战斗力大大增强，为配合南下大军解放电白作出了应有的贡献。

10 月 26 日，国民党第二十一兵团部、第三十九军和第五十军军部等 4 万余人在阳江被南下解放军消灭；其间，国民党电白县政府将原关押在电城监狱的近百名"犯人"押解转移到霞洞，途中某夜入驻观珠汪氏宗祠。国民党解押人员见大局已去，不再为其主子卖命，各自奔命，使得在押的近百名"犯人"得以全部逃脱。

同日，电中团支委吴兆奇、严瑞槐、杨大沛等受命率领 20 多名团员，策应解放军解放电城。他们一方面秘密对群众做好宣传，稳定局势，让商家正常开市；一方面书写一批标语张贴四街，迎接解放。

10 月 29 日，南下解放军二野四兵团四十师一二〇团经儒洞直驰电白，下午 2 时解放了电白县城（电城）。因为中共电白县委还没有来得及与解放军联系上，许宝光、吴作勋带领的电城（"华东"）区游击队被解放军疑是敌人包围缴械。中共电白县委执委、区委书记王学明闻讯后，立即赶到电城，向解放军一二〇团团长出具证物，证实许宝光、吴作勋带领的队伍是中共电白县委领导的游击队，解放军才释放了他们和交还了武器，并将缴获的敌伪档案和物资移交给王学明接收。29 日，也就成了电白县的解放纪念日。30 日，水东解放。

电城解放后，这时钟正书、刘炽昌等还住在林头附近，通信员来报告电城解放的消息后，他们才经旦场、麻岗赶赴电城，向驻电城的解放军团长、政委讲明情况。钟正书等向部队首长介绍当时电白县情况，报告国民党电白县县长王德全已争取过来并同意接受起义改编。解放军团长即指示政委立即写了一纸手令让他们交给进攻霞洞的部队，同意接受王德全起义，不要伤害他。但没想到的是，由于当时通信不发达，由王学明经请示驻水东师政委的同意，派出了一个解放军加强连，在他当向导下于 11 月 2 日直驰临时县城霞洞，途经沙琅江新河时与国民党电白县的部队相遇，王德全因无法与解放军沟通，只好骑马逃走，至浮山岭企石庙附近时，被解放军一枪击毙，其残部则四散溃逃。霞洞解放。而当钟正书带领部队想赶往解救准备起义的王德全时，一切已经太迟了！钟正书的部队在观珠住宿了一夜，第二天抵达霞洞时王德全已毙命，营救王德全的希望落空。随着霞洞的解放，也标志着电白县全境的解放。

二、建立各级人民政权

（一）成立县级政权

1949 年 11 月 3 日，电白县人民政府在电城宣告成立，县长杨瑞芬，副县长李延年。随后分别成立：中国人民解放军粤桂边区电白县军政委员会，主任钟正书，副主任杨瑞芬、唐力生、邵若海；水东军政委员会，主任唐力生（兼）；电白县支前司令部。司令杨瑞芬，政委钟正书，副司令李延年，副政委唐力生。

（二）成立区级政权

县级政权建立后，即把全县划分为 6 个区：第一区，设址电城，包括电城、马踏、大榜、爵山，总支书记易钦才，区长吴缵勋（前）、蔡作（后），副区长黄履直；第二区，设址树仔，包括树仔、麻岗、博贺、红花，区委书记、区长蔡智文，副区长李川；第三区，设址水东，包括水东、南海、沙院、七迳、潭阪、旦场，区委书记吴连，区长陈瑞源（前）、杨永程（后）、杨学青，副区长杨逢青；第四区，设址羊角，包括羊角、大同、林头，区委书记、区长黄成煦，副区长林立、李鹏翔；第五区，设址观珠，包括观珠、大衙、望夫，区委书记温业荣，区长温业荣（兼、前）、刘炽昌（后），副区长谢克明；第六区，设址沙琅，包括沙琅、那霍、黄岭、霞洞，区委书记王克，区长邱鸿迪，副区长唐舜基。

三、建立青年团和妇女联合会

电白各级政权建立后，青年团和妇女联合会正式宣告成立：中国新民主主义青年团电白县工作委员会，书记王学明；电白县妇女联合会筹备委员会，主任梁璧（兼中共电白县委妇委书记），副主任程霞霏。

之后，全县其他群众团体也先后开始组建。

5

第五章

传承精神启新宇　老区电白展雄姿

第一节 电白解放初期的主要工作

一、支援解放海南岛

为支援解放海南，成立不久的电白人民政权全力以赴做好支援工作。1950 年 1 月 15 日，县成立电白船工委员会。随之，在大榜、山前、爵山、莲头、南门头、博贺、红花尾、水东、陈村、南海等 10 个港口分别设立管理处。全县先后动员大小船只 260 多艘、船工 423 名，协助大军进行水上练兵，准备进军海南岛。

在解放海南岛战役期间，电白县直接参战的大小船只 262 艘，参加渡海的船工 164 名。战斗中，电白船工邓家兰、李吽（李亚明）、马献春、严家德等 4 人光荣牺牲，后均被追认为革命烈士。战斗结束，电白县被评为渡海功臣的有 94 名（其中立大小功各 47 人）。

5 月 25 日，电白县成立解放海南战役善后分会，统一处理参战船民、渔民和渔船的调查、登记、表扬、抚恤和赔偿，船舶修理等工作。

二、开展剿匪斗争

电白解放初期，许多国民党军政人员和特务分子来不及撤逃或受命潜伏，留在县内各地，建立反革命组织，从事破坏活动。1950 年前后，县内出现的反革命组织有 9 个番号共 10 多股，总人数约 1750 多人。从 1949 年 11 月至 1950 年底，匪特先后攻打保宁、青山、莲垌等乡公所，枪杀人民政权干部和农民积极分子，破坏电话线路、烧毁公路桥梁、投毒杀害群众等无恶不作。驻电白解放军、人民武装及公安干警全力开展清匪肃特工作，县内各地民兵积极配合作战。经那霍马面嶂、羊角马头岭、马踏凤门村等大小战斗百余次，先后将那霍的黎坤山、羊角禄段的何禄儒，以及国民党股匪陆湘、谢维金和小股残匪等逐一歼灭，全县的剿匪工作以第六区为重点，在三个多月的剿匪战斗中，大小战役上百次，活捉匪徒 470 多人，向区、乡政府自首投降的有 200 多人，缴获长短枪支 250 多支和轻机枪 1 挺，几股匪帮全部土崩瓦解。第六区的剿匪工作受到高雷专区通报表扬。

三、镇压反革命

在清剿武装土匪的同时，从 1950 年 10 月至 1954 年 10 月，全县分三个阶段开展声势浩大的群众性镇压反革命运动。四年间，结合军事围剿、个别侦破和土地改革、渔政改革、民主改革等一系列改革运动，共逮捕各类反革命分子 2393 人，并分别依法惩办。

1951 年，在全县开展的清匪反霸、退租退押的"八字运动"中，对那些横行乡里、鱼肉人民的地主恶霸进行批斗，身有血债、民愤极大的被依法枪决。

1955—1957 年，在全县机关、企事业单位中进行内部肃反工作，清理反革命分子和有重大政治问题人员 191 人，并分别做了严肃处理。

四、肃清"黄赌毒"

在镇压反革命的同时，全县大力开展扫黄、禁娼、禁赌、禁毒行动。至 1951 年，全县扫除妓院和嫖娼窝点 100 多处，对 50 多名屡教不改的娼妓拘留劳动改造。1952 年，全县公开卖淫活动基本绝迹。另外，电白县委指示公安局立即采取措施，发布禁赌布告，取缔赌馆 200 多家。至 1953 年，禁赌工作形成高潮，不久，社会上的赌博恶习基本禁绝。1952 年 4 月，中共中央发出《关于肃清毒品流行的指示》，电白县立即成立以县委书记马伯鸿为主任、以县长陈光华为副主任的"禁烟禁毒委员会"，并在县公安局设立"双禁"办公室，负责禁烟禁毒工作。同时，全县各区、乡（镇）也设立相应机构，跟进"双禁"工作。在运动中，缴获烟土 100 多两（1 两 = 50 克），烟膏 200 多盒，烟枪、烟灯等烟具 300 多副，全部当众销毁。为害电白 100 多年的鸦片烟毒痼疾基本清除。

五、抗美援朝

1950 年 10 月 25 日，中国人民志愿军雄赳赳、气昂昂，跨过鸭绿江，与朝鲜人民军一道，抗击美国侵略者。电白人民积极响应中央的号召，在中共电白县委的领导下，以实际行动支持抗美援朝，保家卫国。全县有 1000 多人参加志愿军，编成暂四团开赴朝鲜。其间，出现父母送儿子、妻子送丈夫、恋人送情郎、兄弟争入伍的动人场面，仅附城、爵山、马踏等乡就有 60 多名青年报名参加志愿军。

1951 年 6 月 1 日，中国人民抗美援朝总会发出《关于推行爱国公约、捐献飞机大炮和优待烈军属的号召》，在中共电白县委的组织领导下，电白人民积极响应总会的号召，迅速行动起来，进行大规模的优待革命烈士家属和革命军人家属的工作，保证烈军属的生产和生活，直接鼓舞了志愿军打击美军的士气。同时，全县人民迅速掀起踊跃自愿捐献飞机大炮的热潮，广大党员干部带头捐献，带动了人民群众，在短短一个多月时间，就捐献人民币14.2亿元（旧币）。其中，水东全镇搬运工人38人，共捐款600万元，38个邮电工友共捐款50万元，水东乡平田农会在一天内捐献1300多万元。潭阪工商办共捐献1075万元。电白人民爱国主义高潮还表现在普及全县的爱国公约的订立和执行爱国公约运动，爱国公约成了广大人民群众的爱国行动计划，成为大家的奋斗目标。全县城镇成年人口的90%以上、农村成年人口的85%以上都订立了爱国公约，表现出高涨的爱国情怀和人民大团结的气氛。

抗美援朝战争胜利结束后，电白优秀儿女在战争中英勇献身的革命烈士有45人。这次战争，使中国人民受到一场高度的爱国主义和国际主义教育，极大鼓舞了电白人民的革命热情和劳动热情，推动了新中国成立初期恢复国民经济和各项社会改革的大步前进。

六、开展土地改革运动

中共电白县委根据1950年6月30日国家颁布的《中华人民共和国土地改革法》的土地改革总路线和总政策——"依靠贫雇农，团结中农，中立富农，有步骤地有分别地消灭封建剥削制度，发展农业生产"，结合电白县的实际，领导全县人民，于1951年7月10日以雷霆万钧之势，开展伟大的土地改革运动。

该运动分两个阶段进行。第一阶段是开展"退租、退押、清匪、反霸"的"八字运动"；第二阶段是划分阶级，即把每户家庭划分为地主、富农、中农、贫农雇农及其他成分，包括小商贩、手工业者和小土地出租者、游民等，以分清敌我，逐步消灭剥削阶级。这是一场尖锐的、激烈的、你死我活的阶级斗争。至1953年7月20日土地改革运动结束，经历两年的艰苦斗争，终于取得土地改革的伟大胜利，使 50 多万农民打破了封建地主阶级的枷锁，在政治上、经济上都翻了身，成了新中国的主人。

七、开展社会主义三大改造

（一）对农业的社会主义改造

1953—1957 年，电白县着手对农业进行社会主义改造。这一改造经历建立农业生产互助组、建立初级农业生产合作社、建立高级农业生产合作社三个阶段。到 1956 年秋末冬初，全县出现了"并社、升级"的高潮。当时全县 142 个乡，989 个初级社已报名升社，入社农户44344 户，占原有初级社农户数的 86.7%；个体户报名入高级社的也有 842 户。至 11 月，全县共有 613 个高级社，参加农户102805 户，占总农数户的 80.2%，基本实现农业高级合作化，全县农业合作化取得伟大胜利。

（二）对手工业的社会主义改造

电白县对农业进行社会主义改造的同时，也着手对从事粮油加工、铁器农具、木器加工制造、缝纫、皮革制品、陶瓷、食品、竹草编织、造纸、雕刻、建材、砖瓦、石灰、酿酒、水产品加工等手工业进行改造。至 1956 年，全县组织起各种类型的手工业生产合作社 44 个，社员1252 人；手工业生产小组 19 个，人员 442人。另外，建立水上运输社，把全县木头船组织起来，海损事故损失额比 1955 年下降 83.6%，社员收入人均比 1955 年增加13.6%。全县参加合作组织的人员占从业人员 98% 以上，社员收入比建社前增加 15%。

（三）对资本主义工商业的社会主义改造

1953 年 6 月始，电白县对资本主义工商业进行改造。该项改造是党在过渡时期总路线的重要组成部分。电白县改造资本主义工商业的做法，采取和平赎买的政策，通过加工订货、统购包销、经销代销和公私合营等一系列由初级到高级的形式，将资本主义私有制经济逐步改造成社会主义公有制经济。至 1956 年全行业合营后，全县资本主义工商业改造成国家资本主义工商业，对企业按新型的关系进行管理，工人参与、资方人员与公方代表共事。资本主义工商业者交出生产资料所有权，八成以上的资方人员要求上柜台、下车间和参加体力劳动。至此，全县资本主义工商业进行社会主义改造取得全面胜利。

八、开展历次政治运动

电白县坚持以农业为基础，工业为主导，其他行业同时跟进，全面改变一穷二白面貌。并通过贯彻党在过渡时期总路线和建立县人民代表大会制度，成功召开中共电白县第一届代表大会，成立坚强有力的领导班子。之后，通过贯彻中共八大精神，深入开展"三反"（反贪污、反浪费、反官僚主义）、"五反"（反行贿、反偷税漏税、反盗骗国家财产、反偷工减料、反盗窃国家经济情报）运动，全党全民整风运动和反右派斗争，以及通过人民公社化等历次政治运动的洗礼，使全县紧跟全国发展步伐，为日后成为闻名全国的省"五好县"奠定良好的基础。

"五好县" 使电白成为全国一面红旗

　　20 世纪五六十年代，电白县主要由山西南下干部王占鳌主政。他自 1952—1964 年前后 13 年担任中共电白县委书记。这一时期，全县人民在王占鳌的带领下，自 1958 年起坚决按照省委书记陶铸关于建设"五好县"（生产好、水利好、绿化好、交通好、卫生好）的要求，迅速掀起造林绿化、改造低产田、挑战自然灾害的伟大斗争。几年下来，一条长 28 千米、宽 100 ~ 500 米、面积 1200 公顷的木麻黄沿海防护林带就在电白沿海迅速崛起。其中造林突出的博贺镇，荣获全省特等模范单位和全国林业模范单位，并获林业部红旗奖。

　　1958 年公社化后，全县涌现李秀英、杨永雄、李秀雄、陈娇等著名的"全国农业劳动模范"和"全国林业劳动模范"。同年 12 月，由周恩来亲笔签发国务院奖状：奖给农业社会主义建设先进单位。电白县和属下的坡心人民公社，双双获得这一殊荣。

　　但由于当时最突出的现状是"电白"无"电"，"水东"无"水"，成为农业发展的最大瓶颈。以王占鳌为班长的中共电白县委迅速行动，作出了大力兴修水利、战胜旱魔的重大决策。一时间，全县各地很快就掀起了一场群众性的蓄水、提水、引水、汲水大会战。

　　1958 年 1 月，电白首宗中型水库——观珠旱平水库开工，同年 12 月竣工。总库容 2920 万立方米，灌溉面积 3400 多公顷。

1958 年 3 月，电白最大的堵海工程——大榜（今岭门）鸡打港大堤正式开工，至 7 月胜利完工，使万顷荒滩变良田、沧海变盐田，成为全县最大的盐业基地。

1958 年 6 月，电白第二宗中型水库——沙琅黄沙水库开工，1960 年 6 月竣工。总库容 5670 万立方米，灌溉面积 4670 多公顷。

1958 年 10 月，电白第三宗中型水库——马踏河角水库开工，1960 年 4 月竣工。总库容 2826 万立方米，灌溉面积 3400 多公顷。

1958 年 10 月，电白第四宗中型水库——麻岗热水水库开工，1960 年 3 月竣工。总库容 3134 万立方米，灌溉面积 2670 多公顷。

1959 年 12 月，电白大型水库——罗坑水库开工，1960 年 6 月竣工。总库容 11473 万立方米，灌溉面积 10460 多公顷。

此外，还建有小一型水库 10 宗，小二型水库 89 宗，山塘 142 宗，总库容 30845 万立方米，总灌溉面积 26660 多公顷。

最值得大书一笔的是，为建设好罗坑水库，全县军民 3 万多人在王占鳌的亲自带领下，操着简陋的工具，用锄头甚至是肩挑，吃的是番薯、咸菜、白粥，天当房，地当床，冒着寒风酷暑，经过两年多时间艰苦卓绝的奋斗，才筑成了这座电白大型水库。

同时，全县先后建成罗黄、共青河、河角、热水等四大人工水渠，以及鸡打港、水东、青湖三大堵海堤围，还一共完成了中小型水利工程 2478 宗。正是在王占鳌领导下，彻底改写了电白千百年来水利设施落后和水东无水的历史。有诗为证：

电白人民志气豪，穷山赤岭换绿袍。

花果满园绿荫丽，狂风飞沙尽低头。

农业连年大增产，安居乐业永无愁。

山明水秀天堂艳，大地如春锦绣图。

人民力量比天大，领导尽属党功劳。

1958—1965年短短八年时间,老区电白一跃成为闻名全国的省"五好县"。

一、生产好

20世纪50年代后期和60年代初,电白各条战线的生产都蒸蒸日上,闻名全国。至1965年,全县实现工业总产值3884万元,农业总产值36233万元,社会消费品零售总额5590万元,财政收入2120万元,人均国民收入192元。

时任中南局第一书记、广东省委第一书记陶铸到电白检查工作时,赞誉电白是全省真正的"五好县"。1963年6月5日,《南方日报》头版头条刊发《生产好、水利好、绿化好、交通好、卫生好——电白人民发愤图强使山河改观穷县变富》的长篇通讯。

同时,电白县委高度重视宣传报道工作,成立电白县委通讯组,编印出版《电白通讯》《电白农民报》《电绿报》等,发行量6000多份,还积极向上级报刊媒体投发稿。1960年6月6日,《南方日报》头版头条刊登《通讯工作的一面红旗——电白县委通讯组》,并配发短评《掀起"全党办报"新高潮》。

正因为各项工作的突出表现,电白迅速成为当时全国的一面红旗。

二、水利好

电白在1958—1965年间,动员全县劳动力的一半,全力投入兴修水利、兴建大中型蓄水及堵海堤围工程。全县先后完成罗坑、黄沙、河角、旱平、热水、共青河、大同等水库、水系配套工程建设及鸡打港、水东、青湖三大堵海堤围工程,完成土石方1882万立方米,混凝土0.8万立方米;蓄水、引水工程3546宗。全县总库容2.61亿立方米,引水流量10立方米/秒,总灌溉面积4.08

万公顷，占全县耕地总面积 87%，基本消灭旱、涝灾害。农业部、省内外水电厅有关领导纷纷前来参观视察。1964 年 9 月 1 日，国家水电部召开黄河中游水土保持工作会议，特邀已上调广州市农委工作的原电白县委书记王占鳌参会并在会上介绍电白兴修水利的经验。

三、绿化好

1958 年，在"鼓足干劲，力争上游，多快好省地建设社会主义"总路线的光辉照耀下，中共电白县委提出"绿化全县"的号召，全县人民迅速行动起来，每天出动 14 万劳动大军，其气势磅礴，前所未有：

> 造林号角响满乡，男女老少种树忙。
> 日映人群遍山野，月照人海满山岗。
> 光山秃岭如集会，海边沙滩赛市场。
> 公路两旁人成龙，村边河岸闹洋洋。

电白人民在荒山和海滩上大搞植树造林，在沙琅江两边广种竹子 230 多千米，在沿海营造防护林带近百千米，造林面积达到 3.73 万公顷，形成林带、竹带、景带、红树林带"四带"景观。1959 年 4 月 1 日，《人民日报》第四版刊登了《渔家女制服流沙——博贺港植树造林的故事》，报道了电白渔家女在沿海滩涂植树造林制服流沙的事迹。1960 年 2 月 3 日，中共中央检查参观团来到电白县视察工作。时任中共中央政治局常委、书记处总书记邓小平，政治局委员、上海市委第一书记柯庆施，中央委员、中央书记处候补书记刘澜涛、杨尚昆、胡乔木，中央候补委员、统战部副部长徐冰和国务院外事办公室副主任孔原等一行 120 多人，在时任中央委员、广东省委第一书记陶铸的陪同下，检查参观了电白县的造林绿化和公路建设等工作，对电白县取得的成就给予充分的肯定。邓小平在沿海防护林带和小良菠萝山视察时，特别表扬电白造林绿化工作做得好。他说：电白人民能在烧得熟鸡蛋的沙滩上（指沿海绿色长城）和沙漠化黄砂土上（指小良菠萝山）种上森林，创造了世界奇迹！陶铸对电白人民的伟大壮举还即席赋诗一首：

电白竟成绿化城，

何处植树不成荫。

沧海也教精卫塞，

只在无心与有心。

1963 年 2 月 17 日，《人民日报》第二版刊登通讯《造林改变了电白县的经济面貌》，介绍了电白人民植树造林发展经济的经验。

1965 年 3 月 11 日，《人民日报》刊发消息《电白坚持绿化全县改造自然摘掉了贫穷帽子》和长篇通讯《电白变成了"电绿"》，并在头版配发《学习电白，绿化家乡，绿化祖国》的长篇社论。一时间，国际友人如苏联、越南、阿尔巴尼亚等 60 多个国家的专家学者，全国各省份如广西、陕西、江西、山东、浙江、青海、河南、宁夏等组团 100 多批上万人次络绎不绝地到电白参观取经。

四、交通好

1958 年起的几年间，全县大力推进公路建设，先后修筑公路 128 条，通车里程 663.5 千米，实现"乡乡通公路，村村有大道"，形成国道、省道、县道、乡道纵横交错的交通网络。

五、卫生好

1958 年 8 月 11 日，全国爱国卫生检查团到电白县城水东镇检查卫生工作，赞扬水东基本达到"四无"（无鼠、无蝇、无蚊、无臭虫）标准。同年 12 月，水东镇被评为全国爱国卫生先进单位。

电白军民围歼美蒋武装特务

1962 年起，退居台湾的蒋介石错误地以为大陆政局不稳，大肆叫嚣"反攻大陆"，训练了大批武装特务，用船只、飞机送到大陆沿海地区，偷登或空投，企图建立"游击走廊"，以颠覆人民政权，电白是他们进攻的重要目标之一。但这些偷登和空投的美蒋武装特务前脚刚着地，后脚就陷入了人民群众的天罗地网之中。

一、绿豆岭全歼偷登美蒋特务

1962 年秋，国家安全部门获得情报：台湾当局将派武装特务在广东沿海偷登。电白县作战指挥部根据上级指示精神和本县实际情况，做好了充分的反偷登准备，确定以爵山沿海为重点防范区域，并增设临时巡逻哨 22 处，执勤民兵 300 多人。同时与驻县部队、军警（野战军 1 个连、测绘大队、炮兵分队、雷达分队、海军观通站及民警）等 300 多人联合布防，在广湛公路（今国道 G228 线）儒洞至电城一线南侧，形成 3 道封锁线实施包围，并派机动船只在海上堵截，断敌退路。

10 月 24 日，台湾当局的情报部门派遣的"广东省反共救国军第五、第六纵队"共 22 名武装特务，从高雄出发，于 28 日零时 5 分在电白爵山公社下村附近海岸偷登。下村执勤民兵发现敌情迅即电告县作战指挥部，指挥部连夜通知沿海军民严密封锁海防线。深夜 2 时，附近军、警、民兵同时赶到现场，堵死敌人进、退路，形成层层包围圈，然后展开搜索。17 时许，爵山民兵发现敌人躲在绿豆岭流水坑里，各路军、警、民兵一齐赶来将敌特围住，高呼"缴枪不杀"。敌特无处可逃，只得缴械投降，很快就活捉特务 21 人，随即进行审讯，被活捉的特务电台"台长"供认："我们的'司令'还在山腰一个洞沟里。"民兵立即继续搜山，很快就发现杂草丛中的水窝里趴藏着一个特务，屁股朝天。爵山民兵杨妹九手疾眼快，一个箭步，抓住他的颈部，这个特务一身湿漉漉的，哭丧着脸连说："我投降，饶命！"至此，22 名美蒋特务全部被活捉，其中 2 人中弹受伤；1 人服毒欲自杀，经抢救脱险。这股特务分成两队，每队 11 人，其中有正、副司令 6 名，电台台长 1 名。缴获的战利品有手枪 21 支、冲锋枪 2 支、卡宾枪 9 支、无声手枪 2 支、各种子弹 1321 发、手榴弹 9 枚、刺刀 18 把；电台 2 部，军用地图 2 幅，望远镜 2 架，收音机 2 台，毒药 21 瓶；黄金 42 两 18 克，美钞 140 元，港币 3520 元，人民币 1745 元，假人民币 70845 元，人参 24 支，手表 26 块，其他物资一大批。中方无一伤亡。

审讯时，特务头子哭丧着脸，第一句话就说："我受骗上当了。下船时，长官对我们说，你们一上岸，就有人来迎接。"第二次审讯时，他又跪又拜，说："我罪过，乞求不杀，我还有老婆子女在台湾！"

这次围剿偷登武装特务取得完全胜利。1962 年 12 月 31 日，广东省政府、省军区颁布命令，授予电白县爵山公社海后哨所为荣誉哨所；民兵杨妹九被授予一等功，后当选为中共九大代表；海后大队党支部书记、海后哨所所长杨大应被授予一等功，1964 年当选为第三届全国人大代表；民兵营长吴钦被授予一等功，1963 年当选为共青团全国代表大会代表；还有排坡党支部书记杨基、北山大队民兵营长陈土年被授予一等功，民兵杨福基被授予二等功。

二、石磊山上擒飞贼

偷登绿豆岭的武装特务被生擒后，经审讯教育，"特务台长"答应向台湾发报，谎称偷登成功，已在电白北部山区建立起活动据点，要求高层派特种部队前来增援，尽快实施"建立游击走廊"计划，并定下鹅凰嶂附近723高地为空投地点。台方接报后，喜出望外，立即调集兵器人马准备空投。但狡猾的敌人却将空投点临时改在阳江县鹿塘岭地区。为全歼空投之敌，中方派出兵力1750人，其中部队470人（含高射炮兵300人），电白县民兵7个连计调用290人，阳江县民兵5个连计调用360人，民警支队630人将鹿塘岭周围4平方千米的地方包围起来。

12月4日零时，美国驻台湾特务机关"海军辅助中心"派遣的U2高空间谍侦察机1架，载着4名美蒋特务，飞临空投地点进行空投。但由于该机遭中方预伏炮火猛烈射击，惊惶失措，将人员、物资投到中方预设的包围圈之外的石磊山地区。此时，中方预伏部队和民兵，立即按照指挥部原定的歼敌方案，形成新的包围阵势，分三路前进追歼：一路为民警支队、电白民兵965人，从463高地的北侧出发，沿火烧鹅山麓向石磊山左侧迂回；另分一路100余人的兵力直插石磊山中央地区；一路为侦察连、警卫连和阳江县民兵489人，从鹿塘岭等地出发，沿602高地向石磊山右侧迂回，形成钳形合围。

美蒋特务全部陷入中方军民布下的天罗地网之中。

天亮后，围捕行动开始。经过14小时的搜索，在石磊山西侧，先后捕获台湾"特种部队上尉电台台长"王作亭，"特种部队中校通讯组长"李华常和"情报局上尉"张志君（另一名特务在空投中因降落伞问题而摔死）。缴获空投物资 6 大包，计有电台 3 部，轻机枪 2 挺，卡宾枪 15 支，手枪 7 支，无声手枪 1 支，各种子弹 4790 发，其他物资一批。取得了反敌特作战的重大胜利。

三、0204 号渔船海上民兵勇擒武装特务

1963 年 6 月 26 日，电白县大榜公社（今岭门镇）东山渔业大队 0204 号渔船 9 名海上民兵，在阳江县外海域作业时，被流窜海上的台湾"广东省反共救国独立军独立第三十一纵队第三支队" 8 名武装特务劫持。28 日，渔船驶至珠海县（1979 年 3 月改为珠海市）湾仔附近海面上时，船上民兵在赖传的带领下，与特务斗智斗勇，赤手空拳与敌特殊死搏斗。赖传、赖乙、赖兆荣等像猛虎下山一样，把特务打得落花流水，将敌特副司令活捉，并缴获武器一批返航，其余 7 名特务跳海逃命。

7 月 4 日，当 0204 号渔船众英雄押着敌特副司令胜利回到东山渔港时，受到湛江专区和电白县慰问团、当地各界代表 6000 多人的热烈欢迎！

7 月 6 日，电白县委、县政府和县武装部在县城水东镇隆重举行庆功大会，省人委、省军区、湛江专区、湛江军分区领导出席会议，县委书记王占鳌代表电白县委、湛江专区对 0204 号渔船上的英雄民兵进行颁奖，表彰 9 名海上民兵勇擒特务的英雄事迹，广州军区、省政府、省军区给予通令嘉奖。0204 号渔船集体记一等功，赖传、赖乙、赖兆荣三人分获个人一等功，其余 6 人也获得奖励。

第四节

中共十一届三中全会召开前几年的电白发展现状

1978 年，中共十一届三中全会召开之前，电白县经历"文化大革命"内乱的十年和后期开展的"路线"教育活动、整风运动和平反冤假错案工作，进一步贯彻落实中央各项政策精神，坚持全党办案、主动办案、级级办案，恢复受"左"倾错误迫害的干部、职工、群众的名誉、工作和赔偿。到 1984 年 7 月底止，全县共平反多种冤假错案 3224 宗。之后，全县各项社会事业逐渐走上发展正轨。

一、全县社会治安逐渐好转

1973 年，电白县恢复公安局建制，并于后来成立"电白县整顿社会治安领导小组"，立即在全县开展"三打"（反革命、资本主义势力、各种形式犯罪分子）运动，至 1978 年 12 月，全县刑事案件发生 1688 宗，侦破 1357 宗，破案率达到 80.4%。人民公安为全县的经济恢复和发展保驾护航，也为保护人民群众生命财产安全作出了重大贡献。

二、整党整风使领导作风改观

1977 年 10 月至 1978 年底，中共电白县委通过三个阶段整党整风，全县上下的认识达到了空前的统一：林彪、"四人帮"反党集团的修正主义路线给全县的建设造成的破坏是严重的，流毒深远，拨乱反正是长期的战略任务；县委和各级领导的思想认识还有待进一步转到以农业为基础的方针上来；并要求全县上下要严肃认真地落实党的各项政策，包括农村经济政策、国家干部职工政策等；树立实事求是、艰苦深入的作风，按照客观规律办事，为群众利益办事。

三、文教卫生事业恢复发展

1977 年，电白文化教育迎来生机。教育方面。1977 年恢复高考，全县高考人数 5049 人，考上大学 77 人。其中考进国家重点学校 20 人；省重点学校 40 人，中专学校 188 人。1978 年全县参加高考 3705 人，考入大学 90 人，其中国家重点学校 28 人；省重点学校 50 人，中专学校 264 人。文化方面。电白传统文化艺术、文学、戏剧、音乐、舞蹈、美术、书法、摄影等活动不断发展，民间的武术、舞狮、舞龙、舞春牛、木偶剧等文艺活动异彩纷呈。电影事业恢复发展较快，1976 年放映单位 46 个，放映 1372 场次，观众达到 1170 万人次。医疗卫生方面。1975 年，全县有 50 多家医疗卫生机构，医务人员 798 人，至 1978 年达到 1123 人，医疗技术人员也从 1975 年的 656 人增加到 1021 人。全县医疗单位病床从 1975 年的 499 张，增加到 1978 年的 660 张。1978 年全县共做手术 1526 例，成功率 99.6%。

四、国民经济逐渐恢复发展

至 1978 年，全县国民经济逐渐恢复发展。全年全县实现地区生产总值 2.72 亿元，社会商品零售总额 1.06 亿元，财政收入 2136 万元，工农业总产值 2.47 亿元（其中工业总产值 0.82 亿元、农业总产值 1.65 亿元）；农民年人均纯收入 48 元，城镇居民年人均纯收入 323.62 元。

第五节 开启电白改革开放历程

　　1978 年 12 月召开的中共十一届三中全会，重新确立党的思想路线、政治路线和组织路线。从此，全党的工作重心转移到社会主义现代化建设上来。

　　1982 年起，电白全面开启改革开放征程。1982 年 9 月召开的中国共产党第十二次全国代表大会（简称"十二大"），在总结改革开放以来的成效和经验的基础上，围绕"建设有中国特色的社会主义"这一崭新主题，提出党在新的历史时期的总任务和到 20 世纪末经济建设的总的奋斗目标。1987 年 10 月召开的中国共产党第十三次全国代表大会（简称"十三大"），规定社会主义初级阶段党的基本路线，并提出分三步走的经济发展战略，构建建设有中国特色的社会主义理论的基本轮廓。

　　从 1982 年 9 月到 1992 年 1 月邓小平发表"南方谈话"的近十年期间，电白县先后召开中共电白县第五至第七次代表大会。县委围绕改革开放全面展开的要求，先后部署开展八项重点工作：一是开展撤社改区工作，结束长达 25 年的农村人民公社体制；二是深化经济体制改革，特别是农村实行家庭联产承包责任制，大力发展乡镇企业，使农村与城镇体制改革同步开展；三是加快经济转型，提出念活"山海经"；四是治理经济环境、整顿经济秩序，优化改革和发展的环境；五是加强政治体制改革，健全党的纪律检查制度和机构；六是加强社会主义精神文明建设，开展

"五讲四美三热爱"活动（五讲：讲文明、讲礼貌、讲卫生、讲秩序、讲道德；四美：心灵美、语言美、行为美、环境美；三热爱：热爱祖国、热爱社会主义、热爱中国共产党）；七是开展全面整党和党员重新登记，核查及清理"三种人"（跟着林彪、"四人帮"造反起家的人、帮派思想严重的人、打砸抢分子），保持党的先进性和纯洁性；八是贯彻"从严治党"的方针，建立民主评议党员制度，健全和加强基层党组织建设，反对资产阶级自由化，提高党组织的战斗力。

1992—1997 年是建立社会主义市场经济体制，推进改革开放的关键时期。1992 年 1 月，邓小平在视察南方时，发表著名的"南方谈话"，对社会主义的本质、市场的作用提出新的论点。当年 10 月召开的中国共产党第十四次全国代表大会（简称"十四大"），明确提出中国经济体制改革的目标是建立社会主义市场经济体制，并确立邓小平建设有中国特色社会主义理论在全党的指导地位。邓小平的"南方谈话"和中共十四大的决议，成为中国社会主义改革开放和现代化建设进入新阶段的标志。

这一时期，中共电白县委根据中共中央和省委、市委的部署，结合电白的实际，先后部署开展八项重点工作：一是学习贯彻邓小平"南方谈话"和中共十四大精神，开展农村社会主义教育工作，并推进农村基层组织建设；二是实施全县"八五"计划，制定"九五"计划，确定脱贫奔康的目标和措施，推动经济社会各项工作的开展；三是创新经济社会发展思路，试点搞经济开发区；四是改革金融体制，建立农村基金会；五是改革海洋开发的管理体制；六是加强生态资源和环境保护；七是加强普法教育、禁毒、反走私、打击各种造假诈骗犯罪活动；八是健全党风廉政制度，全面加强党的建设，提高各级党组织的执政能力。

1997 年以后，电白县进一步深化改革，推进中国特色社会主义事业全面发展。

改革开放期间，党和国家领导人习仲勋、江泽民、李鹏、朱镕基、温家宝、田纪云、邹家华、陈慕华、宋平、王光英、王恩茂、尉健行、谢非、叶选平、曾庆红、张万年、丁关根、李长春、张德江、汪洋、胡春华等均前来电白视察指导工作，给电白人民以极大的鼓舞。

1993年9月，江泽民视察南方，来到茂名高州、电白等地，殷切期望"把茂名建成美丽的现代化的海滨城市"；2002年2月，江泽民再次来到茂名高州，并在这里提出"三个代表"（中国共产党必须始终代表中国先进生产力的发展要求、始终代表中国先进文化的前进方向、始终代表中国最广大人民的根本利益）重要思想。1997年9月召开中国共产党第十五次全国代表大会（简称"十五大"），2002年11月召开中国共产党第十六次全国代表大会（简称"十六大"）和2007年10月召开中国共产党第十七次全国代表大会（简称"十七大"）期间，是历史的重大转折时期。中共电白县委根据中共中央和省委、市委的部署，结合电白的实际，先后部署开展七项重点工作：一是学习中共十五大、十六大精神和"三个代表"重要思想，全面推进中国特色社会主义事业的发展。二是建设社会主义市场经济体制，开展国有资产、金融、税费、企业、住房等制度的改革和管理，推进招商引资与对外开放。三是加强农业基础设施建设，搞好特色农业特别是水东芥菜、花生、有机米、荔枝、龙眼、沉香、小耳花猪、龟鳖、红心鸭蛋、网箱养殖、对虾等种养业的大发展，实施扶贫目标，促使广大老区农村出现巨大变化。四是加强基础设施建设，扩建高水公路和国道G325线，实现广湛铁路通车。完善旅游设施，开发虎头山、第一滩、放鸡岛、麻岗温泉等旅游景区建设，加强老区小良生态保护区的管理。五是深化科技、教育、文化、卫生、体育的改革，加强法治和维稳工作，开展群众性精神文明的创建活动。六是开展"三讲"（讲学习、讲政治、讲正气）和"三个代表"重要思想学习教育活动，加强党组织建设、改革干部人事制度，整顿机关作风，深入反腐败，搞好廉政建设，提高各级党组织的执政能力。七是深入贯彻落实科学发展观，继续解放思想，坚持改革开放，推动科学发展，促进社会和谐，全面建设小康社会。

这一时期，在毛泽东思想、邓小平理论、"三个代表"重要思想和科学发展观的指导下，电白历届县委把握时代脉搏，领导全县人民，风雨兼程，走过艰辛的改革开放历程，把电白县改革和发展事业不断推向崭新的阶段。

改革与发展，是这一时期的头等任务。党员干部懂得运用中国特色社会主义理论和科学发展观来研究改革与发展问题，成为探索与实践的主要潮流，推动电白县的各项事业持续健康向前发展。

一、特色农业发展大有起色

作为农业大县的老区电白，至 2002 年，全县荔枝种植面积扩大到 2.4 万公顷，成为全国连片种植面积最大的荔枝产业带，年总产 12 万吨，总产值 7 亿多元；沉香种植面积超过 1 万公顷，成为全国人工种植沉香第一县，被评为"中国沉香之乡"；"水东芥菜"成为中国首获国家地理标志和农产品地理标志认证的优质蔬菜，产品远销全国各地及港澳市场，年产值 5 亿元以上；电白出产的红心鸭蛋被誉为"中国第一蛋"，其正红红心鸭蛋成为广东省著名商标和绿色食品，年产销量突破 1 亿元大关；在沿海滩涂养殖的南美对虾，年产量 10 多万吨，产值近 20 亿元；在老区沙琅、观珠两个养殖小耳花猪大镇的带动下，全县小耳花猪能繁母猪发展到 3.5 万头，年产小耳花猪 65 万头，产值超 1 亿元。主产区的老区沙琅、观珠有八成农户饲养母猪，每年农民饲养母猪单项收入人均达到 1200 元。沙琅、林头等镇的龟鳖养殖迅猛发展，年产各种龟鳖 50 万只，产值 20 多亿元。沙琅镇被誉为"中国养龟第一镇"和"中国石金钱龟之乡"。

二、基础设施建设发展加快

电白县城人民路、厂前路、埗头路、东阳北街、澄波街、忠良街、西湖街、向洋大道、海滨大道、上排路等街道全面水泥硬底化、沥青化，并安装探臂式和双向路灯。城区高层建筑及各饭店、酒家、宾馆、商场、广场均安装霓虹灯。建起了自来水厂，县城年供水量 630 万吨，其中工业用水 48 万吨、建筑用水 21 万吨、管理用水 88 万吨、生活用水 473 万吨。全县电网改造改建 10 千伏线路 600 多千米，改造变压器台区 1021 个，更换配电变压器 1016 台，总容量 49298 千伏，改造低压线路 2563 千米，更换不合格电能表 8 万多只。改造后的 10 千伏线损降到 8.9%，低压线损降到 11.2%，农村供电量同比上升 23.5%；农村到户电价由 1999 年的 1.5 元/千瓦时降到 2002 年的 0.79 元/千瓦时；县城街道安装路灯 2000 多盏。三茂铁路穿境而过，设有电白、那霍、沙琅、霞洞、热水塘 5 个火车站；一级公路国道 G325 线（今改称国道 G228 线）横穿境内，省道 S280、S281 线（今升级为国道 G325 线）等直贯南北，县道、乡道四通八达。形成公路、水路、铁路并举的交通网络。全县通信发达，至 2002 年先后开通程控电话和移动电话。全县拥有大小旅馆 100 多家，其中大型旅馆 10 家，床位 3200 多个。

三、科教文卫发展成果丰硕

至 2002 年，全县科技成果获国家级奖 14 项，省级奖 30 项，市级奖 97 项，县级奖 103 项。全县有各级各类学校 558 所，在校学生 26.6 万人，约占全县总人口的 20%。形成一个普教、职教、成教结构相对合理、功能齐全的农村教育体系。全县建起乡镇文化站 25 个，其中特级站 1 个、一级站 6 个、达标站 18 个；乡村文化室 380 间（其中电城楼阁文化室是全省"八佳文化室"之一，沙院村被评为广东省文明村）。农村建立超万册图书室 3 个，千村书库 28 个，农村电影放映队 60 个（其中岭门山前电影队获"全国先进电影队"称号，计生电影队被评为"科教电影汇映先进单位"）。新建乡镇文化中心 3 座，翻建乡镇电影剧院 12 座，全县共有影剧院 21 座。拆旧建新城镇电影院 3 座，新建县文化馆大楼 2000 平方米，村级文化综合楼 2 座。县里投入资金建设了县图书馆、博物馆、文艺创作中心、县艺术团、新闻图片社、影剧院、电影公司等 7 个文化事业机构的办公和活动场所，以及解决部分困难的干部职工住所。全县有上等级医院 10 家，其中二级甲等医院 2 家、一级甲等医院 8 家。乡镇卫生院实现人员、设备、房屋三配套。水东镇、电城镇、沙琅镇被评为"广东省卫生先进镇"，水东镇还获得"全国卫生先进单位"和"全国卫生先进集体"称号。全县医疗卫生单位有干部职工近 3000 人，拥有建筑面积近3.5 万平方米，病床 1548 张，救护车 20 辆。全县人均寿命 71 岁，达到同一时期全国的人均寿命水平。

四、经济发展成就十分亮眼

至 2002 年，全县地区生产总值首次突破百亿元大关，实现109.5 亿元，比 1997 年增长 51.9%，年均递增 8.7%；工农业总产值 146.37 亿元（其中工业产值 80.11 亿元、农业产值 66.26 亿元），比 1997 年增长 34.6%。社会商品零售总额 37.01 亿元，比1997 年增长 130.7%；全县人均地区生产总值、人均财政收入、人均社会商品零售总额、人均社会固定资产投资、人均城乡居民储蓄存款、职工平均工资、农村人均纯收入等 7 项经济指标位居茂名市前列。

特别是到党的十八大召开前的 2012 年，全县地区生产总值仅用十年时间就突破 300 亿元大关，实现 302.55 亿元，比上年增长14.5%。城镇居民年人均可支配收入 15054 元，农村居民年人均纯收入 9491 元，分别比 1985 年增长 22.5 倍和 21.2 倍，年均分别增长 12.4% 和 12.2%。城乡居民储蓄存款余额 180.54 亿元，比 1978 年的 0.06 亿元增长 3000 多倍，年均增长 26.6%。

中共十八大以来老区电白的辉煌业绩

2012 年 11 月，党的十八大召开之后，茂名市正式实施向东向南靠海发展战略。在茂名滨海新区等三大经济发展平台的驱动下，老区电白人民在党的领导下，发扬光荣革命传统，与时俱进，扩大开放，全力推进经济社会建设，电白成为茂名市发展新的增长极，也迎来了极大的发展机遇。

一、十八大后电白经济发展稳居全市第一

十八大以来，电白经济已走上快速发展之路，其各项数据在全市高居首位。2013 年，全县实现地区生产总值 345.47 亿元，同比增长 13.1%。人均地区生产总值 27815 元，增长 12.6%。固定资产投资 110.15 亿元，增长 58.9%。社会消费品零售总额 128.32 亿元，增长 11.7%。外贸出口额 12809 美元，增长 30.9%；实际利用外资 632 万美元。地方公共财政预算收入 12.59 亿元，增长 24.1%。城镇常住居民年人均可支配收入 17598 元，增长 13.7%；农村居民年人均纯收入 10779 元，增长 12.9%。

2014 年，电白县与茂港区合并为电白区，全区地区生产总值首次突破 500 亿元大关，达到 516.79 亿元，同比增长 10.3%。人均地区生产总值 31218 元，增长 9.9%。固定资产投资 224.83 亿元，增长 33.7%。社会消费品零售总额 210.87 亿元，增长 9.5%。外贸出口额 0.65 亿美元，实际利用外资 0.51 亿美元。地

方公共财政预算收入首次突破 20 亿元，达 20.84 亿元，增长 16.9%。城镇常住居民年人均可支配收入 18982 元，增长 10.5%；农村常住居民年人均可支配收入 11970.5 元，增长 12%。白云江高（电白）产业转移园区、电白区回归反哺创业园、登步路、环湾大道、海滨大道、新城大道、凤凰大道、海滨跨海大桥（登步大桥）、进港大道、博贺新港区等重点项目建设全面铺开。

2015 年，全区实现地区生产总值 538.84 亿元，同比增长 10.8%。人均地区生产总值 32427 元，增长 10.4%。固定资产投资 317.49 亿元，增长 38.1%。社会消费品零售总额 229.68 元，增长 10.8%。外贸出口额 1.31 亿美元，增长 25%；实际利用外资 0.64 亿美元，增长 60.8%。地方公共财政预算收入 23.82 亿元，增长 13.4%。城镇常住居民人均可支配收入 20906.8 元，增长 10.1%；农村常住居民人均可支配收入 13290.9 元，增长 11%。粤西农产品交易中心、亿丰全球家居广场、电白棚户区改造、广东粤电电白风电项目、洗夫人故里文化旅游景区、六韬珠宝创意产业园区、包茂高速电白段、电白大道、水东大道、迎宾大道、向阳大道、安乐东路、兴华路、人民广场、东湖和西湖改造、水东湾引罗供水工程、区污水处理厂二期、海尾垃圾处理场搬迁及滨海新区生活垃圾无害化处理厂等重点项目建设全面推进。

2016 年，全区实现地区生产总值 580.97 亿元，同比增长 8.1%。人均地区生产总值 34963 元，增长 7.8%。固定资产投资 385.83 亿元，增长 21.5%。社会消费品零售总额 251.06 亿元，增长 10.2%。外贸出口额 10.32 亿美元，增长 27.3%；实际利用外资 0.22 亿美元。地方公共财政预算收入 23.66 亿元，增长 3%。城镇常住居民人均可支配收入 22858 元，增长 9.3%；农村常住居民人均可支配收入 14610 元，增长 9.9%。由南方日报社主办、南方都市报社主导完成的"粤东西北 2015 年度县市区振兴指标"

报告显示，电白区以 89.8 分获得粤东西北 29 个区榜单第一名。

这一年，包茂高速茂名段建成通车，深茂铁路电白段铺轨工程完成九成，汕湛高速电白段路基工程基本完工；茂东快线建成通车，包茂大道南建成通车，登步大桥主体建设完工。东湖公园、西湖公园主要改造项目完成。水东海堤森高段实现合龙，森高排洪河和水闸建成使用，滨海红树林科普教育栈道一期完工。占鳌广场、电白沉香文化公园、电白沉香博物馆和荔枝公园规划建设步伐加快，寨头湿地公园和水库公园相关工作加紧推进。水东湾城区引罗供水工程完成投资 4.1 亿元。潘州大道、工业大道南、西部快线等项目提前完成市下达的征地拆迁任务，工程施工加快推进；国道 G228、G325 水毁路面修复工程完工；在建的县乡公路项目 4 个，总投资 4600 万元。长晟油脂通用码头扩建工程完成投资 6000 万元，油地码头主体工程完成，连接高铁站一级公路的前期工作推进顺利；完成 130 千米农村硬底化公路建设任务，麻宿线 X638 段和县道 X639 段路面修补改造工程竣工，4 座危桥改造工程基本完工。电力、通信、供水等基础保障项目建设成效显著。水东城区及镇村环境绿化美化亮化效果明显，宜居宜业宜游美丽滨海新城初具规模。

二、十九大后老区经济发展硕果喜人

2017 年，是党的十九大胜利召开之年。这一年，全区上下坚持实干兴区，确立"建设成为粤西县域经济排头兵、湛茂阳临港经济圈核心区、特色优势产业集聚地，当好建设产业实力雄厚的现代化滨海城市、打造广东沿海经济带上的新增长极主力军"这一战略定位，不忘初心，牢记使命，全力推进老区沿海经济带建设，深入实施乡村振兴战略，致力于打造生态宜居美丽电白，着力打造经济强区、文化强区，加快建设共建共治共享的社会治理格局，切实提高保障和改善民生水平，加快建设宜居宜业、平安有序的滨海新城。

坚持产业兴区、实业强区，以打造产业链为抓手，加快推进一二三产业融合发展。全区立足粮油、果蔬、南药、水产、禽畜五大产业，做大做强优势特色产业，加速将农业资源优势转化为产业优势，打造好水东芥菜、小耳花猪、龟鳖养殖、南药、沉香（奇楠）、热带水果、水产养殖、生态稻米（有机米）、优质花生、冬种蔬菜、红心鸭蛋等特色产业基地。重点打造"四片四带"，即以优质稻、花生、外运菜为主导产品的平原片粮油蔬菜产业带，以红心鸭蛋、海水养殖、海产品加工为主导产品的沿海片海洋经济产业带，以山地鸡、生猪、热带水果为主导产品的丘陵片林果畜产业带，以南药、龟鳖为主导产品的山区片林果药龟产业带。其各项经济成就继续稳居全市首位。

（一）电白品牌塑造响当当

老区电白加快推进区域农产品公共品牌建设，擦亮老品牌，塑强新品牌，引入现代要素改造提升传统名优品牌。成功打造水东芥菜、小耳花猪等国家地理标志产品，培育出农爵士有机大米、丞丰妃子笑荔枝等广东省名牌农产品。近年先后被评为中国沉香之乡、中国建筑之乡、中国石金钱龟之乡（沙琅）、广东省龙舟之乡、广东省林业生态区、广东省水产品生产先进区。

（二）农业产业化迈大步

2017年，全区有耕地面积4.37万公顷，粮食种植面积55497公顷，同比增加1942公顷；产量30.84万吨，同比增加11397吨。其中水稻种植面积达到44088.6公顷，同比增加1421.7公顷；产量24.37万吨，同比增加7359吨。花生种植面积16600.5公顷，同比增加10.8公顷；产量5.06万吨，同比增加654吨。蔬菜种植面积33151公顷，同比增加822公顷；产量84万吨，同比增加3.6万吨。水果种植面积4.2万公顷，总产量31万吨，同比增长4%；总产值20.5亿元，同比增长5.2%。其中荔枝2.7万公顷，龙眼6800公顷，其他水果8500公顷（香蕉3000公顷、黄榄110公顷、芒果150公顷、杂果5240公顷）。电白沉香（奇楠）种植面积全国第一，涌现了君元药业、和泰沉香等著名沉香企业。全区种植业产值7.19亿元。全年市级以上重点农业龙头企业发展到28家，新增农民专业合作社183家，全区农民专业合作社发展到1400家。粤西农批、冠利海洋生物产业园发展迅猛，泽丰园农产品有限公司获得"广东省农产品电子商务示范企业"称号。继续保持全国农技推广示范区和全省产粮大区、全省产油大区、全省现代农业科技示范区地位。全区畜牧业发展规模庞大，存栏能繁母猪69929头，广东省种猪扩繁场6个，存栏300头以上规模化猪场283家，全国重点生猪养殖示范场3家，省重点养殖场5家。小耳花猪种母猪3.5万头，观珠镇、沙琅镇小耳花猪生产形成基地化，年产小耳花猪苗70多万头，猪苗远销港澳地区及中南五省，产值2.5亿元。养猪业逐步发展为全区新的经济增长点，成为农村的支柱产业之一，是农民增收的重要来源。全年生猪饲养量202.28万头，存栏量70.64万头，出栏量131.64万头，连续十年获得全国生猪调出大县（区）奖励；金钱龟、石金钱龟等龟鳖养殖发展惊人，年饲养量超过80万只，产值数十亿元；耕牛年末存栏量3.7万头；家禽饲养量2626.05万羽，出栏量1921.21万羽，存栏量704.84万羽，肉类总产量128341吨，全年饲养蛋鸭30余万只，产红心鸭蛋0.45万吨，产值0.58亿元。全区畜牧业实现年总产值33.42亿元。渔业以海洋捕捞和海水养殖为主，潮间滩涂面积85平方千米，是海水养殖业的主要场所；全区2017年在册捕捞渔船938艘，总功率5.3万千瓦。更新建造大马力钢质渔船，全年拆解木质渔船25艘，新建钢质渔船

18 艘，功率 1042 千瓦。全年水产品总产量 35.04 万吨（海产品产量 31.3 万吨、淡水产品产量 3.74 万吨），同比增长 3.1%；全年渔业总产值 35.52 亿元，同比增长 10.3%。

（三）工业发展提速

2017 年，全区工业投资 206.36 亿元，同比增长 8.5%；工业技改投资 62.96 亿元，同比增长 90.2%。新增规模以上工业企业 19 家，257 家规模以上工业企业实现增加值 171.33 亿元，同比增长 11.6%。不断完善工业园区设施，有序推进"一园八区"建设[一园：电白产业转移工业园；八区：六韬片区、反哺创业片区、冠利达片区、林头省级农产品加工示范片区、粤西农批片区、马踏高新制造业片区、沙琅县域副中心产业片区（金龟产业园、综合加工园、商贸物流园）、沙院绿色建筑产业园]，电白产业转移工业园污水处理厂改建扩容工程、反哺创业片区二期土地平整工程基本完工。累计入园企业 162 家，其中建成投产企业 105 家、在建企业 29 家、新引进优质企业 28 家。六韬珠宝创意产业园被广东省政府发展研究中心总结为"以市场化为主导创新产业园区办园模式"，得到省主要领导批示肯定，全年有 110 多家企业及个人投资者成功签约，新宝、艺宝、金松鼠等 8 家珠宝加工企业投产，全年实现进出口额近 20 亿元。冠利达海洋产业园的水产品加工车间正式试产。粤西中药港第一期主体工程基本完工。金龟产业园建设顺利推进。香港波顿香精香料集团拟投资 33 亿元入驻反哺园建设香精香料产业园，2017 年末投资协议正式确定。食品加工、香精香料、珠宝加工、医药与健康、绿色建筑、海洋产业等六大主导产业进一步壮大。皮鞋、电器、制衣等传统优势产业创新发展。在全市县域发展交流会投票测评中，电白区工业园经济发展好评票数蝉联第一。

（四）第三产业迅猛发展

2017年，革命老区电白特色旅游业发展迅猛，全域旅游开发覆盖面进一步拓展，电白区成为广东省首批"省级全域旅游示范区"创建单位。御水古温泉二期正在规划征地；投资20亿元的浮山岭项目植上部分名贵植物和修建部分施工道路，停车场围闭工作抓紧进行；观珠镇观珠温泉项目抓紧建设景区道路基础设施，下一步继续推进征地工作；沙院温泉、粤西野生动物园等项目进入征地程序。全区乡村旅游发展如火如荼。林头镇大器村的绿洲生态园一期建成开放；罗坑里平村鹅凰小镇项目完成通往景区道路，景区绿化工作抓紧进行；沙琅镇排仔村金龟产业园项目正式开工，项目相关建设稳步推进；望夫镇丰垌村六和书院美丽乡村科教中心等一批乡村旅游项目全面加快建设。全区有国家AAAA级旅游景区5个，AAA级旅游景区2个。2017年接待游客590.6万人次，旅游总收入42.5亿元，同比分别增长11.2%和8.7%。全年全区商品房销售面积161.13万平方米，同比增长57.7%。全区限额以上批零业销售额111.02亿元，规模以上服务业营业额12.87亿元，社会消费品零售总额280.41亿元同比增长8.9%。此外，全区重点培育发展农产品深加工和流通型农业龙头企业，不断延伸农业产业链条，增加农产品附加值。还以"互联网＋""旅游＋""生态＋"等模式，大力发展乡村旅游、休闲观光农业和农村电子商务、农产品冷链物流配送等农业新产业、新业态，培育农村新的经济增长亮点。

（五）重点项目建设强势推进

2017年，全区汕湛高速电白段及茂名港支线高速公路年底建成通车，长晟油脂通用码头扩建工程完成投资12000万元，连接高铁站一级公路完成投资5630万元，交通及产业配套设施逐步完善，保障经济稳定健康发展。产业工程方面，茂名市亿丰全球家居广场竣工验收，广东冠利海洋生物产业园区已开始试产，茂名六韬珠宝创意产业园等一大批项目正逐步推进，聚力推动全区产业规模扩大发展，逐步形成产业集群优势。民生工程方面，电白区妇幼保健院搬迁新建工程、电白一小搬迁建设项目、电白区体育公园等顺利动工，电白区图书馆、综合档案馆、规划展览馆、博物馆和美术中心等"四馆一中心"项目正加紧落地，投入使用后将有望进一步解决民生需求。滨海新区起步区深水港口建设卓有成效，防波堤工程接近完工，广州港通用码头建设顺利推进。高新区科技企业孵化器晋升国家级，圆梦创客成为国家众创空间，11 个科技项目建成投产。水东湾新城建设步入快车道，高标准规划环湾城市景观风貌带，规划建设南海旅游岛"五大公园"，水东湾海洋公园、歌美海公园（一期）完成建设，新建智城大道、海城西路，国际会展中心、市中心医院（一期）主体工程基本完成。

（六）生态环境整治加快

2017 年，电白区完成淘汰黄标车年度任务。全面推行河长制，大力开展中小河流整治，建好龙记河林头镇新圩段示范点，实现河畅水清堤固岸绿景美。大力抓好水东河、寨头河黑臭水体治理工作。水东湾截污、城区污水处理厂扩建工程加快推进。整区推进镇村生活污水处理设施建设 PPP（政府和社会资本）项目全面启动，安乐净水厂、16 个镇级污水处理厂、1564 个村级污水处理站建设加快推进。深入实施城乡清洁工程，330 个村（社区）实行垃圾收运有偿服务。深入开展新一轮绿化电白大行动，开展创建国家森林城市活动。

（七）城区扩容提质提速

2017 年，电白区实施城市规划"一体两翼"战略，全力推进城区重点项目建设。包茂大道南建成通车。厂前路、人民路、新湖路改造全面完成，完成东阳南街、东阳北街等 13 条道路黑底化改造。东湖公园、西湖公园主要改造项目竣工。红树林科普教育栈道（一期）、水东海堤森高段实现合龙，建成森高排洪河和水闸，海堤绿道、观鹭阁建成投入使用。登步大桥完工。水东大道镇东段、环市路建成通车。迎宾大道北扩建完成。向洋大道（二期）、凤凰大道、开元路、体育路、迎春路等建设工程加紧实施。兴华路、登步路、环湾路前期工作进展顺利。水东湾城区引罗供水工程加快推进。荔枝公园即将建成。体育公园、水库公园、沉香文化公园正式动工，寨头湿地公园前期工作基本完成。完成区博物馆、规划展览馆、美术中心规划设计。区图书馆、档案馆项目全面启动。东湖核心价值观主题公园建设加紧推进。电白区被列为广东省 15 个整县（市、区）捆绑推进生活污水处理设施建设项目示范区之一，整区推进镇村生活污水处理设施建设 PPP 项目正式开标，总投资 10.2 亿元。绿能环保发电项目前期工作顺利开展。实施城乡清洁工程，马踏、岭门、电城、树仔、麻岗、陈村、南海、高地、沙院、小良、七迳、坡心、林头、霞洞、观珠、沙琅、黄岭、那霍、罗坑等革命老区镇（街）均实行垃圾转运有偿收费全覆盖；实施城区绿化美化亮化提升工程，整治改造多条城区道路，整治城区"六乱"（乱设摊、乱堆物品、乱搭建、乱晾晒、乱涂画、乱招贴）黑点，城市的品位和活力大大提升；重拳打击违章违法建设行为，对茂东快线、G228、G325 沿线等重要交通节点进行改造，水东城区及镇村环境绿化美化亮化效果明显，宜居宜业宜游美丽滨海新城初具规模。大力抓好沙琅县域副中心建设，设立公共服务中心沙琅分中心，一批项目动工，完成固定资产投资 12.79 亿元，增长 30.6%。

（八）乡村振兴战略全面实施

2017 年，电白区大力推进新农村建设和 35 个省定贫困村创建新农村示范村。镇村规划编制顺利推进，35 个省定贫困村 446 个自然村规划编制完成。全面开展"三清三拆三整治"（"三清"：清路障、清淤泥、清垃圾；"三拆"：拆危房和残破建筑、拆违章建筑、拆旱厕；"三整治"：整治生活垃圾、生活污水、水体污染）工作。全区 336 个村级公共服务中心已于 2016 年底全部建成并通过省验收。总投资 1.49 亿元的村村通自来水工程于 2016 年开工建设，已建好 312 千米，覆盖所有行政村；建好"四好农村路"51.6 千米；开展"一村（居）一公园"规划建设，全区建成好心（好家风）公园 107 个，在建 93 个。以"好心文化"为引领，全区评选出"文明户"3000 多户、"电白好心家庭"20户、"电白好人"20 户、"最美家庭"20 户。全区设立善行义举榜、乡贤榜等 60 多个。大力宣传道德楷模的先进事迹，全区人民群众整体素质和文明程度日益提高。观珠镇观珠村被评为全省家庭文明建设示范点。沙琅镇获第二批"全国特色小镇"称号，沙琅镇尚唐村、沙院镇里铺仔村、高地街道福建村等 8 个村获得"广东名村"称号，观珠镇沙垌村成为幸福宜居示范村，社会主义新农村建设全面推进。投资 10.58 亿元的绿能环保发电项目已完成前期工作。投资 10.59 亿元的 16 个镇级污水处理厂及 1000个村级污水处理站建设工作有序推进。全年安排 1 亿元资金开展100 个生态宜居美丽乡村示范村建设。全区 318 个村（社区）已完成规划设计，35 个省定贫困村 1929 个项目建设基本完成。

（九）老区镇村打响各自品牌

林头镇新圩老区村等 9 个村被打造成文明乡风建设示范村，以点带面，全面铺开。革命老区沙琅镇获得"广东名镇""全省十大明星小镇"称号，革命老区罗坑镇被评为"广东省森林小镇"；沙琅尚塘跃进村、沙院里铺仔村、高地福建村等 8 个村获得"广东名村"称号。观珠镇沙垌老区"沉香一条街"和奇楠沉香系列产品闻名全国，沙琅镇谭儒老区的"谭儒萝卜干"远近闻名。

（十）老区经济成果丰硕

近年来，英雄的电白老区人民在党的领导下，充分用足用活政策和良好的区位优势，利用"三大经济发展平台"和发展县域副中心等条件，加快推进老区经济社会全面发展。2017 年，全区地区生产总值首次突破 600 亿元大关，实现 613.69 亿元，同比增长 8%。人均地区生产总值 39793 元，同比增长 7.7%。固定资产投资 392.7 亿元，同比增长 13%。社会消费品零售总额 280.41 亿元，同比增长 8.9%。外贸出口额 24.84 万美元，同比增长 139.4%；实际利用外资 3063 万美元，同比增长 41.4%。地方一般公共预算收入 23.94 亿元，同比增长 2.8%。城镇常住居民人均可支配收入 24968 元，同比增长 9.2%；农村常住居民人均可支配收入 15772 元，同比增长 8%。在现有的 20 个革命老区镇（街）中，其经济发展也十分喜人。

马踏镇　是革命老区镇，老区人民发扬当年的革命精神，团结拼搏，实现经济社会各项事业全面发展。2017 年实现规模以上工业总产值 4.54 亿元，同比增长 38.3%；林牧渔总产值 4.14 亿元；全社会固定资产投资 13.33 亿元，同比增长 25.1%；税收收入增减幅度变化明显，国税收入 514 万元，地税收入 146.8 万元。老区大镇马踏区位优势明显，有沈海高速、深茂铁路、汕湛高速（博贺疏港支线）、进港大道、范望公路等重要交通路线，其中沈海高速所设的马踏出入口和深茂铁路所设的马踏站，是电白东大门交通枢纽。龙湾加油站、宏悦大酒店项目竣工，阳光玫瑰花园房地产项目立项动工，马踏古镇旅游景区、天涯温泉和马踏高新制造业片区被列入区重点建设项目并有序推进，龙湾等革命老区村发展日新月异。

岭门镇 2017 年实现三大产业总产值 28.8 亿元，同比增长 13%，其中规模以上工业总产值 13.01 亿元，同比增长 35%；固定资产投资 9.39 亿元，同比增长 25.3%。5000 万元规模以上企业 5 家，其他批发行业 13 家，餐饮行业 60 家。镇污水处理厂、各自然村污水处理站建设稳步推进，乡村净化、绿化、亮化、硬化、美化"五化"工程进展顺利。盛产金钩虾米、大榜蚝、膏蟹，其中对虾养殖面积和产量位居全区第一；农产品除盛产优质米外，还有东河沙葛、新丰豇豆、台湾莲雾、木瓜等地方品牌特产。境内的"十里银滩""天灯石林""通天洞""龙头秀水""五桂庐""渔港金堤"等人文自然景观吸引无数游客。被誉为"鱼米之乡"和手机电池及建材批发之乡。海坡、祖岱等老区村飞快发展。其中海坡村是茂名市文明村、茂名市民主法治模范村、广东省民主法治示范村和全国十大"爱民固边模范村"。

电城镇 2017 年三大产业总产值 50.25 亿元，同比增长 10%。其中工业总产值 6.8 亿元，同比增长 0.6%；农业总产值 8.14 亿元，同比增长 2.6%；第三产业总产值 12.93 亿元，同比增长 3.2%；固定资产投资 22.38 亿元，同比增长 21.2%。全年完成税收 16090.5 万元，同比增长 10.3%。近年被评为全国重点镇、广东省新型城镇化"2511"绿色建设试点镇。位于老区山兜村的娘娘庙修缮工程竣工；冼太夫人故里景区、圣母大道、冼太大道绿道、吉达大道、博贺湾大桥、茂名港大道延长线、北山油罐区事故风险池、智能循环水产养殖等项目建设如火如荼；保利大都会、清源湾等大型房地产购销两旺；清源湾惠多多 2.5 万平方米购物广场开业，成为粤西乡镇配套完善的超大型商业中心和电城商业新地标。

树仔镇 2017 年三大产业总产值 28.11 亿元，同比增长 13.5%。其中工农业总产值 20.86 亿元，同比增长 10.3%，其中规模以上工业企业产值18.41亿元，占工业总产值87.8%；第三产业总产值7.25亿元，同比增长12.7%；固定资产投资9.3亿元，同比增长13.8%。全年税收186.3万元，同比增长15.8%。全年新增"四上企业"（规模以上工业企业、资质等级建筑业企业、限额以上批零住餐企业、国家重点服务业企业）4家。特别是老区登楼村，全村总面积仅1.7平方千米，老区人口至2017年末发展到上万人（其中党员103人）。改革开放后，老区人民紧紧抓住经济发展这条主线，先后办起支农肥厂、玻璃厂、化工厂、香精厂、渔业加工厂、鱼粉厂等民营村办企业，产品远销全国各地。特别是其香精生产占据全省半壁江山，在全国市场占有率达60%以上，成为全国香精香料主产区。该村先后修缮了省级文物保护单位——天后宫，建起了登楼文化中心、登楼文化广场、登楼文化长廊、登楼灯光球场、广场舞台等大型文化设施，使登楼成为电白文化设施最齐全的行政村。该村家家建有2～11层高的洋楼，还拥有多个数亿元企业家，以及有身家数十亿元的大富豪，成为电白全区最富裕的村。该村还是省文明村、省卫生村和省百强村。连国内知名明星吴小莉、宋祖英、毛宁、容祖儿、罗雪娟、腾格尔、容中尔甲、汤宝如等都来登楼村现场献艺多次。

麻岗镇　2017年三大产业总产值69.5亿元，同比增长9.4%。其中工农业总产值59.4亿元，同比增长10.6%；第三产业总产值10.1亿元，同比增长13.4%；固定资产投资18.66亿元，同比增长17.9%。全年税收1062万元，同比增长3%。全年新增"四上企业"3家，其中5000万元规模以上工业1家、服务业1家、批零业1家。新农村建设全面推进，全镇建起好心公园16个，完成"亮化工程"路灯安装400多盏，完成水泥路硬底化建设19.3千米。闻名全国的国家AAAA级旅游景区——御水古温泉旅游度假区投资1.2亿元的二期改造项目和温泉小镇建设项目进展顺利，投资 2 亿多元的希尔顿国际品牌知名连锁酒店顺利动工；老区仙桃园七彩庄园、石苟仙人湖生态旅游项目落地；占地面积 10 公顷的热水老年养老中心及占地面积 12 公顷、投资 2.5 亿元、集养老与商住于一体的茂名市海颐养老中心等两个项目选址落户麻岗。

陈村镇　2017 年三大产业总产值 30.1 亿元，同比增长 24.5%。其中工业总产值 26.2 亿元，同比增长 25.3%；农林牧渔总产值 9.97 亿元，同比增长 2.5%；第三产业总产值 2.6 亿元，同比增长 32.5%；固定资产投资 7.79 亿元，同比增长 109.5%。全镇税收收入 5900 万元，同比增长 9.2%。全年新增"四上企业" 6 家，其中 5000 万元规模以上工业 2 家、服务业 6 家。着力打造陈村渔村小镇，"陈村海鲜一条街"远近闻名。陈村餐饮企业发展到 39 家，全年营业总收入 1.63 亿元，同比增长 12%。登步大桥竣工，水东湾跨海大桥那行段正在加快建设，水东湾海堤森高段实现合龙，森高排洪河和水闸建成投用，滨海红树林科普教育栈道一期完工。寨头湿地公园、水库公园、体育公园和电白一小搬迁、妇幼保健院、碧桂园等项目在顺利推进中，向洋大道正在加紧施工，凤凰大道、登步路、兴华路和环湾路正在规划建设中。不远的将来，一个全新的陈村将展现在人们的面前。

水东镇　2017 年三大产业总产值 102 亿元，同比增长 12%。其中工业总产值 91.95 亿元，同比增长 18%；农业总产值 2.88 亿元，同比增长 8.6%。第三产业总产值 7.17 亿元，同比增长 11%；固定资产投资 61.26 亿元，同比增长 4.9%。全年完成税收收入 45139 万元，同比增长 104%，全年新增"四上企业" 32 家，其中 5000 万元规模以上工业 3 家。产业转移园进一步发展，有 162 家企业在园区落户；城区万达广场开工建设；新湖二路和海滨大道餐饮娱乐商业街集聚发展，一批知名连锁酒店进驻水东；成为国家 AAA 级景区的茂名六韬珠宝创意园招商工作顺利。在全区年度经济综合考核中连续获得第一名。东湖、西湖及红树林公园、水东湾栈道、绿道、十里长堤、油地码头、忠良沉香街等成为城区著名旅游景点,水东湾红树林湿地上榜"广东省十大观鸟胜地"。电子商务发展迅速,物流保持强劲势头,商贸流通繁荣昌盛,消费市场活跃。城区 15 条道路黑底化改造完成。是广东省中心镇和全区政治、经济、文化中心。

南海街道 2017 年工业总产值 44.18 亿元,农业总产值 4.74 亿元。农村居民可支配收入 8657 元,同比增长 2.8%。接待游客 546.2 万人次,带动景区人气和消费,取得良好的社会和经济效益,全年综合收益 2.78 亿元。南海旅游岛建设加快,着力打造以中国第一滩旅游度假区为中心的滨海旅游品牌带动发展,国家 AAAA 级旅游景区创建成功,新增海洋公园等旅游景点,南海旅游岛各种公共配套设施建设日臻完善,绿道沿途绿树成荫、景色迷人;水东湾跨海大桥、海洋公园、放鸡岛码头、社区公园、一滩东绿道、海城西路、滨湾路等项目建设顺利推进。

高地街道 2017 年实现工业总产值 32.19 亿元,同比增长 5.7%,其中规模以上工业总产值 8.85 亿元,同比增长 45.8%;渔业年产值 3.4 亿元。茂名市第一中学、茂名职业技术学院和电白高级中学落户该辖区,海洋大道、智城大道、海城西路等智慧城路网建成通车,歌美海公园建成开放,有力促进高地智慧城扩容提质。孟信坡村被评为"茂名市十大美丽旅游乡村"。

沙院镇 2017 年三大产业总产值 26.13 亿元,同比增长 25%。其中工农业总产值 15.9 亿元,同比增长 18%;第三产业总产值 10.23 亿元,同比增长 8.9%;固定资产投资 6.5 亿元,同比增长 35%;全年完成税收 994 万元,同比增长 8.1%。全年新增"四上企业" 1 家。推进广州科技职业技术学院、工业大道南、市一中实验中学、茂职院三期、信联、慧城三街、沙院片产业园、粤西文化沙院温泉度假村（一期）、粤西野生动物乐园等项目上马建设。美丽的海尾老区村成了社会主义新农村建设的样板村。

小良镇 2017年三大产业总产值7.6亿元，同比增长7.8%。其中工业总产值3.9亿元，同比增长27%；农业总产值1.37亿元，同比增长6.2%；第三产业总产值2.3亿元，同比增长9%；固定资产投资5.05亿元，同比增长19.3%。全年完成税收327.4万元，同比增长8.2%。全年新增"四上企业"4家，其中5000万元规模以上工业3家。新能源汽车项目和粤西野生动物乐园项目落户该镇。小良老区是农业大镇，形成水果生产、粮油生产、北运菜种植、禽畜养殖等生产基地；有抗战炮楼、"珍稀植物园"、"火焰山"和菠萝山水库、菠萝山森林公园、绿道等旅游景点；小良水土保持实验推广站被联合国选为"人与生物圈"科研基地之一，同时被评为全国水土保持科技示范园区和国家水利风景区。

七迳镇（高新区） 2017年三大产业总产值35.03亿元，同比增长4%。其中工农业总产值28.66亿元，同比增长3.8%；第三产业总产值6.37亿元，同比增长5.2%。全年新增"四上企业"2家，其中5000万元规模以上工业2家。该老区镇交通和地理位置优越，美丽的市民公园和茂名市共青河新城就在这一带。国道G325线、茂水、七那公路、茂名大道、包茂高速、市民大道、乙烯专线公路与铁路在境内纵横交错，闻名全国的茂名乙烯产业集团有限公司就坐落在境内；华南商贸城进驻；市民大道三期、西部快线、工业大道南、潘州大道、中德大道等市重点项目纷纷上马；茂名高新区正式升格为国家级高新区。

坡心镇 2017年实现工业总产值3.4亿元，国税、地税总收入9000多万元，创历史最高水平。固定资产投资20.08亿元，同比增长110.4%。全年新增"四上企业"11家，其中5000万元规模以上工业1家、批零业2家。荣获电白区年度经济综合考核第二名。粤西农批、亿丰全球家居广场、联塑粤西经营配送中心、港安石油化工公司等规模企业落户该镇，规划中的茂名市共青河新城也在这一带；爱国主义教育基地红十月高圳车村李灏旧居修缮完成，电白高圳车革命传统教育基地全面规划建设。

林头镇　2017年三大产业总产值34.67亿元，同比增长8.5%。其中工农业总产值13.6亿元，同比增长8%；第三产业总产值10.15亿元，同比增长12.5%；固定资产投资8.7亿元，同比增长15.5%。全年完成税收2721万元，同比增长6.3%。全年新增"四上企业"7家。年度经济综合考核全区排第三。倾力打造共青河和龙记河"一河两岸"景观。挖掘共青河历史文化，修复共青河码头，建设共青河好心公园，共青河文化景区初步形成，新修硬底化村道75条105千米，新建好心（好家风）公园27个、文化广场38个、文化活动中心35个，老区大器村入选茂名市十大美丽乡村。特别是革命老区华楼村，村里建有华楼起义纪念碑1座、好心公园2个、文化广场3个，家家户户楼房化，人均住房面积超过20平方米，全村呈现出一派欣欣向荣的景象，正朝着富强、民主、文明、法治的社会主义新农村康庄大道迈进。

霞洞镇　2017年三大产业总产值45.96亿元，同比增长16.5%。其中工农业总产值44.86亿元，同比增长15.1%；第三产业总产值1.1亿元，同比增长5%；固定资产投资8.5亿元，同比增长16%。全年完成税收839万元，同比增长11%。扎实推进浮山国际旅游风景区项目建设；邀请广州规划设计院对沙琅江沿岸的古荔贡园进行规划设计，打造全镇荔枝古文化风景名胜区；建起一批好心（好家风）公园；镇卫生院二期综合楼建成投用；全镇建成标准化村级卫生站9所，规划建设连接高铁站霞洞段一级公路；对高田、长格、塘涵等村委会办公场所升级改造；25个村（社区）公共服务中心全部建成投入使用，群众在家门口就能办事；完成全镇路灯安装维修工程，并挂上200个LED（发光二极管）中国结灯；全镇基本实现村村通路灯。

观珠镇 2017年三大产业总产值35.2亿元，同比增长13.8%。其中工农业总产值32.3亿元，同比增长11.6%；第三产业总产值2.9亿元，同比增长15.2%；固定资产投资22.2亿元，同比增长13.3%。全年完成税收182.7万元，同比增长11.8%。沈海高速（G15）观珠出口、深茂高铁电白站设在该镇；观珠奇楠沉香、小耳花猪天下闻名；观珠沉香小镇初步形成；龙珠温泉、瑜丰沉香创意产业园、观沙大道、观珠建材综合市场、滨河大道（南门河环镇大道）、"雅仕豪庭"和"骏景豪庭"房地产、骊珠湿地公园等一批重点项目相继上马建设。特别是革命老区沙垌村在中心村建起街道17条，建起硬底化街道1.5千米和安装上节能街灯。还建起沙垌文化中心和两个上千平方米的沙垌文化广场，供老区人民健身娱乐。同时还配套有学校、幼儿园、农贸市场、卫生站、农信社、治安警务室、垃圾处理中转站等基础设施，把老区打造成幸福宜居示范村，并获得"广东省名村"称号，成了社会主义新农村的样板村。

沙琅镇 2017年三大产业总产值20.18亿元，同比增长6.1%。其中工农业总产值7.32亿元，同比增长11.6%；第三产业总产值12.86亿元，同比增长3.2%；固定资产投资13.99亿元，同比增长40.1%。全年完成税收4784万元，同比增长17%。全年新增"四上企业"16家，其中5000万元规模以上工业7家、服务业1家、批零业8家。该镇先后获得全国造林百佳镇、广东省卫生先进镇、广东省中心镇、广东省第二批"小城镇健康发展综合试点镇"、茂名市文明镇、广东省宜居示范城镇、广东省农业特色产业名镇、最新一批全国重点镇、全国"一村一品"示范镇、广东省新型城镇化"2511"工程综合试点镇、中国养龟第一镇、中国石金钱龟之乡、全国特色小镇等殊荣。2017 年获批电白区县域副中心后,电白区公共服务中心沙琅分中心、电白北部片区应急救援指挥中心建成投入使用;沙琅水质净化厂、县域副中心产业园、"四纵四横"街道改造工程、琅宁塔修缮工程、新城公园二期改造工程等重点项目全面推进,致力打造"精品小城"。老区村建设进一步加快,其中老区谭儒村先后将村里 13.8 千米乡道全面硬底化,并安装好路灯 268 盏,解决老区人民行路难问题。同时,还建成抽水泵站 3 座,并引进高标准农田项目,建成三面光灌溉渠 13 千米,机耕路 8.8 千米。还争取到省投资 1000 多万元的旱坡改水田项目,大大改善了群众的生产生活条件。路通了,水通了,原先单一的水稻种植逐渐形成了水稻、花生、萝卜、辣椒、四季豆、冬粉薯等多种经济作物竞相发展的势头,先后建起萝卜、冬粉薯、桑葚等大型农业发展基地。另外,该村结合美丽乡村建设,建起吉仔坡好家风公园、华兰仔好心公园及 9000 多平方米的党建公园,推进吉仔坡农业观光旅游区基地建设,以特色农业带动乡村生态旅游业的发展,实现旅游经济新突破,当好老区农村发展的"领头雁",更好地带领老区人民发家致富,推动美丽的社会主义新农村的大发展大振兴,成为社会主义新农村建设的样板村。

黄岭镇　2017 年三大产业总产值 8.41 亿元,同比增长 9.5%,其中规模以上工业总产值 5.44 亿元,同比增长 43.9%;规模以上商贸总产值 1.12 亿元,同比增长 8.9%;固定资产投资 12.07 亿元,同比增长 45.9%。全年完成税收 422 万元,同比增长 10%。全年新增"四上企业"2 家,其中 5000 万元规模以上工业 2 家。在全区年度经济综合考核中获得三等奖。多年来,老区黄岭先后建起了木材厂、电厂、石灰厂、水泥厂，其中琅江牌水泥畅销全国各地和海外；还建成荔枝基地、龙眼基地、红心黄皮基地、花生基地、蔬菜基地等。投资 10 亿元的广东浮山腾飞国际旅游度假区（国家 AAAAA 级旅游景区）项目落户黄岭，南清村"乡村旅游示范村"大力发展绿色生态休闲旅游业；汕湛高速公路开通后，黄岭出入口周围经济区抓紧规划建设，霞洞至黄岭一级公路、黄岭高速出入口直通云潭镇一级公路、黄岭果蔬批发市场等重点项目正在加快推进。老区东华村等成为新农村建设示范点，建设有小公园、文化广场、篮球场和污水处理站等。并把东华河纳入美丽乡村建设，大力发展农业和河堤观光建设。

那霍镇 也是革命老区大镇，老区人民充分发挥山区优势，经济社会取得长足进步。2017 年三大产业总产值 16.6 亿元，同比增长 7.2%。其中工农业总产值 16.6 亿元，同比增长 7.2%；固定资产投资 8.01 亿元，同比增长 58%。全年完成税收 380.98 万元，同比增长 7.8%。全年新增"四上企业"3 家。着力打造客家文化特色小镇，引进绿色环保光伏发电项目，建成约 8000 平方米的光伏电站。特别是革命老区茶山村，在党和政府的大力支持下，先后建起水泥硬底化乡道 11 千米，实现村村通水泥路，完成了泥砖房改造，解决了老区人民住房难、出入难、行路难、运输难等问题；安装好 3 千米长的路灯，给老百姓晚上出行和休闲活动带来了极大的便利；建起 9 座山泉大水塔，安装自来水管 2.5 万米，使自来水覆盖全部自然村 900 多户村民，让 5000 多老区人民都饮用上清洁卫生的山泉自来水，解决了老区人民祖祖辈辈饮水难的问题；建起茶山万亩油茶基地，保持了绿水青山之美，成为"绿水青山就是金山银山"的践行者，被评为"广东省名村"和"电白区文明村"。

罗坑镇 2017 年三大产业总产值 15.11 亿元，同比增长

7.6%。其中工农业总产值 13.58 亿元,同比增长 6.7%；第三产业总产值 1.53 亿元,同比增长 16.8%；固定资产投资 4.67 亿元,同比增长 56%。全年完成税收 451 万元。全年新增"四上企业"1 家。该镇为实现"生态罗坑、幸福小镇"的奋斗目标,提出"保生态、推旅游、引产业、增收入、促发展"的发展理念,打造农业旅游、徒步休闲、登山运动、户外拓展、户外露营等各具特色的旅游体育运动基地,推行徒步、溯溪、登山、骑行、露营、攀岩等户外运动项目,推动旅游体育与绿色发展相融合。并制订"体育 + 旅游"特色长远规划,开发出 100 千米、60 千米、30 千米 3 条赛道,与珠海合壹体育文化发展有限公司签订体育赛事战略合作协议,每年都举办一次国际越野跑挑战赛。落户罗坑的鹅凰嶂陶源谷旅游度假区全面加快建设。全镇水电站发展到 27 座,建有罗坑、黄沙两座大中型水库,是电白名副其实的后花园和天然大氧吧,是广东省一级水资源保护区和广东省森林小镇,也是茂名市绿化模范镇,更是茂名市党建工作先进单位。其中老区万坑村被评为茂名市生态示范村,里平村被评为"茂名市十大美丽旅游乡村"和"茂名市生态示范村"。

(十一) 社会各项事业蓬勃发展

电白教科文卫体全面发展。2017 年,全区教育"创现"规划投入 8.17 亿元,区四小建成开学,区一小迁建全面启动,华南师范大学附属电白学校顺利落户；协力推动广东茂名健康职业学院、广州科技职业技术学院、茂名职业技术学院有新的发展。至 2017 年末,全区有普通高校 2 所,在校学生 7058 人；中等职业学校和技工学校 11 所,在校学生 2800 人；普通中学 49 所,在校学生 81147 人；小学 400 所,在校学生 115536 人。群众艺术馆、文化馆 1 座,公共图书馆 1 座,博物馆 1 座。卫生"创强"工作顺利推开,区人民医院扩建、区中医院和区妇幼保健院搬迁新建顺利推进，老区乡镇卫生院标准化和村级卫生站公建规范化建设已完成年度任务，全区有医院、卫生院 40 所，床位 7246 张。推进卫生强区建设，乡镇卫生院标准化建设按计划推进。疾病控制工作取得新突破，消除疟疾达到国家标准。成立区人才发展促进会和人才发展基金，筹措 2800 万元引进高层次和急需紧缺人才。实施创新发展战略，培育国家高新技术企业 16 家，专利申请 1893 件，授权 424 件，为全市之最。电白区代表茂名参加全省科技创新实践挑战赛获得一等奖。公共文体设施建设有新进展，群众性文体活动丰富多彩。其他社会事业均衡发展。2017 年，全区社保、医保和就业工作完成市下达任务，城镇登记失业率控制在 2.4%；全年城镇新增就业人数 11102 人，完成市下达全年目标任务 111%；促进"双创"人员 336 人，完成市下达全年目标任务 105%；社保扩面三项主要指标均提前超额完成市下达的目标任务，社会保险年度总体工作基本完成。全区低保对象实现"应保尽保"，全年发放低保金 10670.08 万元，发放医疗救助金 2526.69 万元，救助 53104 人次。全年累计投入精准扶贫资金 3.9 亿元，推动精准扶贫脱贫深入开展。改造农村危房 2577 户，完成市下达稳定脱贫年度任务。与广西马山县扶贫协作携手奔小康工作扎实推进。保障性住房建设顺利推进，2017 年完成建筑面积 59189 平方米，安排户数 232 户。自来水村村通工程超额完成年度计划任务。2017 年下半年，区司法局投入 100 多万元，在社区矫正中心监控指挥室建立省、市、区、镇（街）社区矫正四级联通指挥平台。该平台兼有音频、视频会议系统功能。指挥平台的建成，有效地提升该区社区矫正工作监管水平，特别是对辖下所有司法所每月组织社区服刑人员开展"两个八小时"教育学习和社区服务的情况、社区服刑人员每月报到参与活动的情况进行实时监控，大大缩短工作时间，减少人手不足的压力。成为全省第一个拥有四级联通专项工作指挥平台的县（区）。公安机关圆满完成中共十九大期间本地的安保维稳工作，实现进京上访零通报；打击电信诈骗、重点整治顺利"摘帽"；社区戒毒康复网格化、全覆盖，成功举办全省禁毒"6·27"现场会。"飓风2017"专项打击行动总成绩排名全市第一；推进基层派出所警务新机制全面落实，社会治安视频二期项目通过验收，"平安家园"视频报警系统全面推开，建成872个监控点。年度群众安全感、对政法工作满意度和平安建设知晓率总得分排名全市前列。全区社会治安呈现良性化发展态势，人民安居乐业，社会和谐有序。

6

第六章

牺牲英烈铸丰碑　英雄事迹昭日月

电白老区人民的牺牲与奉献

电白是巾帼英雄冼太夫人的故乡。历代子民继承了前辈冼太夫人爱国爱乡爱民的情怀,涌现了一代又一代和一批又一批可歌可泣的英雄人物。在那革命战争的烽火岁月,电白人民前仆后继,不屈不挠,顽强斗争,全县原有726个革命老区村庄计近20万人同情和支持革命。他们为了革命的胜利,出人出钱献物,许多老区村庄和革命家庭屡遭反动派烧杀抢掠,作出了重大的牺牲和奉献。可以说,没有老区人民的流血牺牲,就没有电白革命的胜利。

中华人民共和国成立后,又是老区人民发扬光荣的革命传统,爱国爱乡,无私奉献,在为保家卫国、改变家乡面貌、爱心献功臣、"双拥"工作和建设社会主义新农村等方面都作出了巨大的贡献。据民政部门统计,1924—2017年,电白牺牲的革命英烈有256名。其中,1924—1937年的大革命时期和土地革命战争时期,牺牲英烈13名;1937—1945年全民族抗日战争时期,牺牲英烈16名;1945—1949年解放战争时期,牺牲英烈54名;1949—2017年社会主义建设时期,牺牲英烈173名。

一、牺牲与奉献

在抗日战争时期,对革命牺牲和奉献最大的是大衙的华楼村。这个革命老区村在抗战时期共有近60名优秀儿女加入中国共产党和游击队,还有陈广邦等10名优秀儿女为革命献出了他们年轻的生命。

在解放战争时期，对革命牺牲和奉献最大的是那霍的茶山村。这个革命老区村在解放战争时期有近50名优秀儿女加入中国共产党和游击队，更有谢克光等12位同志为革命光荣牺牲。而茶山老区人民最值得大书一笔的是：节衣缩食用尽一切办法保障革命武装的运转。

自1946年起，茶山牛蕴村便是中共茂电边地区革命中心。茂电信以及电白党组织领导郑光民、王国强、钟正书、车振伦、周亮、王克、唐力生、张顺南、温业荣、吴连、黎光烈、蔡智文等许多革命骨干就在这里开展工作和战斗。1947年冬，电白党组织"北平区"工委在茶山牛蕴村宣告成立，王克任工委书记，唐力生任副书记，张顺南、温业荣、吴连任委员。不久，茂电信短枪队（国际队）和电白独立连（林彪队）也相继在茶山成立，革命队伍迅速发展到100多人。

一个小小的山村，一下子要养活上百人的革命武装队伍，其艰难程度是可想而知的。但茶山人民为保障这支革命队伍的生活、训练和与敌作战，老百姓就是家里穷得揭不开锅，也要节衣缩食支持革命。为解决部队的衣、食、住、行等问题，特别是部队在山上隐蔽时，茶山的群众总是千方百计送衣、送被、送粮、送盐、送菜上山接济。1947年4月，王国强带领茂电信独立连100多人在茶山、六文肚休整20多天，又得到茶山和珍珠垌群众送粮送衣上山解决温饱问题。其间，独立连被高州、电白、阳春三县近1000名国民党兵包围，危急时刻，又依靠茶山革命群众带路秘密从三官顶安全突围，才避免了重大损失。据统计，茶山人民在解放战争期间，共贡献粮油、蔬菜等10多万千克，生猪、肉牛、家禽等数以千计。正因为有茶山人民的大力支持，才保障了电白革命武装队伍的生存和发展。

1950 年解放海南岛战役期间，电白人民积极响应，及时成立了电白船工委员会，并在沿海的大榜、山前、爵山、莲头、南门头、博贺、红花尾、水东、陈村、南海等十个港口分别设立管理处。渔民献出 260 多艘渔船，还有 423 名船工、水手投入渡海训练。后来，全县有 262 艘船只和 164 名船工、水手直接参加渡海作战。渡海战役中，船工邓家兰、李叶（李亚明）、严家德、马献春 4 人英勇牺牲（后均被评为烈士），战斗结束，有 94 人被评为渡海功臣（大、小功各 47 人）；还有廖生、冼广奇等支前模范。

抗美援朝战争期间，电白老区人民更是表现出强烈的爱国主义热情。到处涌现父母送儿子、妻子送丈夫、恋人送情郎、兄弟争入伍的动人场面，水东、爵山（今属电城镇）、马踏等老区就有 60 多名青年报名参加志愿军，全县老区有上千名子弟加入中国人民志愿军，编成暂四团开赴朝鲜参战。在后方，电白人民迅速掀起踊跃自愿捐献飞机大炮的热潮，广大党员干部带头捐献，带动了人民群众，在短短一个多月时间，全县就捐献人民币 14.2 亿元（旧币）。抗美援朝期间，有 45 名电白英雄儿女英勇献身（后均被评为烈士）；还涌现了崔平、崔光汉、蔡起予、赖良、赖广等多名战斗英雄。

20 世纪 50 年代至 70 年代，电白民兵举国闻名。广大电白民兵配合部队剿除土匪，反特防变，保卫海防，保护人民生命财产安全，立下了汗马功劳。从 1958 年起，电白人民在王占鳌书记为班长的领导下，全县上下积极响应毛泽东"大办民兵师"的号召，先后涌现了大批优秀民兵和战斗英雄。1959 年，电白民兵李谦、邓义和出席全国民兵积极分子代表大会，受到毛泽东、朱德等中央领导的接见，中央军委授予"全国民兵积极分子"称号，并各奖步枪一支。1962—1963 年，电白组织民兵配合部队和各有关部门先后抓获 4 股美蒋偷登武装特务。1964 年，长春电影制片厂专程前来电白拍摄了以此反特故事为题材的电影——《南海的早晨》。其间，电白的著名功臣有：与美蒋武装特务作战荣立一等功的爵山公社（今电城镇）民兵杨妹九（后光荣当选中共九大代表）、杨大应（后光荣当选第四届全国人大代表）、吴钦、杨基、陈土年；大榜公社（今岭门镇）东山渔业大队 0204 号渔船民兵在海上赤手空拳与美蒋武装特务展开英勇搏斗并取得胜利的一等功臣赖传、赖乙、赖兆荣；1968 年电白再组织民兵抓获台湾 1 艘香港走私船；1975 年组织民兵又抓获偷登美蒋武装特务一股；还有 1979 年在对越自卫反击战中荣立一等功的吴士程、周尚、易景诗、邓二等英雄人物。

在 20 世纪五六十年代的社会主义建设时期，电白老区人民更是奉献良多。每年出动数十万建设大军，先后建起了一条闻名全国、长 80 多千米的沿海防护林带——"绿色长城"（著名画家关山月以此为题材，作了一幅《绿色长城》国画，至今还挂在北京人民大会堂广东厅）；1965 年 3 月 11 日，《人民日报》发表《学习电白，绿化家乡，绿化祖国》社论，号召全国绿化学电白，引来了国内外成千上万人的参观、学习；建起了罗坑水库、黄沙水库、旱平水库、河角水库、热水水库五大水库和罗黄、共青河、河角、热水四大人工渠，以及鸡打港、水东、青湖三大海堤，还建起大批大小水电站，使电白总库容达 2.61 亿立方米，引水流量 10 立方米/秒，灌溉面积 4.08 万公顷，占全县耕地总面积的 87% 以上，基本消灭了旱、涝灾害，结束了电白无电水东无水的历史；建起了"乡乡通公路，村村有大道"的交通网络，全县共修筑公路 128 条，通车里程长达 663.5 千米；建起了人称"市肺"的水东西湖公园、东湖公园，还在不毛之地建起了小良菠萝山森林公园和小良水土保持试验推广站，被联合国选为"人与生物圈"科研基地之一，还被定为"全国水土保持科技示范园区"和"国家水利风景区"，大大改变了城乡公共环境。

最值一提的是，电白老区人民为改变家乡的贫穷落后面貌，在参加一系列兴修水利、建设家园的艰苦过程中，始终是无偿献工献勤。他们从家中自带大米、干粮、番薯、咸菜、锄头、粪箕、箩筐，每天吃着这些粗粮淡饭、操着简陋的原始工具，天当房，地当床，顶着寒风酷暑，赤足上阵，靠着手挖肩挑，日夜奋战在各个工地上。经过几年艰苦卓绝的不懈奋斗，终于使电白在植树造林、农田水利、交通卫生建设等方面发生了历史性的巨变，使"五好县"之殊荣闻名省内外。

党和国家领导人对电白人民战天斗地、无私奉献的精神也给予了很高的评价。20 世纪 50 年代末，电白县和属下的坡心人民公社双双获得由周恩来亲笔签发"奖给农业社会主义建设先进单位"的国务院奖状这一殊荣。20 世纪 60 年代初，时任中共中央政治局常委、中央书记处总书记邓小平率领的中共中央检查参观团等一行 120 多人，在时任中共中央委员、中南局第一书记、广东省委第一书记陶铸的陪同下，风尘仆仆来到电白县检查参观水利、公路、绿化和人民群众生产生活等工作。邓小平一行对电白的评价很高：电白县生产、绿化、交通、水利、卫生等工作都做得很好，走在全国的前列，值得全国推广。

1960—2017 年，前来电白视察、调研的党和国家领导人有：邓小平、彭真、刘澜涛、杨尚昆、胡乔木、陶铸、刘伯承、叶剑英、李德生、康世恩、习仲勋、江泽民、李鹏、朱镕基、温家宝、田纪云、邹家华、陈慕华、宋平、王光英、王恩茂、尉健行、谢非、叶选平、曾庆红、张万年、丁关根、李长春、张德江、汪洋、胡春华等，他们都对电白老区人民所作出的各项杰出贡献给予了高度评价。

二、爱心献功臣

电白老区人民对为革命作出过重大贡献、自己的人民功臣始终没有忘记。他们时刻以人民功臣为榜样，并总是想方设法关爱他们、呵护他们。

1999 年，中华人民共和国成立 50 周年前夕。老区电白人民积极贯彻落实全国拥军优抚安置工作会议和全国双拥工作领导小组、民政部《关于印发〈全国开展"爱心献功臣行动"实施意见〉的通知》精神。中共电白县委、县人民政府、县民政局及时制订了切实可行的实施方案，对全县范围内的老烈属、老伤残军人、老复员军人（简称"三老"）等重点优抚对象奉献爱心。大家充分认识到，这些优抚对象曾经为建立和保卫共和国作出了重大的贡献，是国家和人民的功臣，是社会特殊保障的群体。本着对生活在县内的优抚对象有什么困难就帮助解决什么困难的原则，要求全县上下都要做到有钱出钱，有物出物，有力出力，多层次、多渠道、多形式地帮助老烈属、老伤残军人、老复员军人解决生活、住房、治病的困难。

具体做法是，首先在生产生活上的帮扶：帮耕、帮种、帮收、帮衣被等；其次是在住房上的帮扶：出工、出料帮助兴建或维修住房；再次是在医疗上的帮扶：由县、镇各医院、卫生院提供医疗技术、设备。组织医护人员志愿者，定人定点定时巡诊，及时上门为"三老"优抚对象看病治病。例如，马踏老区石鼓湾村的革命功臣莫毓芬，是一位参加抗美援朝在上甘岭战役中立功的老复员军人，但他老伴早亡，唯一儿子患有间歇性精神病，儿媳改嫁，留下莫老一人带着 3 个小孙儿生活，日子过得甚为艰难。赖以栖身的老房子年久失修，难以遮风挡雨。当活动小组了解情况后，由县、镇财政出一点，社会各界捐一点，共筹措资金 10 多万元，很快就为莫老建起了一座占地 200 多平方米的二层楼房，还为他办齐全了所有待遇和低保手续，使这个革命功臣之家生活大为改善。莫老逢人就说："当年我们这些军人为革命作出了牺牲，现在党和人民并没有忘记我们，我们真幸福啊！"

像莫老这样的例子不胜枚举。据民政部门统计，电白县开展"爱心献功臣行动"仅一年时间，全县共为革命功臣捐款近 100 万元，帮耕 2000 多公顷，修建房屋 4951 间，解决医疗救助 3876 人次，妥善安排 1980 名重点优抚对象的住房，成绩斐然。当年就被评为全国"爱心献功臣行动先进县"。此后又连续多年获得该项殊荣。

三、"双拥"撼天地

军民团结如一人，试看天下谁能敌。革命老区电白人民一直都有拥军支前的光荣传统，特别是"双拥"工作闻名全国。

数十年来，在为当地驻军服务方面，电白县（区）委、县（区）政府先后拨款 2000 万元用于建设人武部办公大楼和消防大队营房，完善边防大队及属下 6 个边防派出所的配套设施；拨款 30 万元为东山边防派出所专修一条国防公路，解决官兵"出入难"问题；拨款 500 万元解决各边防派出所官兵"办公用房难"问题；拨款 50 万元为驻地官兵添置体育器材；拨款 300 万元为各边防派出所购置车辆……

在优抚安置方面，电白县（区）严格执行茂名市优抚对象抚恤补助标准自然增长机制，优抚对象抚恤生活补助逐年提高，义务兵家庭优待金标准由早年每户每年 500 千克至 600 千克稻谷提高到 2017 年的 8000 多元。2017 年发放义务兵家庭及优抚对象优待金 3671 人 600 多万元，发放各类优抚对象抚恤生活补助 6919

人4000多万元。同时，妥善安置转业干部、退伍军人，为现役军人解除后顾之忧。每年的转业干部和城镇退伍军人安置和分配工作，各单位都愉快接收，妥善安置，合理使用。1978—2017年，全县接收回乡退伍军人19710人，安排工作3959人。此外，还推行自谋职业安置士兵389人，开发军地两用人才986人，开发率100%；发动退役军人参加技能培训279人，培训率96%以上；军队离退休干部各种待遇全面落实，转业干部及随军家属也得到妥善安置。另外招为合同工的115人，镇保安队213人，村委治安队241人；解决退伍军人住房钢材125吨、水泥1350吨、专款1826万多元，房屋1000多间；全县（区）803名转业干部有305名得到提拔使用，其中担任科级以上职务的150多人。进一步加强退伍军人的培养使用。如革命老区镇那霍水石村的退伍军人官锦初，被镇党委提拔为该村党支部书记后，努力工作，勇于践行，全心全意为人民服务，于2003年成为全国学习、实践"三个代表"重要思想的4个先进典型之一。2017年，全区有各类优抚对象6919人，其中"三属"（烈士遗属、因公牺牲军人遗属、病故军人遗属）人员55人；伤残复退军人265人；带病回乡退伍军人274人；在乡老复员军人192人；在乡老孤老复员军人7人；抗日老战士1人，"五老"（老地下党员、老游击队员、老交通员、老接头户、老干部）人员142人；参战涉核人员2026人；农村60岁以上老兵3924人；烈士子女33人。发放现役军人立功授奖金119人4.2万元。

电白沿海是国防重点训练基地，每年都有大批部队前来当地海训。部队的海训能否顺利完成，与当地政府和各界群众的支持与否密不可分。老区人民都明白，做好支训是"双拥"工作的内在要求。每次部队前来电白海训，县（区）委、县（区）政府都会发出"部队在前方练打仗，我在后方练支前"的号召，为海训部队认真做好后勤服务。从住房、水电、伙食、粮油、肉菜等方面为部队尽力提供方便，支持部队圆满完成海训任务，把他们的一颗拥军之心奉献给新时代最可爱的人。每年，"双拥"工作领导小组都制订出支训和慰问方案，为部队早早腾出公家或私家房子，把最好的驻地和最好的房子留给子弟兵。同时，组织好大批猪肉、大米、新鲜蔬菜等慰问品前来驻地慰问，使海训部队深受感动。某集团军副军长孔见在海训结束后，对驻地党政领导和老区人民讲了一番肺腑之言："十年前我部驻扎在电白，深得老区人民的支持和关爱。十年后我重回故地带队海训，但电白老区人民的拥军初心始终不改，这里真不愧是一座拥军模范城啊！"

特别值得一提的是，在三年一届的"广东省双拥模范县（城）"评选中，电白县（区）从 1994 年起至 2017 年止，已连续九届获得"广东省双拥模范县（城）"光荣称号！其间，县（区）人武部先后获得省先进人武部、民兵及征兵工作先进单位、全面建设先进单位、民兵军事训练基地建设优胜单位、民兵应急连军事竞赛第一名、全民国防教育先进单位等多项殊荣；县委原书记、县人大常委会原主任潘本被评为"全国爱国拥军模范"（2004 年）、广州军区第二届"国防之星"荣誉称号（2005 年）。此外，还有多届县委书记、县长被中共广东省委、省人民政府、省军区授予"广东省爱国拥军模范"称号。

电白的企业家及企业集团对"双拥"工作也不甘落后。如出生于革命老区镇马踏龙湾的汉山锁业集团董事长黄德明和他的汉山锁业集团，几十年如一日出钱出力热情支持"双拥"和军民共建工作，成绩卓著。他和他的集团公司先后获得全省和全国的荣誉称号：黄德明于 2005 年 7 月被评为"广东省军民共建社会主义精神文明先进个人"；汉山锁业集团于 2008 年 7 月被评为"全国爱国拥军模范单位"。

电白老区人民的"双拥"业绩有多厉害？有诗为证：

拳拳爱国心，拥军情结深。

滔滔南海水，殷殷双拥情！

第二节 大革命和土地革命战争时期英烈人物选介

大革命时期，电白县一大批革命青年投入农民运动。他们建立了中共电白县组织，发动群众，与国民党反动派和土豪劣绅进行不屈不挠的斗争，为新民主主义革命作出了重大的牺牲和贡献。其中电白籍著名革命人士主要有邵贞昌、陈德滨、崔万选、崔万佳等人，他们被捕后在监狱中受尽了严刑拷打和威迫利诱，但他们始终正气凛然、坚贞不屈，与敌人展开针锋相对的斗争，直至献出了自己年轻的生命，他们的英名将永垂不朽！

一、电白革命的领路人邵贞昌

邵贞昌（1904—1928），男，出生于电白县白马乡仙桃园村（今属麻岗镇）。其父亲邵殿熙（字廉臣），曾任清末电白县丞，诰封奉直大夫（五品散官）。母亲杨氏，封宜人。祖父邵朝英，自耕农起家，积蓄些田产，曾考取过小功名，官从九品，清朝散官，家挂着"大夫第"匾额，可谓书香门第。

邵贞昌少年聪颖，勤奋好学，1918 年入读于电白中学，1922年赴广州求学。在五四运动新思潮指导下，他如饥似渴地学习进步书刊，寻求中国人民解放道路，参加当时中国社会主义青年团广东区委书记阮啸仙创立的"新学生社"，接受马克思主义教育，并积极投身于反帝反封建的斗争。同时，他在广州还积极参与组织出版《燎原》报刊，利用假期回乡探亲访友的机会，在电白各地宣传革命道理，传播马克思主义。

1924 年 5 月，邵贞昌与区就宪等从广州回到电白，分别在白马、仙桃园、电城等地进行革命活动，先后发动培养邵以梅、黄景荣、邵玉龙等 17 名积极分子，酝酿组建农民协会，开展农民运动。11 月，广东大学（中山大学前身）成立，他与电白籍青年区就宪、谢申等考入广东大学就读，攻读法学专业。12 月，他在校加入中国共产党，是电白县籍最早加入中共的首批党员之一。

1925 年春节期间，邵贞昌与崔万选回乡进行革命活动，并与在黄埔军校学习的陈德滨一起回电城和三区开展农民运动。教育农民要翻身解放，必须组织起来，参加农会，团结一致，向土豪劣绅进行坚决斗争。事后，他又布置邵以梅等人筹备白马乡农会。5 月 1 日，广东省第一次农代会在广州召开，邵贞昌以电白县农民代表参加。会后，受组织派遣，回电白从事农运和筹建中共电白县组织工作。他一回到家乡，就于 5 月 13 日在邵氏八世祖祠门前晒谷场上，召开了有 1000 多名农民群众参加的大会，全面传达贯彻省第一次农代会精神，并到处张贴标语，其宣传声势之浩大，前所未有，震动了全县。接着，一区（电城）、三区（树仔）、五区（霞洞）、七区（观珠）等地的农民运动也开展起来，纷纷秘密筹备各区、乡农会。由于农民运动蓬勃发展，对发展党组织创造了有利条件。在农民运动中，经受过锻炼和考验的骨干邵以梅、邵锡瑞、黄景荣、陈德滨、崔万佳、邵锡琏等人，相继被吸收为共产党员，成为电白县第二批入党的中共党员，使电白县党员队伍不断发展壮大。并于 5 月下旬，在白马乡成立了全县第一个乡级党支部。

1925 年 6 月初，在农民运动迅速发展和共产党员逐步增加的情况下，邵贞昌受命在电城东街严家祠主持召开党员大会，建立中共电白县支部，邵贞昌任支部书记。同月下旬，经过邵贞昌与邵锡瑞、黄景荣、邵以梅等共产党员的精心组织,电白县第一个农民协会——白马乡农民协会宣告成立,会员四五百名。接着,邵贞昌又召集农运骨干邵以梅、崔万选、黄景荣、陈德滨等10多人在电城开会,研究讨论农民协会发展与对土豪劣绅斗争等事项。邵贞昌要求会后各自回到各地区、乡,要广泛地向农民开展宣传教育,进一步发动和组织农民参加农民协会。10—11月间,国民政府派国民革命军第二、第三、第四军南征,摧毁了军阀邓本殷在南路的反动统治后,电白县农运才进入公开发展时期。

1925年11月下旬,广东省农会和改组后的国民党广东省党部,派邵贞昌、区就宪等为特派宣传员,到电白县宣传发动群众,组织县农会和国民党电白县党部筹备处。筹备工作期间,土豪劣绅邵华卿散布谣言,进行破坏,派流氓分子殴打区就宪、陈德滨等人。邵贞昌即组织农民与其进行坚决的斗争,并争取国民革命军对土豪劣绅作了处理,使筹备工作顺利进行。

1925年12月,邵贞昌考上了莫斯科中山大学,这本是一个很好的深造机会。但是,邵贞昌始终以国事为重,把革命事业放在第一位,根据党组织决定,仍继续留在家乡领导农民运动。当时,毛泽东主办的《政治周报》第二期(1925年12月13日出版),对邵贞昌毅然放弃出国留学机会,继续在家乡坚持革命的精神给予很高评价。

1926年1月,国民党电白县党部成立时,邵贞昌、区就宪、陈德滨、吴干帮、崔万选等共产党员以个人身份加入国民党,并当选为党部委员,其中邵贞昌、区就宪、陈德滨等被选为执委。但是,国民党电白县党部成员复杂,国民党右派分子勾结土豪劣绅,企图破坏党部和农会。邵贞昌将情况报告国民党南路特别委员会和国民党广东省党部,争取到上级指派,由高炳辉和邵贞昌等人担任改组委员,主持改组国民党电白县党部,从而使农民运动等革命工作开展更加顺利。

1926 年 2 月，邵贞昌在电城文庙主持召开电白县首次农会，宣告成立电白县农民协会，邵贞昌被选为会长。嗣后，邵贞昌布置共产党员和农会骨干黄景荣、陈德滨、崔万佳、吴干帮、廖殿扬、邵以梅、林立、黄高球、陈永昭等到各区、乡组织农民协会。不久，全县 9 个区和 40 个乡都先后成立农民协会，会员 2.3 万人。其中，农运较为活跃的三、五、八区及部分乡，还成立农民自卫军，打击反动势力，支持农民运动。

1926 年 8 月，邵贞昌出席省农民协会执委扩大会议。中共中央委员瞿秋白等参加会议，毛泽东在会上作讲话，阮啸仙作工作报告。邵贞昌在会上作发言，揭发和控诉当时电白县县长与土豪劣绅勾结，破坏农运的罪行，要求国民政府予以严惩。不久，县长杨锡禄被调离电白，一些土豪劣绅相继受到惩办。消息传出，群众大受鼓舞。9 月，邵贞昌主持召开电白县第三次农民代表大会，传达贯彻省农会执委扩大会议精神，部署巩固发展农会组织和开展反对反动势力的斗争问题。在这一年内，他经常奔走电白、广州等地，多次到广州农讲所汇报和请示工作。他同南路农运领导人黄学增来往更为密切，勠力同心，开展革命工作。

1927 年春，上级党组织决定，邵贞昌调离电白。在他离乡前的 3 月中旬，组织了一次声势浩大的示威游行，成千上万的群众手执彩色小旗，高呼革命口号，队伍威武雄壮，口号声震撼大地。根据上级指示，邵贞昌于 4 月上旬离开电白，化名到国民革命军第五军某营当书记员。4 月 12 日，蒋介石发动反革命政变。4 月 22 日夜，电白县国民党反动当局和反动团董勾结余汉谋部队袭击电白各级农会，逮捕共产党员、农运骨干陈德滨、崔万佳、吴干帮、邵以梅、邵锡瑞、廖殿扬等 100 多人。霎时，整个电白大地被腥风血雨、白色恐怖所笼罩。为了邵贞昌的安全，其父亲邵殿熙急往广州，在高第街租了一间房子给他住宿，并规劝他不要再出去搞革命。但邵贞昌为了革命事业，不顾个人安危，其父离开租房不久，他就外出搞革命活动去了。由于电白土豪劣绅和反动团董的告密，不久他在广州被捕，囚禁于南石头监狱。他入狱后，其家人也先后到广州营救和探望，曾住于逢源旅馆。其妻子在谢申援助下，买了东西到监狱里探望。其妻见丈夫被打得遍体鳞伤，一时泪如泉涌，湿透衣襟。但邵贞昌则安慰和鼓励妻子说："要坚强起来，担起责任，用心把儿子乃礼养大成人，以继我志。"

邵贞昌在狱中受尽严刑拷打，同时敌人对他施以封官许愿的引诱，但他始终正气凛然，坚贞不屈，与国民党反动派进行不屈不挠的斗争。1928年3月，邵贞昌在广州北街惨遭敌人杀害，年仅24岁。

二、革命的得力助手陈德滨

陈德滨（1902—1929），男，出生于电白县县城电城北街。1924年读完初中后，他赴广州黄埔军事学校学习。在学习期间，他受到共产党人周恩来的革命思想教育，懂得革命道理，毅然走上革命道路。

1925年春，因革命需要，陈德滨与邵贞昌一起，从广州回到家乡电城，积极投身于轰轰烈烈的农民运动。

陈德滨在其内弟邵贞昌的领导下，发动群众，组织农会，成为邵贞昌的得力助手，真心实意支持和帮助邵贞昌工作，大力开展农民运动。

1926年2月，电白县农民协会成立，全县农民运动迅速掀起高潮。陈德滨在一区（电城）领导成立农民协会。各乡也纷纷成立农会。全县农会会员从几百人发展到几万人。

1926年1月26日，国民党电白县党部正式成立，陈德滨等3

人被选为国民党电白县党部执行委员。这样，加强了国共合作的领导，促进电白农民运动的发展。

陈德滨在农民运动中，积极发动农民群众，拒交苛捐杂税及民团谷，实行"二五"减租减息，斗争贪官污吏、恶霸地主，大力宣传破除封建迷信，改善民生和社会风气。

1927年2月25日，在电城东街孔庙召开全县第四次农民代表大会。会议正在进行时，反动大地主邵馨府等收买了几十名流氓打手混入会场，殴打代表及农会领导干部。其时，陈德滨被打得遍体鳞伤，昏倒在地。亲属们多次劝导，叫他离开电城，但陈德滨为了革命工作，把个人安危置之度外，决心留下来与国民党反动派斗争到底。因此，他一边养伤，一边指导农会工作。

1927年4月下旬，电白的反动当局大肆逮捕共产党员和农会领导干部，电城处在白色恐怖之中。22日早上5时，电城的国民党反动头子吴廷松带兵把陈家重重包围。此时，陈家参加农会工作的陈德溥、陈德淙等人知道国民党反动军警捉人，便急忙藏了起来。军警进入陈德溥的住房搜查，扑了空。陈德滨和胞弟陈德淙则被反动军警捉去。因陈德淙不是领导人，不久被释放。陈德淙回到家后，积极设法营救陈德滨，但却无能为力。

陈德滨被捕后，连同农会一部分领导干部林立、苏步余、邵锡瑞等17人，被国民党反动派押解到广州南石头监狱。陈德滨在监狱中正气凛然，坚持斗争，使反动派的阴谋不能得逞。在就义前，他叮嘱其妻邵秀昌："要保持坚强的革命意志，将儿子益荣抚养成人。要拥护共产党，将革命进行到底。"

1929年3月，陈德滨在广州北街英勇就义。就义时，他高呼："中国共产党万岁！"牺牲时，年仅27岁。

三、英勇不屈的崔万选、崔万佳革命兄弟

崔万选（1891—1944）、崔万佳（1893—1929）是一对革命亲兄弟，电白县霞洞笔岭村人，他们都是大革命时期电白加入中国共产党最早的一批党员，也是电白农运主要领导骨干。

崔万选，于 1911 年中学毕业，1921 年到广州继续求学。在广东高等师范学校时，认识邵贞昌，接受其教育。1925 年，经邵贞昌介绍加入中国共产党。同年，受党组织派遣，与邵贞昌、区就宪、陈德滨、崔万佳等一道回电白县开展革命活动。崔万选、崔万佳的主要任务是在五区的笔岭、东井、牛路头、书房仔、塘涵、河子板等一带发动群众，于 1925 年秋在笔岭成立了第五区农民协会，崔万选任会长。之后，领导农民实行"二五"减租，对不法地主、反动团董进行斗争。1925 年 6 月，中共电白县支部在电城诞生，邵贞昌任支部书记，崔万选任组织委员，负责办理党务。国民党电白县党部改组之后，崔万选当选为党部委员，同时担任五区党部工作。1927 年 4 月 12 日，国民党右派发动"四一二"反革命政变后，中共南路党组织遭受严重破坏，中共电白县组织被迫停止活动。崔万选被国民党通缉，被迫离开电白，转辗于台山、开平、广州、香港等地，与党组织失去联系。1940 年，崔万选重返家乡，在正源小学任教，宣传抗日，传播马克思主义，教育学生。1944 年，崔万选病逝。

崔万佳，于 1906 年与胞兄崔万选一同考入电白县官立高等小学堂，1910 年升入高郡中学（今高州中学），1914 年考入广东高等师范学校。1917 年，因经济困难辍学在家，受聘任崔学海家庭学馆当教师。其间受俄国十月革命和五四运动的熏陶，阅读了大量的进步书刊，目睹外患频仍，国内军阀混战，人民处于水深火热之中，顿生救国救民之念。1922 年，他辞学馆赴广州，追随其

兄崔万选及邵贞昌等人，结交一批思想进步的同学，接受党的教育，走上革命道路。1925年，同胞兄崔万选回家乡从事农运工作，加入中国共产党。同年，电白县农会成立，崔万佳当选为县农会干部，兼负五区（霞洞）、七区（观珠）、九区（林头）农运工作。当时，他首先同胞兄崔万选在笔岭村，以崔万年、崔万章为骨干，吸收牛屎万、饲鸡相、英二哥、八丈明和崔宪民等积极分子，在霞洞成立五区农民协会。之后，又在东井村成立分会，并在书房仔、塘涵、牛路头、河陂屋、河子板等一带村庄组织农会。发动群众奋起斗争，大搞退租运动，直指反动团董和地主土豪。在霞洞圩，他与国民党五区党部负责人崔万选一道，发动县立第五小学教员崔锡鸿、崔照西和党部工友王昌兴等，带领学生和群众举行游行示威，并组建农会。另外，又偕同吴干帮、廖殿扬、谢萱在林头、观珠分别进行宣传，动员群众组建农会，开展"二五"减租活动。塘涵、东井等地退租活动取得斗争丰硕成果，粉碎了土豪劣绅、团董的阴谋，大大增强了农民群众的信心和勇气，革命形势出现了新高潮。

1927年春，崔万佳受到反动团董崔国栋的传讯、劝告、警告和派兵丁半路埋伏，他们企图拘捕、暗害崔万佳，但他依然毫无畏惧，继续进行不屈的革命活动。

1927年4月22日，国民党电白县反动当局出动军队，突然袭击全县各级农会组织，封锁电白县县城，搜捕共产党员和革命群众。事前，崔万佳已获知危急情况，于21日冒着狂风暴雨赶去电城通知同志逃避，然后于深夜赶回霞洞家里。其时，其他兄弟尽已逃走，他令侄儿崔南屏和狗妹、亚开等人急赴河子板村通知崔宪民等人逃走。崔万佳回到家逗留不到10分钟，又想起电城城内还有一些同志尚未通知齐全，他二话不说，顾不上个人安危，又即刻冒雨奔往电城。在电城通知同志们转移的过程中，他却不幸被反动派抓捕了!

崔万佳被捕之后,反动当局开始时提出索要赎金 1000 银圆。崔家立即典当田地,告贷亲友,弄得倾家荡产,才勉强凑足其数,正待交割赎人,谁知反动团董崔国栋和地主崔育英却去县政府状告崔万佳"搞共产毒害地方"。电白县国民党反动头子谢维屏得悉后也号叫:"崔万佳,猛虎也,岂可纵之!"反动派遂不同意用钱赎人,将崔万佳押解广州。

崔万佳关押在广州监狱,受尽严刑拷打和威迫利诱,以致遍体糜烂,右臂折残,情状惨绝。然而,他大义凛然,始终坚持斗争,不屈不挠。反动派费尽心机,折磨了两年有余,一无所获。于是恼羞成怒的敌人于 1929 年农历十二月十四日,在广州将他"囚以铁笼、制头笼外、安于车上、游街示众"。行至人口稠密之处,崔万佳高呼:"打倒土豪劣绅!""打倒反动派!""中国共产党万岁!"反动派见状惊慌失措,急忙用布条堵住他的嘴,然后匆匆开枪将他杀害。崔万佳牺牲时,年仅 36 岁。后人有诗赞曰:"忠烈如皎月,浩气卷珠江。党人同哀泣,人民皆泪涟。"

抗日战争时期英烈人物选介

抗日战争期间，电白有林凤文、李若堂、黄履韵、王杰、何逢林等众多抗日志士，其中有 10 多人在战斗中光荣牺牲，还有一些志士如林凤文、李若堂、黄履韵、王杰等却是被国民党反动派逮捕入狱，他们忠贞不屈、至死不渝，惨遭反动派杀害。而抗日志士何逢林则是新中国成立后不久被特务暗杀身亡。

一、林头人民的好儿子林凤文

林凤文（1922—1945），男，出生于电白县林头木院禾塘坡村一个贫寒的农民家庭里，兄弟姐妹五人，他排行第二。林凤文童年时代帮父母亲放牛，少年时先读两年私塾后进入木院小学念书。1940 年 7 月，他以第一名的优异成绩考上了电白县立中学初中就读。两年后，又以优异的成绩考上南强高中班就读。他天资过人，学习勤奋，成绩优异，是学子中的佼佼者。

中等身材的林凤文，有一头卷曲的头发，微突的前额下嵌着一双炯炯有神的大眼睛，略长的面颊衬托着笔直的鼻梁，给人以刚毅、果断、沉着、诚实的印象。进入青年时代，正值抗日战争初期。林凤文目睹祖国的大好河山被日本帝国主义侵略蹂躏，国民党顽固派消极抗日，欺压百姓，大发国难财，广大群众过着挨饥受饿的困苦生活。面对这一切，他脑海里起伏回旋，低头沉思，希望能找到一种力量，救国救民于水深火热之中。

1942 年秋，就读于南强中学的优等生林凤文，怀着满腔忧国忧民的情怀，抱着迫切寻求革命真理的愿望，开始接触中共电白县地下党的同志和社会进步人士，在他们的启发教育下，提高了对革命道理的认识，开始走上革命道路。地下党在南强中学组织开展的各项革命活动中，林凤文积极肯干，表现出色，成为南强中学进步学生的骨干。由于他热情诚恳，团结同学，品学兼优，在同学中有较高的威望，一批同学跟他一起参加革命活动。

林凤文对革命工作高度热诚，对组织忠诚老实，严于律己，组织纪律性极强。凡是组织交给他的任务，总是千方百计去完成。在对敌斗争中，他勇敢站在斗争前列，将个人得失、安危置之度外。

1943 年 6 月，南强中学学生开展反对反动军训教官韦旭群的斗争，全校学生进行罢课，向学校当局提出取消军训，解聘韦旭群，给学生以学习、生活自由权利等要求。学校领导被迫接受了条件，斗争取得胜利。在这次斗争中，林凤文积极勇敢，是活动的领导成员之一。

1944 年夏，中共电白县组织传达了中共广东南路特委关于开展抗日武装斗争，建立人民军队的决定。林凤文听后非常高兴，利用暑假期间回家乡农村访贫问苦，向农民宣传党的抗日主张，揭露日本帝国主义侵略罪行和国民党顽固派假抗日、真反共的行径，教育群众团结起来，搞武装斗争的必要性。学校秋季开课后，他在同学中组织秘密读书小组、传阅进步书刊、出墙报、编戏剧演出等形式进行抗日宣传。他还克服自己不会演戏剧的困难，亲自参加排练演出戏剧《黄莺儿》。这出以歌颂人民群众坚持抗日与国民党反动派作斗争为主要内容的戏剧，给群众以深刻的启发教育，收到良好的宣传效果。

1944 年 10 月，南强中学学生秘密成立抗日游击小组，林凤文是其中的组织者和领导者。为了壮大游击队伍，他尽心尽力，晚上带着游击小组成员冒雨到学校附近农村进行抗日宣传。他的活动引起了国民党反动派和学校当局的注意，他们对他进行调查和监视，因此他的处境比较危险。他毅然离开学校，中止了学业，回农村转入地下活动，秘密发动农村教师和青年农民组织抗日游击小组，扩大活动地区，发展游击小组成员五六十人。他还动员其胞兄林凤振脱离国民党军队，参加共产党领导的抗日活动。接着，他与大衙地区的游击队领导人陈广杰联系，一起开展活动，成为林头—大衙地区游击队的负责人之一。他经常组织游击小组成员研读进步书刊，学习革命理论，提高政治觉悟和理论水平，树立革命必胜和全心全意为人民解放事业奋斗到底的信念。

1945 年 2 月，进步青年林凤文经过革命斗争的考验，由严子刚介绍，加入了中国共产党。在入党宣誓仪式上，他面对党旗，表达了终身为共产主义事业奋斗到底的决心。

1945 年 3—4 月，为了加强游击队伍武装，准备抗日武装起义，他从沙琅河口陈鸿华处搞到手提机枪（后称冲锋枪）1 支、手榴弹 100 多颗、手枪 1 支及子弹一批，连夜运回家乡收藏。由于他和陈广杰的积极活动，林头—大衙地区抗日武装力量迅速发展。

1945 年 7 月，占据广州湾的部分日军佯攻高州，实为确保梅菉、水东、阳江陆路通广州，为撤退准备后路。中共茂电信特派员陈华布置中共电白县特别支部负责人严子刚，在林头—大衙举行抗日武装起义。7 月 12 日黎明前，起义队伍攻进了大衙乡公所，开仓分粮，赈济贫民，共庆胜利。下午，起义队伍与国民党保安队发生了遭遇战，队伍撤出大衙，分散隐蔽。当时，林凤文和战士林洪年向观珠方向撤退，遭棠蒂乡乡兵伏击，不幸被捕，而后被杀害。

林凤文牺牲时年仅 24 岁。他的生命虽然短暂，但是他为民族解放事业贡献了自己的一生，永远被人民怀念。

二、视死如归的抗日志士李若堂

李若堂（1923—1945），男，出生于电白县坡心中坡村。4 岁丧父，孤儿寡母，家境贫寒。好在母亲为人正直贤惠，教子有方，艰难维持一家生计。为让自己的独生子读点书，增加些知识，做个有用的人，母亲节衣缩食，克勤克俭，让小若堂去上学。读小学时，天资聪颖的他不辜负母亲的厚望，勤奋好学，日夜攻读，成绩一直名列前茅。为了帮助家庭维持生计，他自小即参加各种劳动，挑水打柴，捕鱼捞虾，还经常拾些番薯、烂菜回来给母亲帮补家用。

李若堂自小就疾恶如仇，养成好打不平的个性。有一次，两个乡兵到村里来勒索穷苦人家交壮丁费、户口费等费用。小若堂见状就敢于挺身而出。他大声对乡兵说："我们连番薯水都没得吃，哪能有钱给你们那么多苛捐杂税呢?!"凶神恶煞的乡兵见年纪小小的李若堂竟敢顶撞他们，便动手将小若堂打倒在地，扬长而去。但倔强的小若堂从地上爬起来，怒目注视着远去的乡兵，发誓长大后要惩治邪恶，为乡亲们讨回个公道。

抗日战争初期，日军南侵，省城广州和粤西的广州湾（今湛江）相继沦陷，原在广州的实践中学和广州湾的南强中学先后搬迁到电白坡心来继续办学。这两间中学都有许多共产党员和革命师生。这些进步师生经常向群众演讲或文艺演出，宣传共产党的抗日主张。这些抗日救亡活动对耳濡目染的小若堂教育很大，激发起他抗日救国、为民族报仇雪恨的思想。

1942 年，李若堂辍学在家。他母亲觉得南强中学就设在家门口，如不让孩子读书，不但对不起孩子，也对不起死去的丈夫。

于是，她多方筹措学费，让孩子报考南强中学读书。李若堂如愿考上南强中学初中一年级就读。从此，李若堂亲身受到南强中学进步师生的教育，认识到抗日必须依靠共产党的领导，只有共产党才能救中国。

1943 年，李若堂因家庭经济困难，再次辍学。但是，他已经结识了南强中学的革命师生，从陈广杰、林凤文同学那里借到《新民主主义论》《论持久战》以及其他进步书刊，在家认真阅读，理论认识又有提高，结合自己的亲身经历，使他认清了国民党的腐败无能和置国家民族危难于不顾、搜刮民财、草菅人命、滥杀无辜的真面目，更进一步激发他对国民党和日本帝国主义的憎恨，对中国共产党的热爱。

1944 年，中共电白县特别支部为适应武装斗争的需要，决定在县内建立和扩大抗日游击小组。9 月，在南强中学读书的抗日游击小组骨干林凤文，早已觉察到李若堂的条件比较成熟，便发展李若堂加入到抗日游击小组中来。在共产党员的革命气节、革命纪律的教育下，李若堂发誓：一定要跟着共产党干革命，将抗日救国进行到底！

1945 年 1 月，中共电白县特别支部发动华楼抗日武装起义，通知李若堂参加。后因敌情变化，起义时间提前，他到了华楼，起义队伍已被敌人冲散，只得奉命回家隐蔽，待命行动。他回家一个多月，被反动保长猜疑告密，于 3 月 5 日晚被正龙乡反动乡长派兵逮捕。

李若堂被捕后，反动乡长如获至宝，以为不仅可以邀功领赏，还可青云直上，因此就急不可待地连夜审讯。李若堂自知敌人凶残，这次被捕肯定凶多吉少。因此，他想起陈广杰在南强中学时对他说过的话：作为一个革命者，不管在任何时候、在任何地方，都不能出卖同志、出卖组织。他知道，所有反动派对待共产党人和革命者不外乎都是一个样：利诱、威吓、严刑、枪毙。早已成竹在胸的李若堂，为使革命不致蒙受重大损失，他对敌人的审问采取拒绝回答的态度。

开始时，反动乡长提审李若堂，一边皮笑肉不笑一边假惺惺地说："若堂啊，你这么年轻英俊，一表人才，前途无限啊！"李若堂一听就感到恶心，知道这是黄鼠狼给鸡拜年——不安好心。他镇定自若地注视着敌人，始终一言不发。

反动乡长问："你今年多少岁了？家里一切可好？"

李若堂还是拒不作答。

反动乡长又换了口气问："我们都是同乡、同姓、同族叔伯兄弟，只要你老实讲出来，没有什么不可以解决的，政府不会亏待你的。"李若堂横眉冷对，仍选择沉默，拒不作答。

反动乡长见软的不行，马上凶相毕露，来硬的。张牙舞爪的反动乡长咬牙切齿地喝道："你何时何地参加共产党、参加游击队？领导人是谁？有多少同党？"这时，李若堂想起日本帝国主义侵略中国的种种暴行，国民党对共产党人和革命者的血腥镇压，自己家庭孤儿寡母，饱受欺凌，国仇家恨汇成了对反动乡长的极端仇视、鄙视、蔑视。此刻的李若堂，早已把生死置之度外。他暗下决心，不管敌人怎样严刑拷打、刑讯逼供，他都要挺胸昂首，坚决不开口！

过了许久，敌人察觉到用利诱、威吓这些办法都对这个铁骨铮铮的青年是无济于事的，于是便采用酷刑。他们先用铁圈箍住李若堂的手指头，再用铁针扎其他手指。十指连心，李若堂当场痛得昏死过去，敌人又用冷水泼醒他，但醒来后他仍拒不开口。反动乡长反复用刑，直至感到困倦，黔驴技穷，手法用尽了，也始终不能从李若堂嘴里捞到半句话。

敌人不能征服李若堂的意志，只好下令枪毙他。由谁来当刽子手呢？那些为生活所迫当乡兵的，谁都不愿意。反动乡长只好强迫乡兵用抽签的办法，谁抽到，谁执行。可是抽着签的那个乡兵，置饭碗于不顾，当场落荒而逃了。反动乡长暴跳如雷，只好用重金收买一名乡兵当行刑的刽子手。

1945年3月7日（电白县民政局的记载是1946年8月），由共产党教育培养出来的一名抗日游击小组的英勇战士——李若堂，在反动派的枪声中倒下了，牺牲时还不满22岁。

三、马踏人民的铮铮汉子黄履韵

黄履韵（1921—1947），男，出生于电白县马踏下河龙湾村。他曾受过民主革命思想的影响，从小读书时起就爱打抱不平，懂得读书救国的道理。日军侵略中国，飞机、战舰常来电白沿海一带轰炸骚扰，县城电城的居民也纷纷疏散到马踏避难。他目睹敌人的凶残、人民的苦难，更是痛心疾首，义愤填膺。

为早日走上救国救民的道路，黄履韵于1939年秋参加沙琅抗日游击根据地的少年团搞救亡工作，受到了共产主义思想的熏陶，并探索救民于水火的正确途径。

1940年夏，国民党下令解散各地抗日团体。黄履韵回到了马踏圩，认真研读进步书刊和马列著作，积极追求革命真理。他曾多次说：一个人的生命不是为祖国和人民而奋斗，其生存又有什么意义？1941年秋，他在马踏地下党员黄东的教育指引下加入了中国共产党。不久，他与黄东介绍杨瑞芬（中华人民共和国成立后成为电白县首任县长）入党，建立党小组，秘密领导广大群众开展抗日和革命斗争。

黄履韵为人豪爽，乐观，责任心强，将严子刚、庞自等与他谈过的形势与任务、共产党员修养、革命气节等问题牢记于心。他有时勉励其他人说："共产党员是特殊材料制造的，哪怕艰苦与危险?"有时他抄写秘密文件到深夜,还低声唱着《国际歌》等革命歌曲。

1942年秋,他来到马踏圩小学当上了教师,并以教书作掩护,进行革命活动,深入联系群众,亲近师生,用革命理论和党的主张去感染和教育大家。在他的教育和影响下,一些师生后来参加了革命和武装斗争。

1944年夏,为了武装起义的需要,党组织布置他打入马踏乡公所当文书,以便了解和掌握国民党反动派的内部情报。他在乡公所里,经常注意收集敌情信息,及时将敌人的活动告知党组织,保护着马踏圩地下交通站的正常活动和周围农村游击小组的发展。

1944年冬,华楼抗日武装起义前夕,党组织通知他到电城庄垌与国民党自卫中队副队长陈广肇联系,传达上级指示,部署陈广肇在适当的时机带领自卫中队参加起义。

1945年1月,华楼抗日武装起义失败后,敌人到处疯狂捉人,马踏党组织要他从乡公所撤到农村掩蔽活动。但是,他谢绝了。他说,我若撤出了,今后就难于掌握敌情了,对游击区的活动会更加困难。党组织接受了他的意见,让他仍留在乡公所工作,但叮嘱他要百倍警惕,一旦遇到危险要随时撤走。他却说:"'人生自古谁无死,留取丹心照汗青',我在敌人心脏里,对革命有利。"

之后,乡兵几次下村搜查户口,他都预先通知组织,几位外地同志在马踏一带活动均未暴露。特别是1945年4月、5月间,敌人两次围村搜捕,杨瑞芬等同志都能及时转移脱险。这都是他及时通风报信起的作用。

1945年6月10日,黄履韵正在马踏乡公所与乡兵谈心,国民党联防大队黎某突然逮捕了他。原来是叛徒陈广肇向联防队告密,想借此邀功请赏。他被押往县政府所在地霞洞。党组织立即进行营救，派黄东托请那笈村开明绅士邵宜璇拿 300 大洋去霞洞活动，请求保释。无奈有叛徒陈广肇出庭作证，敌人认为他是要犯，想通过他顺藤摸瓜，弄清中共电白县组织的线索，将电白革命力量一网打尽，因而营救无效。敌人对他用尽酷刑和利诱，他仍坚贞不屈，一口咬定是陈广肇与他有私仇，嫁祸陷害。他被打得遍体鳞伤，也无丝毫动摇。敌人硬的不行又来软的："只要能供出你的上下级，就可同陈广肇一样，要什么有什么。难道不想想你的父母妻儿?"他怒目斜视，缄口不言。敌人挖空心思，绞尽脑汁，始终没有从他口中取得半点情况。

1946 年 6 月 6 日，黄履韵被押送高州国民党行署西岸监狱，继续逼供。敌人利诱不逞，又施用电刑。他咬紧牙关，多次死而复生，仍只字不说，表现出共产党员的铮铮铁骨、耿耿丹心。有一次，他的弟弟黄履川买通狱卒，入监狱探望，见他遍体鳞伤，奄奄一息。但他并不呻吟，也不流泪，只喘着气，用微弱的声音对弟弟说："你们不要为我悲伤，我的生命是同中国的命运连在一起的!"这是他对亲人最后的遗言，也是对战友最后的勉励。1947 年 2 月，黄履韵被押出金塘岭枪杀。他临刑时面不改色，从容就义，高呼："中国共产党万岁!"为党的事业贡献了自己的生命，时年仅 26 岁。

四、霞洞人民的优秀儿子王杰

王杰（1924—1948），男，又名王鸿运，出生于电白县霞洞坡中间村一个穷教师的家庭。在青少年时期，王杰有个读书好环境，读完了小学、师范之后，又考进电中高中部（其时校址均在他的家乡霞洞）。他喜爱阅读进步书籍，个性倔强，对社会上不平等的现象深恶痛绝，勇于反抗。

1939 年秋，年仅 15 岁的王杰考取电白县简易师范学校（电师)。这时，抗日烽火燃遍祖国大地，南路抗日救亡运动不断推向高潮，中共电白县组织先后派遣麦逢德、梁弘道等共产党员以教师的身份作掩护，到电师任教并开展秘密革命活动。其间，他们组织"读书会"，发动学生阅读进步书籍和报刊，传播革命思想。此时的王杰，正式接受了革命思想的启迪。他自己努力阅读进步书籍，从中懂得了许多革命道理，并积极串联和发动同学们参加学习，还经常到其他学校或回家乡向广大人民群众宣传革命思想，成为一名学习与宣传进步思想的积极分子。

1941 年 1 月，国民党顽固派制造了震惊中外的"皖南事变"。这时，电白县国民党反动派也积极推行反共政策，对学校实行法西斯统治，派去反动军训教官，监视进步学生活动，不准成立"读书会"，禁止阅读进步书籍，还在学校发展"三民主义青年团"（"三青团"）反动组织。对于这些倒行逆施，党组织采取积极对策，开展合法斗争，驱逐反动军训教官，抵制发展"三青团"反动组织。同时，积极进行思想教育工作，发动学生开展抗日救亡运动。在这些斗争中，王杰紧密配合党组织，站在斗争前列，成为革命活动的骨干分子。

1943 年秋，王杰考取了电白县立中学（电中）高中班。他在中共党员何逢林、廖鸿才等同志的教育和影响下，思想觉悟迅速提高，工作积极，不怕困难，不怕危险。他在电师、电中开展活动，带领同学反对国民党贪官污吏，唤起同学们的抗日救亡热潮。次年，他由何逢林、廖鸿才介绍参加了抗日游击小组。

1944 年初，中共电白县特别支部按照上级"关于工作重点转移到武装斗争上来"的指示，部署建立由中国共产党直接领导的独立自主的抗日武装力量。王杰遵照党的指示，除做好学校革命工作之外，还到农村组织农民参加革命斗争。他带领张顺南、王克等人，晚上到学校周围的农村，采取多种形式开展宣传活动。

经过一系列的努力，他们从电师、电中和霞洞附近的圩边、旧圩、三角坡、汉人坡、坡田等一带村庄，吸收了一批进步青年学生、小学教师和青年农民参加抗日游击小组。下半年，他们的活动范围又扩展到牛栏、独竹头、大村、新河、石顶等一带农村，使党领导的游击小组不断扩大，并掌握了一些武器，逐步建立了一批抗日游击据点。

在党组织的教育培养下，王杰经受了革命斗争的锻炼和考验，思想觉悟和工作表现等均已符合入党条件。1944 年 10 月，王杰由庞自、严子刚介绍，光荣加入了中国共产党。随后，霞洞地区成立党小组，他为小组长，并成为霞洞地区革命斗争的领导人之一。为适应形势的需要，他服从党组织安排，毅然放弃了电中学业，先后转到电师附小、明德小学、河口小学以教师身份作掩护，从事地下革命活动。

1944 年冬至 1945 年春，王杰和其他同志一起，先后活动于坡中间、夹喉、铁寮、旧圩、涩蓬、圩尾、西村、马路头、刺门子、王家堡、赶圩坡、古楼岭、荔枝园、坡田、竹林等一带村庄，组织进步的小学教师、青年农民，开展访贫问苦，发动人民群众参加抗日救亡运动。同时，他运用抗日民族统一战线的法宝，积极做好地方绅士工作，教育和争取国民党乡长、保长、甲长，团结一切可以团结的力量，推动抗日救亡运动。他还布置电师、电中学生中的游击小组成员，分赴各自家乡进行宣传发动工作，使农村抗日游击小组迅速发展，并相继建立起一批秘密游击据点和交通联络站。

1945 年 6 月，霞洞地区发展的抗日游击小组成员已有数十人，建成了霞洞—谭儒抗日游击区。王杰是这个区的主要负责人。他对游击小组中表现较好的成员，经过斗争考验，挑选培养发展为中共党员，扩大了党组织，增强了骨干力量。7 月，王杰按党组织的布置，在牛栏村集中游击小组成员 20 多人，准备配合大衙抗日武装起义。因大衙起义失败，他们遂中止行动，将集中起来的人员疏散到各地继续坚持斗争。

抗日战争结束后，国民党抢掠抗战胜利果实，扼杀革命，搜捕共产党员。王杰因暴露身份，经组织决定，撤退到那霍谭堡小学以教书作掩护，配合当地党组织，发动群众，开展那霍、阳春边境山区工作，建立革命活动据点。之后，王杰参加茂电信六连战斗。1947 年 9 月，王杰去高州泗水向茂名中心县委委员钟正书汇报工作，在返回羊角途中，住在南华的猪肚陂村，被叛徒出卖，向国民党告密。王杰因病体弱，突围不果而被捕。国民党对王杰威逼利诱，严刑拷打，软硬兼施，但他坚贞不屈，视死如归。1948 年 4 月被国民党反动派杀害，时年仅 24 岁。

五、一身正气的抗日志士何逢林

何逢林（1920—1950），男，出生于电白县林头木院车子村一户贫苦的农民家庭。父亲何锡铭，母亲林氏，兄弟三人，何逢林居长。一家人靠佃耕几亩薄田维持温饱。他 8 岁时入本村私塾读书，非常用功，1933 年上高小以后，更加勤奋，成绩优良，深得老师钟爱。1935 年毕业，因家境困难，无法升学，他在家帮做家务和农活。

这时，日本帝国主义向中国步步进逼，侵占东北三省之后，又窥伺华北。何逢林身为贫苦农民的儿子，对当时的民族危难和阶级压迫感受尤深，因而在他的心里逐渐萌发了不满现实和改变社会面貌的念头，立志要学好本领，为将来改造国家社会多出一分力量。于是，他白天干农活，晚上则到村中一所私塾里学习。因此，他增进了文化知识，也练得了一笔好字。

20 世纪 30 年代，中国外患内乱频仍，国民政府每年都要强拉一批青年去当兵，名曰"抽壮丁"。"壮丁"入伍以后，被大小军官层层克扣粮饷，以致缺衣少食，苦不堪言。青年都视当兵为畏途，当家长的也千方百计使子弟免受当兵之苦。1938 年，何逢林已满 18 周岁。他的父亲听说在校学生可以缓服兵役，师范学校的学生只交少量学杂费，是个比较理想的去处，决定让何逢林去投考。是年秋，他便以高分考入了电白县简易师范学校（电师）。

何逢林入学以后，通过读书看报，拓宽了视野，启迪了心灵。为寻求救国救民的道路，他除了认真学好正规课程外，还阅读了大量进步书刊。

1939 年，电白的抗日救亡运动风起云涌。何逢林和许多进步同学都积极参与各种宣传活动。他工作积极，平等待人，热情诚恳，深受同学敬佩。当时，在电师任教的中共党员麦逢德、梁弘道认为何逢林是很有前途的学生，便有计划地引导他与廖鸿才、杨乃贤等一批进步同学组成"读书会"。1940 年 5 月，梁弘道根据他一贯的良好表现，介绍他加入中国共产党。

何逢林入党后，工作更加积极。他除了与有关同志在学校周围开展宣传工作外，还利用假日回家的机会，在木院、黄阳等地串联同学、朋友组织"读书会"，从中物色和培育骨干，为日后组织抗日游击小组打下基础。

1941 年 3 月，日本侵略军 200 多人分别在爵山和南海登陆，侵扰电城、水东等地，梁弘道组织起电师的共产党员和进步学生 10 多人，筹集枪支弹药，进行紧急军事训练，准备上山打游击。几天后日军退去，何逢林和其他几位同学仍坚持学习军事知识，以备将来作战之需。

这时，国民党顽固派推行消极抗日、积极反共的路线，大搞分裂。"皖南事变"之后，国民党在全国掀起了反共高潮，电师政治斗争也日趋激烈。学校当局秉承地方反动头子的意旨，加强对学生的思想禁锢，限制学生一切进步活动。何逢林和几位进步同学在学校附近的西村办的一所民众夜校，被限令解散。何逢林对此义愤填膺，与同学酝酿罢课，以反击顽固派的反动行径。中共电白县特支书记庞达获悉此事，认为这样做有悖于"隐蔽活动"的方针。何逢林听从组织的安排，取消了罢课计划。

1942年夏，电师军训副教官搜查学生宿舍，没收进步书刊。同学们对这种法西斯暴行怒不可遏，一致决定罢课。何逢林、廖鸿才等也认为顽固派如此猖獗，非反击不可。于是，领导同学进行罢课，迫使学校当局开除了这个反动的副教官，打击了顽固派的嚣张气焰。

1942年秋，何逢林从电师毕业，受聘到霞洞明德小学任教。这时，抗日战争已是相持阶段。日军加紧对蒋介石进行诱降。顽固派对抗日更加动摇，反共则更加积极了。中共中央对国统区党组织发出"隐蔽精干，长期埋伏，积蓄力量，以待时机"的指示。中共电白县特支书记庞自要求县内党员各谋社会职业作掩护，团结周围群众，发展进步力量，孤立顽固势力。在学校任教的党员要通过个别串联、切磋学问、交谈对时局的看法、介绍阅读进步书刊等形式，团结进步青年，传播革命思想。何逢林找庞自要求开展活动，在同事和学生中宣传共产党的抗日主张，揭露顽固派不断制造反共摩擦的阴谋。

1943年春，何逢林受聘到位于霞洞大村的电师附小任教。组织安排他代售《高州民国日报》，秘密发行中共办的《新华日报》《群众》杂志，以及其他进步书刊。电师附小所在地霞洞是抗日战争时期电白县的政治、文化中心，是全县顽固势力的大本营，情况复杂，斗争任务十分艰巨。何逢林在教师职业掩护下，利用做学生时建立起来的关系网络，很好地完成了党报刊物的发行任务，并通过社交接触，教育和团结了电师附小以及附近几所小学的进步师生和农村进步青年，为霞洞地区在 1944 年秋以后建立、发展抗日游击小组，开展游击战争，打下了良好基础。

1944 年秋，何逢林遵照上级组织关于扩大农村阵地的指示，也是顺应乡亲的要求，回到木院村文康小学任教。在这里，生活环境和教学条件都较差。但人熟地熟，对开展革命工作较为有利。何逢林抓住一切机会，向同事和学生宣传抗日，传播革命思想。还通过家访等形式深入农户，对其中的进步分子加强教育和培养，吸收他们参加抗日游击小组。到 1944 年冬，学校周边的游击小组成员发展到 20 人左右，由何逢林任组长，并活动在林头地区的木院、黄阳、文车、北诏等地。

1945 年 7 月 12 日，中共电白县组织按照上级指示，发动和领导大衙抗日武装起义。木院游击小组踊跃参战，与友邻队伍一举攻克大衙乡公所，收缴了乡兵的武器，开仓济民。大衙起义后，何逢林身份已暴露，不能再在原校工作，中共茂电信特派员陈华安排他到广州湾（今湛江）西营从事地下工作。

1945 年 8 月，抗日战争胜利结束，何逢林奉调重回电白，中共电白县特派员伍学海布置他通过亲友关系进入家乡附近的聚英小学任教，同原来的游击队员恢复联系，继续开展革命工作。他把革命活动和教学工作很好地结合起来，做得很出色，赢得学生家长的赞扬和同事的敬佩。

何逢林对同志热情，对自己严格，生活俭朴，每月到手工资，除了用于购买必要的工具书和接济生活困难的同志外，剩下的就作为党费全部交给党组织。如在发动大衙抗日武装起义前，上级号召尽力筹措枪支，准备武装起义。他一面布置游击小组成员多方筹集，一面以低价预售了自己一个学期的工资谷（当时以稻谷顶替工资），买回了一支手枪交给党组织。

何逢林在家乡开展革命工作后，他家便经常有同志来往。在他的启发教育下，全家老少都尽力支持革命，热情接待每一位同志。对留宿的同志更注意做好安全警戒工作。特别是其爱人王锦荣，对同志的照顾尤其周到，衣服破了、掉了纽扣的，她给补好钉好；衣物鞋袜湿了的，她给烧火烤干；有伤有病的，她就给买药煮药。

何逢林在家乡开展革命活动一段时间后，身份暴露。上级党组织调他到羊角游击区参加武装斗争。不久，中共茂电信特派员陈华派遣何逢林到茂北山区当负责人。中国人民解放军粤桂边纵队第五支队第十四团成立后，何逢林任第一营教导员。1950年，三十出头的何逢林因患病到茂名县医院诊治时，不幸被潜藏的特务暗杀身亡。

林凤文等革命烈士为国捐躯了，但他们坚贞不屈的浩然正气将永世长存。他们的英名，将永垂青史；他们的事迹，将永垂不朽！

第四节

解放战争时期英烈人物选介

解放战争时期，中共电白县党组织深入发动广大人民群众，投身于解放战争，与国民党反动派进行殊死的战斗。其中，李嘉、程允祯、黄祖文、蔡景祥、蔡胜昆等共产党员、革命战士、地下工作者，不怕流血牺牲，坚贞不屈，为解放事业作出了巨大的贡献。他们的事迹，惊天地、泣鬼神，是教育后人的生动教材。

一、革命好伴侣李嘉、梁之模

李嘉（1918—1946），女，原名李绛云，出生于电白县正龙（今坡心镇）高圳车村，父李汉三，母李陈氏。李家生了5个子女，前2个都夭折了，只存活2女1男：三姐李惠秀、李嘉老四、老五为弟弟李灏。李嘉姑母郑李氏，家在茂名县飞马村，因早年丧夫，膝下无子女。李嘉出世不久母亲瘫痪，40天后她被送给郑李氏抚养。尔后，郑李氏又将其侄子郑奎收为继子，成了李嘉的哥哥。李嘉长到16岁，已成为一个美丽可爱的大姑娘。

离飞马村不远的兰石村（原属茂名县，1958年与龙首、双塘乡划入湛江吴川县），有一位风流倜傥的才子梁之模（1918—1946），也年方十六，一米七几的身高，国字脸，浓眉大眼，聪明过人。

1934年春，年仅16岁的李嘉和梁之模在养母郑李氏的主持下，结为夫妻。

婚后不久，梁之模赴穗中山大学（中大）读书，受北平"一二·九"运动影响，参与中大学生声援北平学生抗日救国运动。回乡后，他极力支持妻子李嘉前去茂南中学读书。李嘉在茂南中学读书的日子里，一直跟许多进步师生读马列书籍，听讲革命故事，谈抗日形势，唱救亡歌曲。几年的学校生活，使她增长了许多文化知识，明白了许多革命道理。在学校里，她努力学习，积极为地下党工作。1938年，李嘉参加了抗日妇女总队。队员们日习军事和救护技术，夜学文化知识和抗日救亡理论。在妇女队的锻炼，使李嘉成为一名合格的党员人选。1940年4月，李嘉光荣加入了中国共产党。

1939年，梁之模大学毕业回乡。他看到爱妻思想和学业进步神速，军事技术过硬，大有须眉不若巾帼之感，于是不甘落后，决心投身到抗日救亡运动中，参加抗日爱国将领张炎组织的抗日乡村工作团（乡工团）。在乡工团里，梁之模演话剧，写抗日标语，到乡村送医送药，讲抗日救亡道理。

1941年，梁之模任茂名中学英语教师，很快受到高州学生和家长的欢迎。一天，国民党第六十四军一五五师师长、高雷守备区指挥官、广东省第七区保安司令部副司令邓鄂（李嘉姨父），使人邀请梁之模、李嘉夫妇前去做客。当他们到邓家时，邓鄂见他们郎才女貌，赞不绝口，随即聘梁之模为其公子们的家庭教师，并请李嘉常来做客。李嘉和梁之模利用这个有利的时机，源源不绝地从邓家获得重要情报，及时传送给党组织。

有一天，李嘉从邓家获知国民党准备突击检查进步教师宿舍的消息，立即向党组织作了汇报。党组织及时地通知有关教师把进步书刊藏好，当敌人来搜查时，没有发现可疑物品，从而避免了损失。

邓家成员经常同李嘉、梁之模讨论一些关于时局的问题。每逢此时，李嘉、梁之模就不失时机地发表一些对革命有利的见解，向邓家人灌输一些进步思想，为党组织做些统战工作。梁之模与李嘉在一起，思想进步很快，向党组织递交了入党申请书。党组织则建议他暂不要入党，以民主人士的身份做统战工作。

高州的《民国日报》是一份在南路颇具影响的报纸。梁之模利用课余时间积极为该报撰稿，不久，就升任为主编。他利用主编的职务之便，配合党组织安排一批党的干部任该报的记者和撰稿人，大量发表进步文章。这样，党组织很快就控制了这份报纸，利用这个舆论阵地大力宣传抗日和党的主张。

1944 年冬，南宁沦陷，日军已打通湘桂线，国民党军队不战而退，南路部分地区变成了敌后，抗战重任落到了共产党人的肩上。中共南路特委决定组织抗日武装起义，茂电信党组织作了起义部署。李嘉、梁之模奉命撤出高州城，参加起义战斗。

1945 年春节前，李嘉、梁之模到了电白羊角凰渐村李荣平、李佐平家交通站。春节过后，他们回到飞马乡家里。那时，郑奎已是飞马乡乡长。当天晚上 10 时许，在煤油灯下，小方桌旁，郑奎、李嘉、梁之模等研究飞马乡举行抗日武装起义事宜，一直至深夜。数天之后，飞马村组织了 20 多人的短枪队，筹集到 40 多支长枪和 20 多支短枪。

1945 年 2 月 17 日晚 12 时，20 多个身佩短枪的起义人员集中在飞马乡公所门前，举行起义宣誓。宣誓完毕，起义队伍立即到烧酒地区与其他起义部队会合。18 日，刘炳燊、车振伦在烧酒地区召开成立南路人民抗日解放军茂南游击大队会议，宣布车振伦为大队长，廖铎为政委，郑奎、罗秋云为副大队长，龙思云、李颐年、钟正书为副政委，龙思云兼政治处主任，李维三、李嘉分别为后勤处正、副主任。

大队成立之后，梁之模参加政治处工作，李嘉负责筹粮筹款工作。要李嘉一个人解决 200 多人的食用问题，困难不少。为此，她把自家的首饰、布匹都拿出去卖了，又去发动进步人士捐款，忙得团团转。

部队抓紧训练，派人侦察敌情，准备攻打仁里乡公所。这时，部队得到情报：一是仁里乡公所加强了戒备，增加了兵力，不宜攻打；二是南路各地起义受挫，整个南路形势紧张。

1945 年 3 月的一天，车振伦召开大队干部会议，决定取消攻打仁里乡公所的计划，分散人员到各地隐蔽，等待时机，以图再起。李嘉、梁之模转移到阳江县雅韶村老朋友谭葆英家中隐蔽。

1945 年 8 月，抗日战争胜利了。梁之模应两阳中学校长、中大同学曾纪伦聘请，出任两阳中学英语教师。抗战胜利后，国共两党和平谈判，形势趋于缓和。梁之模在课堂上发表了许多进步言论，引起一些人注意。在一架美国飞机失事掉落在阳江时，因请梁之模给美国驾驶员当翻译，引起了阳江县国民党官员的察觉，很快便向七区专员公署和邓鄂报告，说梁之模、李嘉潜逃在阳江县城。

1946 年 2 月 18 日早晨，梁之模在江城北街家中，突然听到嘭嘭一阵敲门声。他把门打开，迎进了两个不速之客。其中，一个自称是阳江县警察局局长黄昌纪的家伙，递给梁之模一张名片和一张"请帖"，说道："梁先生，肖仲明县长请你和夫人李嘉去县政府'做客'。"

梁之模心里明白，国民党要逮捕他们了。他与往常一样，梳好头发，穿上西装，打好领带，戴上眼镜，从容不迫。这时，李嘉买菜回来了。潜伏在屋外的警察立即冲进屋里，把李嘉、梁之模捆绑起来。李嘉大声问道："你们为什么抓人？"警察局局长恶狠狠地说："上司的命令，抓共产党和起义人员。"

父母被抓，年幼的儿子和女儿被吓得大哭起来。李嘉、梁之模昂首阔步走出家门。

李嘉、梁之模被捕的消息轰动江城，民主人士和学校师生纷纷到县政府质问和要求释放他们。地下党组织和他们的亲人也千方百计营救，但敌人杀害革命者的决心早下，任何营救都起不了作用。

1946 年 2 月 22 日，为防止共产党武装队伍路上营救，反动派不敢走陆路改走水路，警察押李嘉、梁之模上船，说是从水路去织篢，然后再从陆路去高州，把他们移交给七区专员公署处理。其实，敌人早就准备在半路上杀害他们。23 日，他们从织篢上岸，走到太平乡烟墩岭边时，押役强迫李嘉、梁之模离开大路，往山上走。走到山坡上，李嘉发觉情况有异，转身掩护梁之模，怒斥押役："你们想干什么？"押役说："我们执行上司的命令，在此处决你们。"李嘉昂首向天大喊："老天啊，你看吧！国民党反动派丧尽天良，专门做些见不得人的事。"

押役一边奸笑，一边举枪瞄准。李嘉、梁之模高呼："打倒国民党反动派！""中国共产党万岁！"枪声响了，李嘉、梁之模倒在山坡上。牺牲时，他们同是 28 岁。

新中国成立后，在电白县人民政府的关怀下，梁之模、李嘉的革命战友、中共茂电信地下交通员李佐平亲到阳江太平乡，找到了梁之模、李嘉的坟墓，并将他们的骸骨迁葬于电白瓷厂附近的求雨岭，为他们修建了合葬墓，并立了革命烈士墓碑。2005 年 11 月，经中共广东省委研究，同意追认梁之模为中国共产党党员。2006 年 3 月，中共电白县委、县人民政府重新为他们修建了革命烈士纪念碑。

二、不留口供的坚强战士程允祯

程允祯（1922—1948），男，出生于电白县林头洛阳村。父亲程为潮，母亲黄氏，家境贫寒。程允祯6岁那年丧母，父亲外出谋生不归，他和4岁的妹妹阿信由继祖母抚养。三年后，继祖母去世，程允祯改与堂兄程允有织席度日，阿信则被一家贫苦农民接去当了童养媳。

1934年，程允祯12岁，在堂兄支持下，领取了祖尝的助学金，入育贤小学读一年级。由于他聪颖勤奋，成绩优异，1936年跳级升入三桥堡小学五年级。他考试成绩经常居第一名，深得师长青睐和同学敬重。1938年，他小学毕业后无力升学，再帮堂兄织席。1939年，他的小学同窗好友车文才资助他入私塾复习，1940年由叔祖父程永祯支持报考电白县立中学（电中）初中班，录取榜上名列第二。叔祖父替他领取祖尝津贴的稻谷，加工成大米，送到学校附近的一个亲戚家搭伙食，杂费和生活其他开支则由亲友资助。

在霞洞电白县立中学读书的三年，程允祯不仅长了身体，也长了才智。他从稚嫩的少年长成了健壮的小伙，文化知识和社会知识也有了长足的进步。特别是在同乡进步青年、共产党员何逢林的指导和影响下，他阅读了许多进步书刊，逐步确立了马列主义的革命思想，积极参与抗日救亡运动。1942年秋，他参加了校内进步同学组织的秘密读书小组。1943年夏，21岁的程允祯加入了中国共产党。

程允祯初中毕业后，凭他优异的学习成绩，本可以升上学习条件好、不收学费、只收杂费的电中高中班。但他认为，当时的霞洞是国民党在电白的反动统治中心（县政府所在地），学校里思想禁锢较严，革命工作较难开展，不如到政治氛围比较自由的地方去做一番开拓性的工作。他征得党组织同意，毅然报考了学习条件较差、交不少学费的私立实践中学（实中）。为的是实中处于偏僻的五和乡农村，反动势力比较薄弱，在那里更便于开展革命活动。至于学杂费和生活费主要靠三个来源：一是家境富裕的好友马炳森的资助，二是祖尝的津贴，三是族亲们的支持。

程允祯生性内向、沉静，拙于交际应酬，但他勤奋好学，力求上进，谦虚和善，待人热情，赢得同学们的亲近和敬重。他入实中不久，同班同学邵若海、杨逢青、马聘等便同他结成了好友，互相传阅进步书刊，交流学习心得，进而组织"读书会"，推动校内学运的发展。1944年春，程允祯按照组织指示，在校内和家乡分别发展游击小组，为建立抗日武装打下了基础。

1945年秋，实中从五和乡的山寮村迁回水东。这时，水东已是中共茂电信组织机关的所在地，为中共茂电信特派员直接领导的政治特区。实中有3名地下党员，即程允祯、邵若海、谢琼英（谢江），他们是由不同单线发展入党的，原先都互不知情，经政治特区联络员联系，他们才组成一个党小组，由程允祯任组长。实中党小组在政治特区联络员具体指导下开展工作，校内党员人数很快增加到近10名，党小组扩大为党支部，由程允祯担任支部书记。

1945年10月，实中党组织第一次领导了罢课学潮。这次学潮的起因是实中学生在校外遭受凌辱：文昌鞋店老板林昌华骑单车碰倒实中学生梁大魁，林昌华自恃是军长陈沛的亲戚，蛮不讲理，反诬梁大魁碰倒了他，动手将梁大魁打伤。学生会主席邵若海要求校长杨蔚青出面交涉，以维护学生的人格尊严和人身安全。杨蔚青置之不理。邵若海发动同学上街游行示威。队伍行至文昌鞋店时，林昌华已关门逃避。学生们撬开店门，砸破橱窗，将橱中商品抛到街上。杨蔚青和训育主任周鉴澄怪罪邵若海在校外滋事，要开除邵若海的学籍。程允祯动员学生骨干杨逢青、马聘等组成罢课指挥部，发动同学罢课，开展反迫害斗争。要求学校撤销开除邵若海的决定，驱逐反动的训育主任周鉴澄，改善学生学习和食宿条件。杨蔚青慑于学生的团结斗争，接受了学生提出的要求，学潮胜利结束。

学校罢课期间也正是晚稻收割季节，程允祯回到家乡，见林头圩上贴着国民党电白县政府的布告，说要实行"二五"减租，即所有收租户要给佃户减少地租25%。可回到村里，听农民都在议论："减租是大好事，但地主老爷不给减谁敢减啊？""如果惹恼了他们，不让种他们的地，我们的日子怎么过？"程允祯想，减租关系到广大农民的切身利益，趁这机会发动农民起来团结斗争，实现减租，既可打击地主的威风，又可提高农民的政治觉悟。于是，他找当地地下党负责人何逢林商量，决定以游击队员为核心，串联农民，统一行动，大家签名保证："坚决只交七成五地租，如果地主夺佃报复，谁都不准继承别人的佃权。"这办法果然奏效，木院一带的许多农民都实现了"二五"减租，也没有哪一家地主敢夺佃报复的。

1946年春，实中学生"读书会"成员发展到七八十人，程允祯、邵若海、杨逢青等牵头将"读书会"正式命名为"拓荒书报阅读社"，简称"拓荒社"，宗旨是向校内外的好学青年介绍进步读物，款项和书刊则通过募捐解决。借用忠良街旧油地一栋二层小楼为社址。楼下陈列各种倾向进步的书刊，如《八月的乡村》《文艺生活》等。每天课外时间和星期天定时开放，吸引了许多实中同学和社会青年前来阅读。楼上藏着当时的违禁读物，如《新华日报》《华商报》《中国向何处去》《大众哲学》《共产党宣言》等。楼上的读物，只有经过教育考察，确信其思想进步、向党靠拢的人，才有上去阅读的机会。程允祯被推为"拓荒社"的财务组长，负责收集捐款和购买书刊等工作，以及秘密代订《新华日报》和《华商报》。

同年夏，国内一些高等院校掀起了"反独裁、反内战、反饥饿"运动。程允祯布置本校学生会和"拓荒社"分别出版《时代》和《拓荒》两个街头墙报，响应全国学运的呼声，揭露国民党电白反动当局捕杀共产党人、迫害进步人士的罪恶行径。水东警察头子叫警察把这两个墙报撕了。实中学生非常气愤，在进步同学带动下上街游行示威，高呼"反对独裁，争取民主！""反对内战，争取和平！"等口号。警察企图阻拦。程允祯、邵若海等带领同学手挽手强冲过去，警察只得溜走。

同年秋，程允祯等一届同学从实中毕业。原实中党支部的成员在校外又发展了一些党员，把党组织扩大到校外，改由邵若海担任书记。这时，邵若海通过广州地下党，与"大地新闻社"取得联系，在水东成立"大地新闻社粤南分社"。程允祯以大地新闻社记者的身份开展社会活动，根据革命工作需要，来往于水东周围的乡村与圩镇间。但是，不久就引起敌人注意，便衣特务进行盯梢。程允祯和邵若海一起撤往广州暂避。

同年冬，程允祯从广州回到水东，打算转入地下打游击。这时，茂电信独立大队转战于马踏、那霍等地，伤病员急需医药物品。党组织布置程允祯筹措资金，从本地贩运农副产品到广州、香港出售，赚取现金购买药品，供应游击队使用。程允祯让马炳森等筹了一笔钱，在县内收购了一批生猪，由水东搭海轮运到香港出售。可是，人地生疏，一时找不到买主，生猪病、死、掉膘，损失不少，不但没赚到钱，反而亏了本，只能买了一批药品和革命小册子带回电白。

1947年初，党组织安排程允祯到粤桂边区解放军司令部直属部队工作。但是，程允祯因水土不服，染上疟疾，身体虚弱，病情恶化，不能继续在部队工作。于是，他回到家乡洛阳村，一面调理医治，一面工作。1947年4—5月，茂电信独立第六连从化州返回电白，在浮山岭周围地区重创了国民党地方团队。木院地区的党组织深受鼓舞，准备大干一场，一面组织一支39人的起义队伍，一面组织筹粮筹款队，以书面通告形式强制当地的地主豪绅交粮交款。这一举措震惊了地主豪绅，说是"武装叛乱"，报告国民党电白县当局，要求立即派军队前来镇压。电白县政府派出过百兵丁，联合本地反动武装，对木院、洛阳附近村庄进行"清剿"。经请示上级党组织同意，考虑到敌我力量悬殊，为保存有生力量，不宜与敌人硬拼，程允祯布置已经暴露的人转到外地隐蔽或调入六连，未暴露的人则停止活动。

1947年6月下旬，钟正书到洛阳村，给程允祯布置筹款任务。他如期完成筹款任务后，转到羊角、茂南、茂东等地参加武装斗争，是地下武装的骨干之一。

12月下旬，中共茂电信工委领导车振伦、钟正书在茂东泗水深垌村召开茂电两县平原地区武装骨干会议，传达工委关于扩大武工队、巩固游击区的决定。程允祯、梁振初、黄成煦、王克、吴汉兴等人依时出席。但是，会议刚开始即遭到茂名保安队的突然袭击。车振伦命大家分散突围。程允祯因路径不熟，在村里多转了一些时间，敌人的包围已经合拢。一个群众把程允祯拉进屋里，搬开灶上的大铁锅，叫他躲进灶膛里，然后再把锅放回原处。可是，一个不大的村庄经不起敌人的严密搜查，程允祯最后还是被发现了。当一个敌兵搬开那口铁锅时，程允祯霍地站起来，吓得那家伙几乎瘫了下来。程允祯与敌人搏斗，因寡不敌众，最后被捕了。

程允祯被押解到高州监狱，在几次受审中始终坚贞不屈，没有给敌人留下一句有用的口供。约一个月后，他被敌人杀害于高州仓地岭。噩耗传到深垌村，群众捐资购买棺木收殓烈士遗体。此后，每年清明节，村中群众都到墓前祭拜。中华人民共和国成立后，电白县人民政府追认程允祯为革命烈士，列入忠烈英名录，并于 1997 年将先烈遗骨迁葬于黄阳，建立纪念碑，以资告慰英烈于九泉，昭示后人永远缅怀。

三、黎明前夕牺牲的好儿子黄祖文

黄祖文（1921—1949），男，出生于电白县羊角山和村。他家庭贫穷，从小尊敬父母，热爱劳动，勤奋学习。6 岁开始入学启蒙，1933 年高小毕业，以优异成绩考上茂南中学就读。由于他才思敏捷，努力学习，进步很快，品学兼优，深受老师厚爱。1936 年，他初中毕业，因父亲去世，家境不好，无钱继续升学，只好留在家乡，一边在本村私塾补习，一边帮助母亲料理家务，得到村中乡亲父老的交口称赞。

1939 年，黄祖文年方十八，经受了学校教育和社会实践，文化知识和社会阅历都大有长进。当时，日军侵略，天灾频繁，加上国民党反动政府的无能和苛捐杂税多如牛毛，在穷乡僻壤的农村，穷苦大众无不煎熬于水深火热之中。对此，黄祖文耳闻目睹，懂得国家内忧外患，前途命运堪忧；国难当头，效忠国家，拯救国民，对于一个血气方刚的青年来说应是责无旁贷的。正当此时，黄祖文得知抗日将领张炎将军已受命于广东南路抗日，并组建抗日学生总队，便即赴高州报考，以图叩开报国之门。结果，由于他家贫一直没能进入正规学校学习，加上报考者甚众，最后他只名列备取第三而未被正式录取。

1940 年，黄祖文前往田心村私塾补习功课，巩固和增进自己的学识，期待有朝一日精忠报国。而国民党顽固派坚持执行消极抗日、积极反共路线，自上而下制造种种摩擦事件。1941 年 1 月，"皖南事变"爆发后，电白革命形势日趋恶化。这时，黄祖文主动参加了由羊角地区党组织领导人李延年等人组织领导的"读书会"，如饥似渴地研读毛泽东著作和各种革命书报，用革命理论武装头脑。同时，按照党组织的布置，同参加"读书会"的同志一道，深入农村，向广大民众宣传抗日救亡的道理，教唱《义勇军进行曲》《大路歌》《松花江上》等抗日歌曲。黄祖文积极参加这些进步活动，陶冶了情操，磨砺了意志，提高了思想觉悟。1942 年春，黄祖文加入了党组织，成为一名中共党员。

民族危机，社会弊端，更加激发黄祖文的革命热情。1943 年起，他先后到羊角的迳口塘、林屋、百叶车等村庄去教书，课余时间深入农村，按照党组织的统一布置，有目的、有针对性地在学生和群众中传播革命道理，开展抗日救亡活动，为巩固和扩大羊角游击区作出了积极的贡献。

1943 年秋，黄祖文参加中共电白县特别支部书记庞自在爵山举办的党员整风学习，进一步认清了形势，总结了革命斗争经验，增强了革命必胜的信心。之后，他工作做得更加出色。同时，也使国民党反动派更加恐惧和憎恨。1944 年以后，他除了在羊角地区隐蔽活动之外，主要是被党组织派到木等、水东和茂南的镇盛、飞马一带开展革命活动。

1945 年 1 月，上级布置电白县党组织在华楼举行抗日武装起义，并要求羊角地区要组织游击队攻打羊角乡公所，夺取武器之后，再前往华楼参加抗日武装起义。当时，黄祖文身体患病，身穿单衣，顶着刺骨寒风，奔走联络，深入发动，曾多次昏倒在地，待苏醒之后，又继续工作。尤其是最艰难、最危险的工作，他常常是抢着去做。一次，党组织决定拔除国民党据点，需要几名尖兵偷袭，他第一个报名参加，成为尖刀骨干。

黄祖文对革命矢志不渝。他十分爱护革命集体，关心革命同志。当部队需要望远镜，天寒地冻时同志们缺乏棉被，他将自己家里的望远镜和棉被拿出来送给部队。1945 年春节期间，共产党员李嘉和丈夫梁之模一起到黄祖文家从事隐蔽活动。他家境本不富裕，但为了让同志们过个好年，硬是将家里刚买回来不久的一头猪崽拿去市场卖掉，买回米、菜接待和招呼客人。

1946年，上级党组织为了扩大游击区，决定调黄祖文等人到信宜县开辟新区。当时，黄祖文的母亲体弱多病，需要他照料。但他坚决服从组织安排，安慰和辞别了病母，毅然奔赴信宜，接受新的工作任务。在信宜县的贵子、怀乡一带山区开展活动，人地生疏，工作环境与生活条件都比较艰苦，他却知难而进，广泛发动群众，很快站稳脚跟，逐步扩大游击区，打开了新局面。1947年，茂电信六连征战抵达信宜时，黄祖文发动了一批青年积极分子踊跃报名参军，为充实和扩大部队出了力量。是年冬，党组织又将黄祖文从信宜调回电白，仍然安排他回羊角游击区参加革命活动，他一如既往积极工作，出色地完成党组织所分配的各项工作任务。

1948年12月1日，羊角游击队员黄家明被捕叛变。此时，在水东、茂南一带活动的黄祖文预感到黄家明会出卖地下党革命同志，立即到茂南张福村找到中共茂电信工委副书记兼组织部部长林其材作了请示汇报。黄祖文遵照林其材的决定，奔赴水东等地，通知有关地下革命同志撤离、隐蔽。果然不出所料，黄家明带敌兵在羊角、水东等地交通站搜捕革命同志。但是，敌人屡屡扑空，革命同志安然无恙。

1949年4月23日，中国人民解放军强渡长江，占领南京，国民党反动统治即将覆灭。5月，电白县组建中国人民解放军粤桂边纵队第五支队第十三团，革命形势大好。8月，党组织任命黄祖文为电白县"华东"区委副书记。9月，县委决定派黄祖文带一支武工队赴"华东"区（含马踏、大榜、爵山、电城等地）开展工作，以打通儒洞至电城间的通道，迎接南下解放军解放电白。9月27日晚，黄祖文率武工队队长何强，队员卢松仔、何燕兆，由交通员陈什林带路,从大衙板桥出发,于 9 月 28 日凌晨三四时到达观珠旱平村地下联络点陈灼辉家。不幸的是,他们的行踪被国民党当地反动保长发现并告密,再由乡公所密电上报王德全、邓炳纲,反动当局旋即派张狄飞带领驻霞洞的保安团第一连和驻观珠的保安团第五连各一部分共 100 多人,前来围攻。天亮前,黄祖文等人被敌人团团包围。面对穷凶极恶的敌人,黄祖文率领众人奋起突围。但因寡不敌众,加上地形、地物不利,5 人在战斗中全部壮烈牺牲。这就是骇人听闻的"旱平"事件(事件唯一活下来的是一名 15 岁的接应交通员林兴。他见情况不妙,便机智地扮成到村外放牛的牧童,瞒过敌人,得以脱险)。黄祖文牺牲时,年仅 27 岁。此时正是中华人民共和国宣告成立的前三天,也是国民党反动派彻底崩溃的前夕,而国民党电白反动派竟还疯狂"扫荡"革命游击区旱平村,残酷杀害了 5 位革命同志,正应了"黎明前刻最黑暗"的古训。

为纪念旱平牺牲的五烈士,1953 年建政时把此地定名为旱平乡(含今大水坡和旱平村委会管辖的村庄)。黄祖文等五烈士其时安葬在旱平的浦水岭。1957 年,电白县人民政府在旱平一带建起了一座中型水库,而浦水岭正位于库区之内,因担心五烈士的坟墓会被水浸泡到,政府遂将五烈士的遗骨迁葬至观珠圩求雨岭,并建立了一座纪念碑。为纪念五烈士在旱平壮烈牺牲的英勇事迹,电白县人民政府将该水库命名为"旱平水库"。正是:浩气长存连广宇,英雄碧血洒江天。

四、英勇无畏的蔡景祥、蔡胜昆兄弟

蔡景祥(1919—1947)和蔡胜昆(1903—1947)是亲弟兄俩,家在电白县马踏村。其父母共生 3 男 2 女。蔡胜昆排行老大,蔡景祥排行老五。全家人过着清苦贫穷的农家生活。蔡景祥年幼时眼睛患病，无钱医治，一只眼睛致残。儿时父亲去世，全家靠母亲携带，艰难度日。为了生计，小景祥到姐夫家去帮工放牛，干着大人们所要干的重活。他在田野、荒山上常以小石子当枪弹投掷，从而练出了每击必中的好眼力。

蔡景祥童年时因为家穷，只在农村读过几个月的私塾，文化程度不高，但却有着结实的身体和倔强的性格。同时，他们弟兄俩长期与贫苦农民朝夕相处，深深了解和同情农民的苦难生活，养成热爱农民、护卫农民兄弟切身利益的良好品德。

1941 年 3 月，两股日本侵略军 200 多人，在电白县南海狗岭（今虎头山）和爵山海岸登陆，分别窜到水东、七迳和电城、马踏一带抢掠骚扰，国民党党政军人员闻风而逃。数日后，这群残暴的日军大肆烧杀抢掠后溜走，电城、马踏的一群豪绅恶棍返聚马踏圩。这帮家伙对乡民的苦难不仅全然不顾，而且还继续搜刮民脂，拐骗妇女，逼良为娼，群众恨之入骨。

当时，蔡景祥、蔡胜昆分别在国民党邓朝乡和马踏乡的乡队当差。当他们知道共产党、游击队才是真正抗日的队伍时，便返回马踏长山一带，寻找党组织的领导人黄东、杨瑞芬，申述救国救民的愿望和迫切要求。经过党组织的调查了解和教育、考察，1944 年秋，由杨瑞芬介绍，党组织批准，蔡景祥、蔡胜昆先后加入了抗日游击小组。

蔡景祥、蔡胜昆参加抗日游击小组后，按照党组织的指示，回到原地当差，主要任务：一是开展抗日民族统战工作，争取更多的乡兵加入抗日游击队；二是了解敌情，发现敌人对党组织和游击队有不利的行动时，及时把消息通报游击队领导人。他们在乡队里做了大量工作，并将获得的敌情消息及时通报游击队领导人，对游击队能坚持在马踏的下山、坝头坡、横枝水等一带村庄进行地下革命活动起了很大作用。

1945年春，蔡景祥利用自己经常跟随邓朝乡乡长的有利条件，想把这个乡长从国民党营垒中争取过来，于是将共产党的有关抗日救国的政策、方针同乡长谈了。这家伙听了后，发起火来，立即卸了蔡景祥的驳壳枪。这时，适逢华楼抗日武装起义的叛徒陈广肇带国民党马踏联防队逮捕了共产党员黄履韵，蔡景祥的行为也就更加引起了敌人的注意。党组织立即通知蔡景祥、蔡胜昆弟兄俩马上撤出，跟随杨瑞芬奔赴农村，投入抗日武装斗争的行列。

1945年8月，抗日战争胜利结束，但革命斗争并没有结束。1946年6月，蒋介石撕毁了《停战协定》和政协决议，新的全国内战全面爆发。蔡景祥、蔡胜昆接受了党组织分配的筹集武器的任务，利用各种有利关系，很快筹到10多支步枪和一批子弹交给了游击队，为充实游击队的装备、发展游击队组织、扩大游击活动地域作出了贡献。

1946年8月、9月间，茂电信党组织将电白的羊角、马踏及茂南的飞马、吴川的三角窝等地的游击武装人员调集覃巴，以茂电信武工队为骨干，成立茂电信独立大队。蔡景祥、蔡胜昆随马踏游击队进入覃巴，编入独立大队。1947年2月6日，大队派杨瑞芬、李颐年带领19名武工队员袭击电白树仔铁板村反动分子蔡什喜家，蔡景祥、蔡胜昆参加了这次战斗，缴获步枪3支、白银300余元。在撤退时，马踏乡副警长许兴祥带队前来追击，部队奋起还击。激烈的战斗从上午10时开始，一直持续到下午3时左右。在部队的统一指挥下，蔡景祥发挥其被誉为"神枪手"的作用，同指战员们一道，打退敌兵发起的三次进攻，并将许兴祥击毙。敌兵溃乱，四处散逃，战斗胜利结束。之后，茂电信独立大队进军马踏，计划开辟那霍、马踏间的北线通道。当队伍行进至马踏坝头村一带时，遭国民党马踏联防队和江界乡自卫队共 150 多人的突然袭击。独立大队一边还击，一边向双髻岭方向转移。蔡景祥、蔡胜昆在战斗中英勇顽强，表现非常出色。

1947 年 3 月初，根据上级指示，茂电信独立大队改为茂电信六连。连长梁振初，指导员钟正书。下辖 3 个排，李时清、黎光烈、蔡景祥为排长，蔡胜昆为班长。下旬，六连奉命开往化廉地区接受新的任务。28 日，连队途经茂南飞马良塘村时，遭到电白自卫队、保警队、水东联防队及茂名肇祥自卫中队、鳌头乡乡队 400 多人的围攻。当时，六连全体指战员正在开早饭。连队领导下达命令："冲出去，占领阵地！"蔡景祥立即丢下饭碗，霍地站起来，喊道："跟我来！"率先带领一班人从住所的正门冲出去。

当时，蔡景祥、蔡胜昆虽还不是共产党员，却表现出大无畏的革命精神，面对敌人的猛烈火力，毫无畏惧，奋不顾身。但是，当他们冲出门外，便身中数弹，壮烈牺牲。蔡景祥、蔡胜昆的英勇献身精神，激励着六连全体指战员，冲出围攻，占领谷仓岭高地，与敌激战一天，杀敌 10 多人。

蔡景祥、蔡胜昆牺牲时，分别是 28 岁和 44 岁。他们的英名将永垂不朽！

第五节 新中国建设时期主要人物选介

新中国建设时期，电白县也有许多人物值得大书一笔的。限于篇幅，这里仅辑录王占鳌、谢申、邵若海、杨增等4个主要人物的传记。

一、电白人民的好书记王占鳌

王占鳌（1904—1986），山西省武乡县蟠龙镇小活庄人。他出生于一个贫苦农民家庭，少年时给地主当长工。1933年底加入中国共产党。抗日战争、解放战争期间，在原籍武乡县历任地下游击队小队长、中队长，区武委主任，县武委副主任、主任，区委书记。1948年2月至1952年7月，在山西寿阳县任区委书记，县委组织部副部长、部长，县委常委等职。1952年8月至1964年7月期间南下电白任职，历任县委第二书记、第一书记兼湛江地委常委等职（1956—1957年曾调任湛江地委边防部部长）。

王占鳌在电白任职（县委书记）达13年之久。13年中，他努力贯彻执行党在各个时期的路线、方针、政策，始终与人民同甘共苦，积极带领全县人民进行社会主义革命和社会主义建设，凡事躬亲，兢兢业业，任劳任怨，艰苦奋斗，为电白的水利建设、造林绿化、爱国卫生、公路交通、农业生产的全面发展作出了重大贡献，为开发电白、建设电白建立了不朽的业绩。

电白原是个"天雨未晴土先干，十日太阳旱煞人"的干旱地区。电白解放初期，在全县 22.27 万公顷土地上，原有的大片森林由于连年遭到滥伐和各种破坏，仅剩下 1400 公顷，森林覆盖率不足 0.66%。山岭因多年被洪水冲刷，到处是崩山烂冈，草木不生，水土流失十分严重，耕地面积逐年减少。沿海地区二成八的土地是白茫茫的沙滩，素称"不毛之地"。粮食产量极低，平均亩产仅 60 千克，是一个严重的缺粮县。每年至少欠缺 3—5 个月的粮食。群众年年逃荒，饿死人、卖男卖女的事常有发生。20 世纪 50 年代初，国家每年要调进 10000 吨大米、拨放几十万元救济款。

1952 年，王占鳌到电白县任职后，他首先考虑的是如何迅速改变电白贫穷落后面貌。他意识到，要改变电白的穷困面貌，必须大力发展生产，而要搞好生产，首先要改造恶劣的自然条件。于是，他和县委一班人下定决心首先重点抓好两件大事：一是抓好造林绿化，防止水土流失，维护生态平衡；二是抓好水利建设，扩大耕地面积，提高粮食产量。

1954 年，全县发生历史上极为罕见的干旱。王占鳌亲自组织、率领 2000 多名机关干部深入各乡村，发动和组织群众掀起打井抗旱热潮，提出"一亩一井"的口号。经过一个月的苦战，全县打井 16 万多口，平均每户打井 1.2 口，缓解了旱灾的威胁。1957 年初，组织县委、县政府领导制订《电白县 1958 年至 1960 年水利建设规划》，并层层进行动员，级级落实措施。1958 年冬，在全县掀起了一个规模空前的、有计划有领导有组织的兴修水利高潮。在兴修水利中，他身体力行，带领县委其他领导住在工地、食在工地，一面指挥、一面劳动，日夜奋战。在罗坑水库工地，他冒着严寒，同干部、群众一起浸在刺骨的冷水里铲泥运泥。他的行动鼓舞了广大干部和群众，大家你追我赶，艰苦奋斗，胜利地完成了一个又一个水利建设任务。1958—1964 年间，全县每年出动 30 万人参加水利建设，建成罗坑、黄沙、河角、旱平、热水等五大水库和罗黄、共青河、河角、热水等四大渠道，以及鸡打港、水东、青湖三大堵海堤围，还有其他中小型水利工程 2478 宗，有效库容 23124 万立方米，使全县农田灌溉面积达 29067 公顷，占全县耕地面积的 57.6%。

在大办水利建设的同时，全县造林绿化工作也列入了王占鳌的工作议事日程。他亲自来到历史上屡遭风沙危害、人民生命财产毫无保障的博贺港，决心发动群众在白茫茫的荒漠沙滩上营造防护林带。当时，博贺港有 1550 多公顷寸草不生的荒沙滩，上千公顷"十种九不收"的旱沙地。王占鳌和区委的干部一起发动群众进行绿化，第一次种下 3000 株木麻黄树苗。但种下不久被风沙一刮就连根拔起，全部死掉。王占鳌并不气馁，他多次召开林业干部、技术员、党团员及绿化积极分子会议，总结失败原因和教训，改用换土植树办法，一个穴、一筐土、一株苗地种植。1955 年，种下 6000 株，成活率高达 85%。经过三年的努力，终于成功地营造起 20 多千米长、280 米宽、占地 1500 多公顷的博贺林带。过去被流沙淹没而荒弃的 140 公顷土地得以复耕，27 公顷沙滩被改造为坡地，种上番薯和其他杂粮，收到了造林绿化的初步成效。博贺防护林带的建成，获得省、中央、地的奖励，被誉为"绿色长城"，闻名全国。王占鳌不满足于已取得的成绩，立即把博贺的经验推广到全县山区、平原，促进全县造林运动的深入开展。1956 年春，成立县造林指挥部。王占鳌亲任总指挥。为制订可行规划，他不辞劳苦，经常顶烈日、冒风雨，踏遍千山万水，从浮山岭到博贺港，从鹅凰嶂到菠萝山，到处都留下了他的足迹。经过调查研究和抓点试验，他从实践中摸索，总结出一套符合电白县情的、行之有效的绿化办法，如种苗不足，就采用自己采种、自己育苗、自己种植、自己管理的"四自"办法解决；成活率不高，就采取保种、保活、保管的"三保"措施解决；为使造林运动持续开展下去，就采用"长年准备，逢雨突击，四季造林"的方法解决。王占鳌还带头种了0.14公顷"书记林"，亲自动手挖穴、种树、淋水、管理。全县各级干部以书记为榜样，带领群众苦干实干。经过十年的努力，全县造林更新保存面积达37334公顷。全县绝大部分荒山僻岭、公路两旁、大小河流两岸都绿化起来了。1963年3月，中共广东省委第一书记陶铸再次到电白视察时，与王占鳌在海边的木麻黄林带中走了几千米，只见林涛与海浪交相呼应，气势雄浑；树林下，木麻黄籽满地，群鸟争相啄食；林网内的沙滩被围成一片片方格，种了花生、番薯。陶铸不无感慨地说："前人栽树，后人乘凉，占鳌同志啊，你办了件大好事，将来应该给你立个碑！"

接着，王占鳌陪同陶铸跑遍了整个电白县。陶铸看到电白已处处绿化，心情舒畅，当即赋诗云："电白竟成绿化城，何处植树不成荫。沧海也教精卫塞，只在无心与有心。"陶铸一边吟诗一边紧紧地握住王占鳌的手，动情地说："占鳌啊，我看电白该改个名字了，就叫电绿吧。当你去见马克思时，电白人民会给你盖一座占鳌庙！"两年中，湛江地委、广东省委、中央绿委、林业部多次在电白召开造林绿化现场会议。1965年3月11日，《人民日报》在头版发表了《学习电白，绿化家乡，绿化祖国》的社论，在全国推广电白植树造林经验。

王占鳌在实践中认识到，要发展生产，还必须改变电白公路交通落后状态。为了修路建桥，他深入公路部门，群策群力，订计划、订措施。他在电白任职13年间，全县每年出动12万人参加修路建桥工程，有时夜以继日地奋战。全县先后修通公路79条，长达191千米，修通乡村公路及经济公路418条，长达611千米；修通乡村大道1170多千米，实现了公社公路化、乡村大道化。同时，还建筑了一批桥梁。

王占鳌治理电白13年，初步改变了电白"一穷二白"的面貌，摘掉了电白县"缺粮县"的帽子，1958年粮食已能自给，1959年开始调出粮食支援国家建设。王占鳌初到电白的1952年，全县粮食总产量仅为13万吨，平均亩产为83千克，到他离任的1964年，全县粮食总产量已达17.8万吨，亩产达168千克，与1952年相比，全县粮食总产量提高36.9%，亩产增长102.4%。财政收入显著提高，1964年县财政决算收入1822.19万元，比1952年收入的202.51万元增长799.8%，平均每年递增20.1%。

王占鳌在抓好电白经济建设的同时，还致力于电白的精神文明建设。第一，他着力抓水东卫生，和镇的干部一起深入街道住户，做好细致的调查研究，摸索灭"四害"的规律，总结推广经验。他身先士卒，和群众一起扫垃圾、清污物、挖"四害"滋生地。仅几年时间，便使水东镇成为闻名全省、全国的卫生标兵城。第二，他重视抓好城镇的市容环境建设，1957年建起1.5千米的水东防潮大堤，又在堤内建起东湖、西湖公园。在防潮堤上筑起一条宽敞的海滨新马路。在街道两旁进行植树绿化、美化。第三，他着力抓好党报的通讯报道。他组织了一个通讯报告组，亲自任组长，亲自写文章。从1958年9月至1960年5月底，《南方日报》刊登电白县稿120篇，其中县委通讯组写的报道有80篇，王占鳌写的有9篇；《粤西通讯》基本每期都有电白县委通讯组的报道。农业出版社出版发行了由王占鳌编著的《滨海的绿色长城》。第四，他认真抓好县志纂修。1960年4月，他组织25人的县志编写组，拨给专款，用两年多时间搜集、整理资料，编辑出版了《电白新志》，为电白保存了很多极其珍贵的历史资料。在修志工作中，王占鳌亲自审订志稿，及时解决人力、物力、财力，使修志工作顺利进行，成为当时全国修志成书的先进县。第五，抓好旅游区的开发建设。1964 年在虎头山、龙头山、菠萝山等旅游点修筑道路，建设亭台，供人们参观、游览。

王占鳌在电白 13 年，治理有方，政绩卓著，深得人民的拥护和爱戴。1964 年初，在一次中南局常委会上，陶铸说："王占鳌同志作出了大贡献。他已经 60 岁了，骑自行车跑来跑去，下雨摔伤了身子。这样的干部我们不能忘，把他调回广州市吧，让他为广州的绿化再立新功。"7 月，王占鳌调任中共广州市委农委副书记。

1986 年 6 月 28 日，王占鳌在其家乡病逝。电白县委、县人民政府知悉后，及时派出相关领导赶赴其家乡为其处理后事并送去丧金、挽联、花圈深表哀悼。

电白人民一直以来都没有忘记好书记王占鳌为全县人民所作的重大贡献。1999 年，由中共电白县委、电白县人民政府编的《人民心中的丰碑王占鳌》一书由广东人民出版社出版发行；在王占鳌战斗过并流下艰辛汗水的罗坑水库的大山上，还建有一座极具纪念意义的"占鳌亭"，让后人永远铭记王占鳌为电白人民立下的丰功伟绩。2009 年春，由电白县纪委监察局建设的"电白县廉政文化教育馆"在县中小学教育基地落成，其中王占鳌铜像就屹立在该馆的正中央，以供后人瞻仰和缅怀。2017 年"七一"，中共茂名市电白区委、区人民政府在西湖公园西北角建起占鳌广场，并在该广场矗立起一座高 3.3 米的王占鳌铜雕像，旨在弘扬他艰苦奋斗、开拓创新、廉洁奉公、无私奉献的公仆精神，激励全区人民为建设宜居宜业平安有序滨海新电白而努力奋斗。

二、全国著名土壤专家谢申

谢申（1898—1990），字崧生，电白县观珠镇石湾乡人，是全国著名的土壤学家。

　　1920 年（民国 9 年），中学毕业后的谢申考入广东农业专门学校（后改为中大农学院）选读农业化学系。由于他学习勤奋，深受系主任刘寅教授的赏识和提携。在校期间，曾先后在校刊《农声》上发表《作物之轮栽》《绿肥之研究》等 10 多篇学术论文。后以优异成绩取得学士学位，成为中山大学第一届毕业生，并为著名水稻专家丁颖当助手，进行水稻土地力试验和肥料试验。谢申曾先后在广西省和广东省农务局和农业试验站任技士，并于1930 年（民国 19 年）回到中山大学广东土壤调查所，在土壤学界老前辈邓植仪教授领导和指导下从事广东省土壤调查研究工作。

　　1935 年（民国 24 年）夏，谢申受中山大学派遣去美国威斯康星大学攻读土壤学硕士学位，第三年学成回国。先后担任中山大学广东土壤调查所所长、教授、农化系主任、院学部主任等职务；还曾担任由邵桐孙主编的民国《电白县志》编委和编辑一职，为该部县志的编辑出版作出了重大贡献。中华人民共和国成立后，他先后担任中山大学农学院农化系主任和华南农学院土壤农化系主任。谢申是中国土壤调查事业的先驱之一。足迹遍布广东、云南的平原山川。20 世纪 50 年代初参加热带作物宜林带勘察，为中国发展橡胶事业作出贡献。其一生发表论著 40 余篇（部），涉及土壤肥力、作物栽培、作物生长障碍因素的土壤环境、农业生产布局等许多方面。

　　谢申一生热爱祖国和他所从事的土壤科学及农业教育事业。他先后当选第三届全国人大代表，广东省第二、第三届人大代表，广东省第三届人民委员会委员，广东省第四届政协常委，广东省科学技术协会第一届常委，中国土壤学会第一至第四届理事、名誉理事，中国土壤学会广州分会理事长等职。在电白，以其名义设立的谢申奖学金，每年为培养家乡人才发挥着极为重要的作用。

三、电白公安战线老前辈邵若海

邵若海（1925—1954），又名邵福祥，电白县电城镇南街人。

邵若海年少时在电白县一小求学。1940 年（民国 29 年）秋，考入私立实践中学（实中）。邵若海天资聪颖，学习勤奋；性格开朗，爱打篮球；为人正直，爱打抱不平；反应灵敏，政治比较早熟。他乐于与思想进步的同学、老师为伍。时实中已有中共地下组织，他在党的教育、培养下，思想进步很快，于 1942 年（民国 31 年）参加了地下党领导的抗日游击小组。同年 11 月加入了中国共产党，在学校中积极组织、领导学生的爱国运动。

抗战胜利后，国共和谈。实中学生思想活跃。邵若海是学生会干部，又是学校篮球队骨干，在同学中有很高的威信，他利用这些有利因素，多方联络各班级的同学，组织社团，进行革命活动。如他所领导的"蓬勃队"（后改名"电啸社"）、"建东队"等球队，除了练球、参加比赛外，还经常组织球员学习时事，讨论国家大事。他教育队员说："电白青年要像雷电一样呼啸起来，干一番事业"，"建东队不仅要打好球，锻炼好身体，将来还要建设好水东"。在邵若海的教育、培养下，这些球队队员绝大部分都先后走上革命道路。

1945 年（民国 34 年）10 月，为了维护学生的人格尊严和人身安全，实中党组织第一次领导了罢课学潮。邵若海以学生会的名义发动同学上街游行示威，邵若海因此事险遭学校开除。1946 年（民国 35 年）8 月，邵若海通过广州地下党的活动，与"大地新闻社"取得联系，在水东成立"大地新闻社粤南分社"，进行革命活动。后由于邵若海身份暴露，组织遂派他到广州、香港等地，以某报记者的身份从事地下革命活动。翌年，邵若海由香港被调回粤桂边区两广纵队驻化州第四团任连指导员。同年 8 月提任团政治处主任。

1948年（民国37年）2月，邵若海调任"光中团"政治处特派员、政治处主任，并随部队东征。同年9月被调回电白县，任中共电白县工作委员会委员、宣传部部长，并具体负责三区（水东）的地下革命工作。在你死我活的对敌斗争中，邵若海表现得坚定果敢，智勇双全。1949年（民国38年）2月的一个深夜，邵若海在与地下工作同志联系研究工作后，回联络站住地时，在澄波街突遇巡警，他在枪口相逼下，沉着应付，智骗敌人，从而安全脱险。同年3月的一个夜晚，邵若海的住地——水东地下联络站突然被敌兵包围，在天将破晓时，他单枪一人英勇突围。当时，他以海堤为掩护，边撤退边还击追赶的敌人。到了一个交叉路口，当他意识到已腹背受敌时，便机智地截住一辆载客单车，假扮为乘客从另一条路回到水东附近，旋即又离开水东，从小路安全撤到设在农村的地下联络站。邵若海单枪匹马突出重围，威震敌胆，名扬粤西。

同年5月，为配合人民解放军解放电白，电白人民武装部队——独立连扩充为粤桂边纵队第五支队第十三团，邵若海任团长兼政委。他率领全团指战员在电白境内及茂名、阳江、阳春等县边境地区，单独或配合兄弟部队进行一系列战斗。

1949年10月29日，电白解放。11月3日，电白县人民政府成立。在新政权中，邵若海任中共电白县委常委、县公安局局长。时电白境内匪特猖獗，杀害革命干部，抢劫群众财物和支前物资，扰乱社会治安。邵若海深入群众，掌握匪情，亲自率领公安战士，在解放军、人民群众的配合下，一举歼灭了何禄儒、陆湘、王甲挺、杨永灼等多股匪特，保卫了新生的人民政权。在历次围剿、追歼匪特的战斗中，邵若海多谋善断，身先士卒，战果累累，因而获中南军区通令嘉奖。

1951 年，邵若海调广东省公安厅工作。

1952 年 2 月 27 日，邵若海被以"莫须有"的罪名判刑入狱，押送湛江"劳动改造"。邵若海在狱中竟遇到曾被他逮捕的一土匪，该匪报复心切，借故与邵争吵，并用锄头击伤邵的头部。1954 年 8 月 29 日强台风袭击湛江，掀塌监狱，邵若海被压身亡，时年仅 29 岁。

中共十一届三中全会后，邵若海的沉冤遂得昭雪。经中共广东省委纪律检查委员会审核，报省委批准，认定"邵若海原案材料失实，原定对他的处理是错误的"。决定撤销 1952 年中共中央华南分局给予邵若海留党察看两年的处分决定和 1954 年省公安厅判处邵若海有期徒刑五年的决定，恢复其党籍，恢复政治名誉。因邵若海案件而受株连的家属和其他人员，予以平反，恢复名誉。1980 年 12 月 24 日，中共电白县委在县总工会礼堂为邵若海举行隆重的追悼会，以慰英魂。

四、举家革命的好大哥杨增

杨增（1918—1991），又名杨牒青，电白县南海镇霞里村人。

霞里村地处南海半岛的腹地，民国时，在村里居住的多为贫苦渔民，靠到浅海捕鱼捉虾和耕种一些薄田为生。而杨增的家庭却是地方的富户之一，他的父亲杨印侬管理着一个比较大的家业，承祖遗产，有出租田 8.7 公顷、自耕田几公顷，有六工半盐田，在水东开有杂货铺 1 家，合股开有药店、咸鱼铺各 1 家，雇有长工、店员、婢女 20 余人。杨增的母亲梁氏，是一个善良贤淑的家庭主妇，生育 5 男 2 女，杨增为老大，依次是学青、碧青（女）、逢青、慧青（女）、猗青、衢青。其父杨印侬生性敦厚，思想开明，同情革命，他曾对人说："这天下将来必属共产党毫无疑问了。"对子女参加革命从无过多地干预。

杨增自小聪明伶俐，勤奋好学，常为老师所赞许。1936 年（民国 25 年）秋，杨增进入广州市一中就读高中。翌年，七七事变发生，抗日战争全面爆发，全国迅速掀起抗日救亡运动。

正值青年的杨增，在共产党人谭行、谢永宽、周天行的引导下积极投身伟大的革命运动。他除了如饥似渴地学习马列著作外，还利用一切可以利用的时间组织进步书刊分发给同学们阅读，并与同学们一起参加各种抗日活动。

1938 年（民国 27 年），日军步步入侵，广州局势紧张，市一中疏散撤离，杨增回到家乡霞里村。杨增这次回来，为霞里播下了革命火种。他首先成立"读书会"，吸引自己的弟妹们及侄子、村中的青年参加，组织他们学习、研究自己从广州带回来的马列著作和高尔基、鲁迅等进步作家的著作。在阅读、讨论中，又联系具体问题，给他们讲革命故事，讲当前的抗日形势，提高青年人的思想觉悟。其次，杨增在村中先后组织歌咏队、话剧组、良友篮球队等，教唱抗日救亡歌曲，排演抗日救亡话剧。同时还出刊墙报书写革命标语等，把霞里村的抗日救亡宣传活动搞得有声有色，给霞里村的青年们灌输了革命思想。

1939 年（民国 28 年）秋，杨增插班高州中学就读高中，在学校里，他接近进步同学，靠拢地下党组织，积极参加"读书会"，学习中共中央有关抗日的文件，了解党的抗日方针政策，并积极参加各种抗日救亡活动。经过组织的教育和考验，1940 年初，杨增加入了中国共产党。

1940 年（民国 29 年）秋，杨增高中毕业，回到家乡后很快便与中共电白县组织取得了联系。他根据党组织的指示，把自己的家开辟为党的地下联络站。他动员弟妹和工人、婢女投身革命，积极参加联络站的迎来送往的接待和安全保卫工作。

1942 年（民国 31 年）秋，按照党组织的指示，杨增与弟弟杨学青一同考入广东国民大学，杨增就读新闻系。在学校时，他勤于攻读功课，品学兼优，同时还善于团结和引导同学投身抗日救国运动，积极、主动发展条件成熟的进步青年学生入党。日军入侵广州后，广东国民大学先后迁至开平楼岗、茂名高州和阳春春湾。当时抗日救亡浪潮汹涌澎湃，南路人民抗日武装曾多次举行起义，受到国民党顽固派的疯狂"扫荡"，杨增与粤中人民抗日武装失去了联系，致作战时无法互相配合。受党组织派遣，杨增与黄东一起以提前上学为名，冲破敌人的层层封锁，步行到春湾寻找粤中人民抗日武装。可两人经过千辛万苦到达春湾时，游击队却已在日前撤离，不知去向，他们扑了个空。事后，杨增不无愧疚地对黄东说："我们没有完成任务，你向组织汇报时要代表我们俩向党请罪，请求组织给我们处分。"

1945 年（民国 34 年）初，中共茂电信特派员陈华根据形势的发展，决定将水东划为政治特区。为配合中共茂电信领导机关转移工作，杨增按照组织的指示，在继续办好自家联络站的同时，相继将自家开设在水东的"新和安"商铺和南海小学办成新的联络站。接着又买来一艘交通运输艇，安排地下工作人员杨传、杨坤和杨水青负责驾驶。这样，便形成了一个自水东至南海霞里的地下交通联络网。县、地、省，以至中央的地下党、地下军的领导可以随时进出或居住于水东、霞里的联络站，或传达中央的指示，或布置、检查、联络革命斗争工作，或召开地下党重要会议，或隐蔽治病，或路过，都有极为安全的保障。其中就有吴有恒、左洪涛等，他们都是肩负着上级党组织的重任而到来的。

为办好这三个地下交通联络站，确保党的干部的安全，杨增花费了全部精力。每次地下党会议的与会人员和平时来往人员的迎来送往、住宿、伙食等后勤工作和安全保卫工作，杨增和弟妹及其家中的工人、婢女常常是全体出动，从管理伙食、安排住宿、联系交通,到安全保卫,各负其责。尤其是保卫工作更为重要,在霞里村的村前、村后、海岸、码头处处都要派人放哨、巡逻,不论是白天黑夜,也不论是酷暑严寒,还是刮风下雨,都不能稍有松懈、疏忽。在白色恐怖的年月里,杨增所负责的这三个联络站始终安全、稳妥地完成各次任务,从没有出过差错。当时,中共茂电信工委领导车振伦曾称赞说:"杨增的家是中共茂电信工委的安全办公地点。"

为办好这三个联络站,使党的工作能顺利开展,杨增承担了巨大的经济重担。首先是食宿问题,在杨增负责这三个联络站期间(即从 1945 年 1 月至 1949 年 9 月),基本上天天都有人员来往,少则三五人,多则十几人不等。有的食宿一两天,或三五天,有的还要住上一两个月。如中共茂电信工委副书记林其材是常住联络站办公的;吴有恒夫人曾珍有一次带了几个人来联络站,一面养病,一面工作,住了相当长的一段时间。杨增为人直爽,办事细心。他体谅到搞地下革命活动的领导同志工作辛苦,活动频繁,危险性大,有时一两天都不能吃上一顿饭,所以每当有人员到联络站,他都把食宿安排得妥妥当当,尽量让同志们吃得饱些、吃得好些、住得舒服些,从不考虑经济问题。其次,当党组织急需活动经费时,当一些领导同志转移或出发外地急需川资时,当党的武装部队需要枪支弹药时,当一些新参加工作的同志需要衣被时,杨增都千方百计地为组织筹集,无私地奉给。在那几年中,杨增为资助革命事业究竟用去了多少钱财,这是很难用具体数字来统计的,但有一条可以肯定的是:在革命岁月里,杨增家中每年的全部经济收入,除去他自家的正常生活开支外,余下的全部用作了党的地下革命事业经费。至电白解放前夕,杨家的经济已很拮据,时杨印依已去世,杨增便约齐几个兄弟商量说:"现在正是紧要关头,我们就是倾家荡产,也要把支援革命的重担承担到底。"他是这样说的，也是这样做的。他变卖 50 多石田产，又向好友借卖 2 条洋纱，得款 1000 多银圆，全部交给党组织。至水东解放时，其"新和安"商铺的资产已全部用光。

1946 年（民国 35 年）秋，杨增大学毕业后在水东实践中学任教，党组织交给他的任务主要是继续抓好三个联络站，同时进行上层人物的统战工作和搜集地方敌情。当时实践中学校内学潮迭起，为不暴露身份，他严格遵守党组织的指示，对学潮不闻不问，集中全副精力，秘密地完成组织交给他的各项任务。在这期间，由于杨增的启发教育和以身作则的引导，他的弟妹中有 4 人加入共产党，2 人加入共青团；在婢女中，有 2 人加入共产党，5 人加入共青团；其妻子、侄儿和长工、店员的大部分人，以及村中 20 多名青年也先后参加了革命。1949 年（民国 38 年）夏，按照组织安排，杨增被调至粤桂边区党委工作。

中华人民共和国成立后，杨增先任湛江市税务局局长，后调任湛江市总工会主席、湛江教育学院副院长等职。他一生无子女，爱妻梁紫文又早他而逝，他生活简朴，处事平和，从不计较职位与权力，也从不居功诿过。在一些政治运动中，虽曾受过"左"倾错误的折磨，但他始终对党忠心耿耿，以其清廉勤恳的工作作风，默默无闻地为党的事业作出无私的奉献。

1991 年 4 月，杨增病逝于湛江，享年 74 岁。

附　录

附录一 电白大事记（1924—1949）

1924 年

5 月 18 日　邵贞昌、区就宪等从广州回到电白，分别在白马、仙桃园、电城等地秘密进行革命活动，先后与邵以梅、黄景荣、邵玉龙等 17 人酝酿组织农民协会，开展农民运动。

1925 年

5 月 1—9 日　广东省第一次农民代表大会在广州召开，选举产生了广东省农民协会执行委员会。邵贞昌作为代表出席这次大会。会后，邵贞昌受党组织派遣回到电白，迅速开展农运和筹建中共电白县组织工作。

5 月 13 日　邵贞昌在白马召开有 1000 多人参加的农民群众大会，宣传贯彻广东省第一次农民代表大会精神，农民运动迅速发展。

5 月下旬　邵贞昌在自己的家乡白马乡乐山公祠（六世祖祠），召集经过教育和考察的邵以梅、黄景荣、杨熙隆、邵锡瑞、邵锡琉等 13 人，举行加入中国共产党宣誓，建立了电白县第一个乡级党组织。

6 月初　电白县农民运动的蓬勃发展，促进了中共组织的发展。在邵贞昌的领导下，农运中经受锻炼和考验的党员骨干已有区就宪、陈德滨、崔万选、崔万佳、邵以梅、邵锡瑞、邵锡琉、黄景荣、吴干帮、邵玉龙、黄日光、高筱英、区维繁、杨熙隆、杨良卿、邵天槐、杨乃廷、蔡亚昌等。邵贞昌受命在电城东街严家祠建立中共电白县支部，邵贞昌为支部书记。这是广东南路第一个县级党支部。

6 月下旬　电白县第一个农民协会——白马乡农民协会成立，有会员四五百人。

6 月 26 日　农民协会领导骨干和积极分子邵以梅、邵锡琉、邵玉龙、邵锡瑞、黄景荣、黄日光、陈德滨、高筱英、区维繁、杨熙隆、邵锡梅、杨良卿、邵天槐、杨乃廷、蔡亚昌等 19 人在电城开会，研究农民协会的发展和对团董劣绅开展斗争等问题。会后，各自回到岗位，广泛宣传，进一步动员和组织农民群众参加农民协会。

1926 年

1 月 26 日　国民党电白县党部成立。国民党南路特别委员会委员林从郁（中共党员）主持大会。邵贞昌、区就宪、陈德滨、吴干帮、崔万选等共产党员当选为县党部委员，其中邵贞昌、区就宪、陈德滨等被选为县党部执委。后经改组，县党部委员、执行委员和各部负责人绝大多数都是共产党员和国民党左派人士。

2 月　电白县第一次农民代表大会在电城召开，成立电白县农民协会，选出邵贞昌为县农民协会会长，苏步余、陈永昭等 5 人为执行委员，邵贞昌、区就宪、黄景荣等 3 人为常务委员。此后，相继成立了电白县工会筹备委员会，主任委员区维繁；电白县妇女解放协会，主任高筱英；同时，在博贺成立博贺渔民协会。

3 月 7 日　广东省农民协会和国民党广东省党部派黄学增、韩盈、钟竹筠、杨枝水、陈合选等人到梅菉成立广东省农民协会南路办事处。黄学增为主任，兼国民党广东省南路特别委员会主席。林丛郁负责各县党部工作，韩盈负责工运工作，钟竹筠负责妇女工作。同时，中共广东区委任命黄学增为中共广东省南路特别委员会特派员。

3月17日　召开国民党南路特别委员会和广东省农民协会南路办事处会议，研究党务工作和农民运动问题。会后，黄学增领队到吴川、电白等县指导农运工作。

3月19日　电白县农民协会经呈请南路办事处批准，成立区一级农民协会。是日，电白县第三区农民协会成立。此后，各区农民协会相继成立，至6月底，电白县9个区农民协会均已成立。区农民协会会址：一区电城、二区马踏、三区树仔、四区沙琅、五区霞洞、六区羊角、七区观珠、八区水东、九区林头。

4月10日　在国共合作的有利形势下，国民党广东省党部青年部在广州召开全省青年代表大会，历时5天。国民党电白县党部派区就宪参加。会后，县召开青年代表会议，区传达省代表会议精神，号召青年投身革命运动。

8月7日　电白县第二次农民代表大会在电城旧雨坡召开。会上各地汇报了敌情，揭露土豪劣绅勾结国民党右派镇压农民运动的罪行，会议要求各级家传紧急行动起来，同破坏农民运动的国民党右派、土豪劣绅开展针锋相对的斗争。会后，县农会向上级报告了敌情。

8月10日　中共广东南路特派员、南路广东省农会办事处主任黄学增撰写的《为电白农民求救》一文在《人民周刊》上发表，揭露土豪劣绅破坏农民运动的罪行，呼吁各界同胞援助电白农民兄弟，强烈要求政府惩办电白土豪劣绅，解散地主民团，取消团局的苛捐杂税——谷税、牛税、人头税、番薯税等，解散八堡会，赔偿农民损失。此文的发表，给电白农民运动以极大的支持。

8月17日　广东省农民协会执行委员会召开扩大会议，参会人员有全体执委、各地办事处主任、各县市农运主要领导人108人。中国共产党中央委员瞿秋白等人出席了大会。毛泽东在会上讲话。电白县农运领导人邵贞昌参加会议，并汇报6—8月电白县惨案情况，揭露电白县反动当局的滔天罪行。大会全体代表和广州郊区农民1000多人，以彭湃为总领队，举行游行示威，向国民党中央、国民政府请愿，强烈要求惩办电白、东莞、花县等县破坏农民运动的罪魁祸首，以保证工农运动的顺利发展。大会还发出《为电白、东莞及花县惨案通电》《致电白、东莞及花县县长书》《慰勉电白、东莞及花县农民书》。

9月23日　广东省农民协会主办的《犁头》周报第15期刊载广东省农民协会执委扩大会议，声援电白县农民运动的通电，题目是《为电白、东莞及花县惨案通电》。不久，县长杨锡禄被调离电白，一些土豪劣绅和官吏被惩办，从而打击了反革命势力，支持了农民运动。

9月　电白县第三次农民代表大会在电城东街文庙召开。

1927 年

1月　邵贞昌调离电白，上级党组织派杨绍栋（茂名人）任中共电白县支部书记，崔万选负责办理党务。各区成立党小组。这时全县党员已发展到80余人。

3月　广东省农民协会派冯广（广州人）来电白县任农民协会军事部负责人。

3月中旬　在中共电白县组织的领导下，县农民协会举行一次全县性声势浩大的示威游行。游行那天，各地成千上万的群众手执三角纸旗，拥上街头和大路，组成浩浩荡荡的队伍。高呼

"打倒土豪劣绅""打倒帝国主义""铲除贪官污吏""打倒恶霸地主""劳动人民团结起来""农民协会万岁"等口号。一路上还张贴标语和散发传单，一时声势浩大，群情激昂，威震四方。

3月25日　在电城东街孔庙召开电白县第四次农民代表大会，到会代表及来宾100多人，县长姚步荣列席会议。他在群众运动的压力下，不得不对农民运动表示支持和同情。会议期间，土豪劣绅、恶霸地主邵馨府、邵华卿等指使几十名流氓打手混入会场，殴打代表和农民协会干部，受伤者十几人。县农民协会领导干部陈德滨被打得遍体鳞伤，昏倒在地；代表邵锡金被打重伤至死。县长姚步荣在流氓捣乱会场时，带着卫兵溜走了。当时，县农民协会军事部负责人冯广闻讯即率领农民自卫军前来还击，逮捕了一些流氓打手，严加惩处。

4月22日　深夜，国民党余汉谋部队1000多人，会同电白县土豪劣绅把持的反动民团发动反革命事件，突然分头袭击全县各级农民协会，镇压农民运动。县农民协会军事部负责人冯广等112人被捕，邵以梅、邵贞昌等数十人先后被杀害。电白县轰轰烈烈的农民运动被镇压，革命斗争陷入低潮。全县的共产党员和革命人民改变斗争方式，转入地下秘密活动，坚持革命斗争。

1928年

1—4月　黄学增调往广宁县任县委书记。2月20日，中共广东省委决定恢复中共南路特委，领导南路工作，杨石魂为书记。4月15—20日，中共南路特委在化（州）县三区召开扩大会议，选出杨石魂、周颂年、卢永炽、吴家槐、梁本荣、黄平民和李本华等7人为委员。常委杨石魂、周颂年、梁本荣。书记杨石魂。

4月　中共南路特委分配各县党组织的活动津贴费白银280元，其中分给电白20元。1928年中共南路特委在发展党组织的计划中，指示各县应从雇农、佃农中发展党员，要求电白在当年6月底前，把党员发展到500名。

4—7月　4月，中共电白县支部书记徐用鉴因病调离。同月中旬，由前负责人杨绍栋到广州湾找中共南路特委，联系不上。自此，电白县党组织与上级关系中断。6月10日，中共南路特委发出通知于7月1日在化（州）县三区召开南路党员代表大会，各县市代表36人，其中分配电白县代表1名，因当时电白县党组织与中共南路特委联系中断，所以没有接到会议通知和派出代表参加会议。中共广东省委在8月7日统计的全省党员中，电白县有党员100人。但从1928年7月至1939年3月，电白县党组织中断活动长达十年时间。

1937 年

7月7日　七七事变，中国革命进入了全民族抗日战争时期。

9月　经中共一系列的工作，国共两党第二次合作正式实现。电白县人民对日本的野蛮侵略，同仇敌忾，奋起抗日救国。特别是知识界和青年学生，踊跃发表抗战言论，开展抗日救国宣传活动。

1938 年

1—2月　国民党十九路军爱国将领张炎，受任广东省民众抗日自卫团第十一区统率委员会主任。2月，该会在梅菉成立。张炎接受中共抗日主张，在广东省南路动员、组织广大民众和散居高州六属的原十九路军将士起来抗日，并支持共产党员肖光护和进步人士苏觉民等人组成的梅菉各界民众抗日义务宣传队的抗日宣传活动。

7月　受全国和南路抗日形势的影响，电白县民众抗日统率委员会和电白县民众抗日游击指挥部成立，唐威任主任兼指挥，何中行任副主任兼参谋室主任。接着，国民党电白县属各区联防队改编为抗日自卫团队直辖大队，开始建立民众抗日武装。

10 月　日军南侵，广州、武汉相继沦陷。全国抗日战争由战略防御转入战略相持阶段。此后，电白沿海地区的电城、博贺、水东、南海等地，屡遭日军的飞机轰炸和军舰炮击，受到日军的直接侵扰，人民抗日救国的呼声更加高涨。这时，广东省民众抗日自卫团第十一区统率委员会改为广东省第十一区游击司令部，张炎任司令。司令部从梅菉迁设高州，下辖茂（名）、电（白）、信（宜）、化（县）、吴（川）、廉（江）等 6 个县。

11 月　电白县抗日游击指挥部组织电白县抗日游击守备区乡村工作队，并举办抗日骨干集训班。在县乡工队的邱鸿迪、王学明等几十名青年应招受训，学习中共抗日救国的有关方针政策。此后，不少受训者被培养成为抗日救亡运动骨干。

12 月　为打击汉奸、亲日势力，清除抗日障碍，巩固抗日后方，张炎开展抗日锄奸活动。在南路地区首先处决汉奸林绳武（信宜人）。接着，县乡工队主要负责人罗文洪和抗日团体等方面向张炎汇报许宝石、许伯伦（电白县大榜乡人）私运钨矿资敌的汉奸行为，张炎决定活捉汉奸许宝石、许伯伦，指令唐威执行。唐威组织并带领电白抗日游击队和县乡工队等武装队伍 1000 多人，以行军为名到达许家活捉汉奸父子并执行枪决。这些抗日锄奸行动在电白及南路地区震动甚大。

12 月　中共广东省委东南特委派遣香港学生赈济会青年回国服务团第一团于 1938 年 12 月底到达高州，并在高州设立服务团总部。

1939 年

1 月初，服务团部派均是中共党员的副团长黄秋耘，团员袁惠慈，秘书长、进步青年马勇前等人组成工作队，到电白县民众抗日游击指挥部工作。黄秋耘担任教导队政治教官，袁惠慈担任教导队教导员。不久，马勇前调返团部工作。服务团又派麦逢德来电白，后入电白县简易师范学校工作。工作队到电白后，成立中共电白县中心支部委员会，黄秋耘任支部书记，袁惠慈、麦逢德为支部委员。他们的主要任务是：参加当地抗日团体，掌握部分抗日武装；恢复重建中共电白县组织。全县又有李延年等一批进步青年参加乡工队。

3 月　张炎接任广东省第七区行政督察专员兼保安司令，即将乡村工作团改为战时工作团。电白县乡工队也改名为电白县战时工作队。

是月　服务团团长刘谈锋（服务团党组织的主要领导人之一）向黄秋耘、袁惠慈传达上级党组织对电白工作的指示：要求在电白的服务团成员，一部分抗日游击守备区指挥部及其所管辖的各种训练班里任职，掌握武装，一旦侵华日军登陆，可以拉上浮山岭一带山区打游击；一部分可以当教员或者做别的工作，借以扩大活动范围和政治影响。

是月　中共高雷工委派工委委员、秘书陆新来电白霞洞传达工委决定，在电师附小宣布成立中国共产党电白县中心支部委员会（当时中共电白县组织的领导机构），由黄秋耘担任中心支部书记，袁惠慈、麦逢德为支部委员。电白县党组织在抗日救亡的烽火中恢复重建。之后，黄秋耘、袁惠慈进入那霍、云潭一带山区察看地形和访问群众，为建立游击根据地进行准备工作。

4 月　刘谈锋再次到电白，向黄秋耘、袁惠慈传达了此后服务团党组织归中共高雷工委领导的决定（前由中共广东省委东南特委领导）。同时，再次指出当时的主要任务是：宣传和贯彻独立自主方针，组织和发展抗日武装力量；准备建立敌后游击根据地，开展抗日游击战争；培养进步青年作为吸收入党的对象，以便发展党员，巩固和壮大党的组织。

是月　中共电白县中心支部根据高雷工委的指示，加强抗日民族统一战线工作。中心支部确定，统战的对象主要是社会上层人物，团结比较开明的何中行和进步人士叶春、苏觉民、李有杰、刘雨帆、高川若等人，以及争取唐威。同时，对他们的反动言行进行有理、有利、有节的斗争。通过统战工作，扩大党的影响，促进抗日救亡运动的发展。

5月　电白战工队回战工团总部集训期间，罗文洪、黄禄海、苏坚等3人被批准加入中国共产党组织，并成立电白战工队党支部，罗文洪任支部书记。集训结束回电白后，党支部吸收了张逸侬、詹润桐、王丙光等人入党。此时，在电白县的共产党员有10多名。

是月　电师、电白县立中学的学生，进一步开展抗日宣传活动。麦逢德入电师工作后，以音乐教员身份作掩护，进行革命活动。从此，电师成为地下党活动的重要据点。麦逢德发动学生组织"读书会"，引导学生阅读《社会发展史》、艾思奇的《大众哲学》等革命书刊，并针对汉奸和亲日派散布的"抗战必亡"等反动谬论，组织学生进行"抗战必胜"的演讲和讨论，以毛泽东《论持久战》驳斥亲日派的"亡国论"，用抗日理论武装学生的思想。

6月　在抗日浪潮的推动下，国民党电白县党部举办了一个有40多名中学生、小学教员和社会青年参加的干部训练班。黄秋耘、袁惠慈担任该班的政治教官，向学员宣传中共团结抗日的方针政策，讲授中国革命运动史，进行革命教育。严子刚等进步青年参加了这个学习班。

是月底　通过何中行的介绍，由电白县政府委任袁惠慈为督学。袁惠慈到任后，带领干训班两名学员到县内各乡有关小学视察，了解各校教学和各地抗日活动情况，有利于抗日救亡运动的发展。

6—7月　在抗日救亡运动中，霞洞地区的农民群众在党组织的领导和发动下，西村、牛路头、马路头、河陂屋、河口等村庄都分别成立"抗日锄奸队""抗战服务队"等抗日群众组织。张炎到霞洞视察抗日救亡工作时，1万多抗日军民或荷枪列队，或手执锄头、禾叉，在汉人坡接受检阅，声势浩大。

7月　新招一批知识青年，并经培训后扩充到广东七区战时工作队，成为特别守备区学生总队。派来电白的是学生总队的第四中队，有100多人（大部分是电白县籍青年，少数是阳江、阳春等县青年），李贵英任中队长，罗文洪任副中队长（相当于政治指导员，党内仍任支部书记），继续在电白开展抗日救亡工作。

是月　在抗日救亡运动高潮中，电白县党组织又有新的发展，学生队党支部吸收了李延年、黄骥英等人入党。

是月　在广州读书的杨增接受马列主义教育，暑假回家，引导杨展华、杨坚、杨学青等学习马列著作及进步书刊，组织起以杨增为会长的"读书会"，用各种形式开展抗日救亡运动。

是月　自广州失陷后，日军军舰经常在放鸡岛附近海面游弋寻衅，飞机不时轰炸、扫射电白沿海村、镇，使不少人民群众生命财产没有安全保障。一天晚上，一小股日本海军乘坐橡皮艇，到电城附近海面挑衅。当时担任国民兵常备队中尉政治指导员黄秋耘，带领一个40多人的加强排，在海滩上以密集火力狙击，敌人用机枪盲目扫射一阵便仓皇逃窜。加强排没有伤亡。日军在电白地区第一次遭到抗击，显示了电白人民抗日救国的坚强意志。

8—9 月　黄秋耘奉调赴高州前，发展了邱鸿迪、崔峻彬、林宜生、刘俊才等人入党。全县的共产党员增至 20 多人。

9 月　根据有利于抗日救亡运动的开展等情况，黄秋耘、袁惠慈先后奉命上调高州学生总队部和妇女总队工作。中共电白县中心支部书记由罗文洪接任，麦逢德（任组织委员）、李锦波（从粤中调来，任宣传委员）、苏坚为支部委员。

是月　严子刚在"国民党干部训练班"受训后，又参加有 40 多人的政治工作队，深入农村进行抗日宣传工作。后再到高州由黄秋耘介绍到学生队茂名中队当队员，继续接受教育和参加锻炼，提高觉悟。

11 月　由学生队领导人罗文洪主持，在沙琅地区先后成立"农救会""青抗会""妇救会"，同时开展统战工作，召开沙琅地区开明绅士会议，号召各阶层人民，有钱出钱、有枪出枪、有力出力，共同抗日。从而动员了一批青年，筹集了部分武器，组成了一些抗日自卫小组。

是月　国民党电白县政府在沙琅举办全县教员学习班。叶春推荐李锦波主办。这个学习班旨在训练教员，以加强抗日宣传工作。原定时间三个月，但仅办了两个月左右，县长陈任之即以沿海地区局势紧张为由，指令提前结束。

1940 年

2 月　根据中共广东省委 1939 年 11 月决定撤销中共高雷工委后，成立中共南路特别委员会，书记周楠，组织部部长温焯华，宣传部部长潘云波（后杨甫）。

3—4 月　南路地区反共逆流达到高潮阶段。3 月 29 日，高州发生了"周文事件"，尔后，形势急剧变化：国民党当局强令取缔和解散服务团和学生队等抗日武装组织。张炎也于6月下旬被迫辞职。

4月　李嘉光荣加入中国共产党。之后，她积极发展党员，单是她的亲人，就有四五人在她的发动下加入党组织。

5月　中共南路特委从遂溪县调陈其辉到电白县，负责党组织的领导工作。

9月　中共党员李康寿、李锦波由组织安排，并经校长聘请，前来电白实践中学任教。他们到校后，接收了党员学生黄培恭的组织关系，成立了党支部，李康寿任支部书记。后来党支部还先后发展了杨坚、杨展华、廖华、李鹏翔、陈铭芳、杨学青、李佐平等人为中共党员。

是月　中共南路特委任命陈其辉为中共电白县特别支部书记，徐东翔为组织委员，黄禄海为宣传委员。当时，全县党员已发展到30名左右。

是月　中共电白县特别支部在霞洞附近的农村召开第一次支委会，分析了当时的形势，会议决定加强党的思想建设和组织建设。对工作作了分工：陈其辉负责全面，兼管霞洞片工作，徐东翔负责电城片工作，黄禄海负责羊角片工作。

11月　国民党蒋介石掀起第二次反共高潮。国民党电白县反动当局加紧破坏中共电白县组织。县政府指令实中校长赖祥华，以"左"倾"危险分子"的罪名解聘共产党员教员李锦波。经在校的中共支部引导学生开展斗争，在校方接受不得处分学生以及给李锦波提前发足全学期工资的条件下李离开学校，结束了这场斗争。

1941 年

2月　李康寿离开电白之前，受陈其辉的指派先后在羊角凰渐村李佐平家、旱塘村廖华家、沙琅黄培恭家举办党员训练班。参加训练的党员有廖华、李鹏翔、李佐平、陈汉雄、杨坚、杨展华、黄培恭、陈铭芳、杨学青等。李康寿在班上讲了政治形势、党的建设、统一战线、青年运动等问题。要求党员团结广大青年坚持抗日，坚持革命斗争。

是月　陈其辉主持召开特别支部委员会会议，分析革命形势，研究党员思想状况，要求对党员进行思想教育，坚定革命意志和抗日必胜的信心，既要隐蔽，又要积极同群众交朋友，继续宣传中共的抗日方针。

3月　陈其辉、徐东翔因身份暴露，根据中共南路特委的指示先后撤退。接着，中共南路特委派庞达接任中共电白县特支书记，黄存立任组织委员。

是月　两股日本侵略军约200多人，分别在南海狗岭（今虎头山）和爵山的海岸登陆，进入水东、七迳、电城、马踏一带抢掠。国民党党政军闻风而逃。但中共电白县党组织以抗日救国、保卫家乡为己任，各地党员分头发动群众，为抗击日本侵略者而组建武装队伍。

6月　国民党电白县顽固当局加紧破坏行动，到处搜捕共产党员。庞达到羊角工作，被国民党羊角乡乡长带领乡兵到他的住地包围搜查，没发现证据而撤走。后根据中共南路特委布置，黄存立、黄东、严子刚等一批已暴露身份的党员撤退到广州湾。接着中共南路特委通知庞达撤离电白。夏秋间，于电白党组织恢复活动后，在女学生中发展的第一个共产党员杨坚也撤退到广州湾。

9月　南路地区的革命形势更加恶化，党的活动十分困难。中共南路特委书记梁嘉根据部分党员思想消沉、害怕动摇、自由行动等情况，决定派严子刚重返电白主持党的工作。是年冬，马踏发展了黄履韵、杨瑞芬等人加入党的组织，成立党小组，小组长黄东。

1942 年

2 月　中共电白县组织对党员基本上采取单线联系的方式进行秘密活动。严子刚在南强中学上学时，为便于活动，在高圳车村李灏的家住宿，并以此为联络据点，与霞洞、羊角、沙琅、谭儒、马踏、林头、旦场等地的党员和进步师生联系。还分别到电师、电中等校活动。团结教育进步师生，实施党的领导。

3 月　中共南路特委派庞自任中共电白县特别支部书记，由严子刚当助手。

是年秋　电师师生在共产党员廖鸿才、何逢林及进步学生唐舜基、吴盛元等的领导和具体组织下，奋起反对反动军训副教官搜查学生宿舍，没收进步书刊，监视进步学生行动等法西斯罪行，举行短期罢课运动，迫使学校解聘了反动教官，打击顽固派的嚣张气焰。实中进步学生发动同学到农村助民劳动，开展宣传中共抗日斗争的方针政策，揭露国民党的投降路线和黑暗统治，以唤起民众，抵抗日本侵略。在马踏长山小学任教的杨瑞芬，受党组织的布置，发动40多人组成青苗会，以这一组织形式，从保护青苗、防盗保家入手，团结教育群众，并掌握了一批枪支，为以后发展抗日武装斗争准备了条件。

是年冬　电师进步学生对当时专行抽丁勒索、欺压民众的国民党电白县兵役补充团团长非常愤恨。一次，电师第七班进步学生组织部分同学，在电师附小墙外的大路旁设伏，等该团长骑马返回驻地（晏宫庙）而进入伏击圈时，大家一拥而上，用石块、棍棒将该团长打了一顿。民众拍手称快，反动官吏的威风扫地。

1943 年

是年春　在国民党掀起第三次反共高潮的恶劣形势下，电白县的学运继续向前发展。电中、电师、实中及南强中学等校，发动学生用学生会、班会等学生组织的名义，出版墙报，开展民主讨论，在学校中乃至社会上揭露国民党的法西斯专制统治，抨击国民党的假抗日、真反共的分裂投降政策，宣传中共实行真正民主和坚持抗日的正确主张。

是年夏　国民党搞所谓"十万青年十万军"运动，名为抗日，实为反共内战做准备。电中学校当局在这一运动中非常卖力，鼓动学生当兵。为粉碎国民党这一阴谋，当时担任学生会主席的陈东等进步青年学生采取各种形式发动同学，进行抵制；实中共产党员陈擎天等开展秘密串联，教育学生安心学业，反对参军。结果，学校中报名当兵的学生寥寥无几。

6月　党组织领导南强中学学生进行罢课斗争。最后，学校当局被迫接受学生提出的条件，解聘了反动教官韦旭群。通过这次斗争取得的胜利，使学运不断推向新的高潮。

是月　南强中学学生李佐平、郑学海、陈明英（3人均为共产党员）、陈泽永，于学校放暑假之前，在学生宿舍秘密刻印《评〈中国之命运〉》的资料。以后，为了党内深入开展整风学习的需要，又刻印《整风文件》，分发全县的党员和各中学进步学生及小学进步教员传阅学习，使党员和进步师生更好地看到中国革命的前途，增强了革命必胜的信心。

夏秋间　庞自到高州参加了由中共南路特委组织部部长温焯华主持的整风学习结束返回电白后，采取适当集中和分头传达的办法学习整风文件。庞自、严子刚、王学明先集中于禄段乡第十保国民学校进行学习讨论，后又在爵山下海海边网寮里组织一次学习。由庞自主持，参加的有严子刚、邱鸿迪、黄祖文、王学明等。这对全县党的思想建设和组织建设起到重要的作用。

是年秋　庞自到电师当教员，开展革命活动，在他的领导下，电师"读书会"再次活跃起来。经过组织发动，有一批同志参加了共产党组织或游击小组。在1939—1947年数年里，有黄秋耘、麦逢德、梁弘道、庞达、严子刚、庞自、伍学海、钟永月等党组织的领导同志，直接领导电师的学生开展革命运动。庞自还布置刘俊才、陈东等人为《高州民国日报》（当时为共产党所控制）撰写通讯，揭露日军占领雷州半岛、屠杀人民大众，以及国民党消极抗日、积极反共等罪恶行径，报道南路人民在天灾（旱年）人祸面前过着水深火热的悲惨生活。

12月　国民党的倒行逆施激起全县广大青年学生的极大愤慨。电中陈东等人组织学生，将篮球赛裁判不公的国民党电白县政府兵役科科长、恃势弹压学生的国民兵团团长和霞洞乡反动乡长崔增熙等3人痛打一顿。事后，《高州民国日报》发表陈东撰写的《拍手称庆》一文，成为名闻一时的电中学生痛打国民党"三长"事件。

是年冬　正源、木院、谭儒、大衙和电师附小等小学在党组织领导下，开展抗日宣传活动。对于学校内的反动分子，则予以打击。谭儒小学校长邱鸿儒十分反动，给电白地下党组织在该地区活动造成困难。该校教员、共产党员邱鸿迪等，抓住邱鸿儒贪污学校经费等劣迹，一方面发动学生罢课；另一方面开展统战工作，争取乡绅支持，终于在1944年夏把反动校长邱鸿儒赶下台，并换上进步青年邱鸿达（后加入中共）当校长。使谭儒小学成为中共地下组织的一个重要的秘密联络据点。党组织的主要领导人庞达、庞自、严子刚、陈华等都曾先后在该校掩蔽和进行活动。至1945年共产党员李俊瑜（女）进入谭儒小学任教后，开展积极有效的秘密革命活动，团结和培养一大批进步青年，新发展的党员有唐舜基、吴盛元、梁芬仲等人，为发展壮大党的组织打下良好的基础。

1944 年

3—6 月　中共南路特委书记周楠到重庆向中共中央南方局汇报工作。南方局要求南路地区积极准备武装斗争。同年 6 月，周楠从重庆回来后，向南路各县党组织传达南方局的指示，并部署：在南路各县建立中共组织领导下的独立自主的抗日人民武装，开展抗日游击战争，迎击侵华日军。

7 月　中共电白县特支根据南路特委的部署精神，把工作重点转到武装斗争上去，为准备抗日武装斗争，在县内建立和扩大抗日游击小组。在复杂的斗争环境下，抗日游击小组起到党的助手和联系群众的纽带作用。

10 月　中共南路特委派陈华为茂电信特派员，统管茂名、电白、信宜三县工作。陈华贯彻南路特委指示，布置各县发展革命武装，组织抗日武装起义。电白县特支抓紧筹集武器、经费等准备抗日武装起义。到年底，全县抗日游击小组成员发展到 300多人。

1945 年

1 月下旬　在吴川武装起义 10 多天后，电白党组织在华楼举行抗日武装起义，后起义遭到失败。但是，这次起义的政治影响是很大的，在电白县树立起由中国共产党所领导的人民武装斗争的旗帜，同时经过起义积累了武装斗争的经验，培养了干部，对其后发展武装斗争起到积极作用。在华楼起义期间，县内的马踏积极热情地组织 90 多人的抗日武装队伍，配合起义，至华楼起义受挫后，奉命就地分散活动。

是月　负责茂东云潭地区的郑光民在茂电边的那霍石坦堡，组织攻打国民党那霍乡公所，因情况发生变化，这次军事行动未能按计划实现，从那霍、云潭集中起来的 200 名武装人员临时分散隐蔽，待机活动。

是月底　寒假期间，严子刚到马踏通知实中进步学生严政来马踏黄东家，经过谈话并履行手续，吸收严政加入抗日游击小组后，再将他派回实中去发展游击小组。经过两三个月的工作，发展了邵若海、程允祯等 5 人为抗日游击队员。4 月，严子刚将他们的关系交给了陈华。

2 月　庞自离开电白到广州湾后，由中共南路特委另行分配工作。电白县党组织的领导工作由严子刚负责。

是月　经受华楼起义锻炼的武装队伍骨干，积极地进行分散活动的方针，进行隐蔽活动。其中如陈东、苏克到达马踏，陈广杰等人进入林头地区一带农村，开展抗日宣传活动，发展了抗日游击组织。

是月　华楼起义后，电白县党组织领导布置先后在霞洞吴启春家、崔广书家、唐舜基的保济堂药店、王铭新家、林头谭黄邓文达家，分别建立联络据点。这些据点为支持地下革命活动作出了贡献。

3 月　陈华在一段较长的时间里亲驻电白水东，加强茂电信各县地下革命工作的领导。同时，为建设水东特区进行调查研究工作。

是月　车振伦、钟正书在羊角召开会议，电白严子刚、茂南廖铎参加，研究决定：动员和组织武装队伍，坚持反"扫荡"的武装斗争；为适应形势发展需要，将羊角划入茂南地区负责领导为主，同时电白也还保持联系的双重领导。

是月　车振伦、钟正书、严子刚等人在李平家开会，发现敌人跟踪盯梢，与会人员主动撤离。

是月　华楼起义失败后，国民党顽固派对共产党员和进步人士进行搜查、逮捕、刑讯、枪杀等疯狂镇压。2—3 月间，全县被杀害的有四五人。严子刚活动的隐蔽据点——高圳车交通联络站（李灏家）被敌兵搜查。4 月，叛徒陈广肇告密，并带领马踏反动联防队逮捕了共产党员黄履韵，送往霞洞后再转到高州关押。黄履韵坚持共产党人的革命气节，后英勇就义。

是月下旬　电白县党组织根据茂电信领导在羊角那际召开的会议指示精神，总结吸取华楼起义失败的经验教训，重新部署党的工作：继续发展新党员；加紧在农村中发动群众，发展抗日游击小组；收集武器，以小股武装方式开展革命活动；锻炼、提高战斗力，进一步做好开展武装斗争的准备；进行锄奸、肃特工作，保护干部和进步群众。此间，陈华直接布置杨瑞芬回马踏地区组织武装斗争。杨瑞芬从南海小学回到马踏开展工作后，于 11 月组织杀掉特务分子钟士晋。

5 月　至此，全县新发展共产党员近 20 名，抗日游击队员发展到 800 多人，在斗争中形成 4 个区，指定各区负责人，以加强领导，开展工作：林头—大衙—鲤鱼塘地区，由陈广杰、林凤文负责；马踏—大榜地区，由杨瑞芬、陈东、黄东负责；霞洞—谭儒地区，由王杰、崔洪、张顺南负责；羊角地区，由黄成煦、李延年负责。

是月　茂电信党组织在羊角那际苏月秋家办训练班，集训茂电信各县的部分领导骨干。参加人员有：梁昌东、郑光民、钟正书、龙思云、李颐年、杨超、李明、杨瑞芬、杨进瑞、林凤文、李延年等 10 多人。学习党的政策和游击战术等。

是月　中共茂电信特派员决定，将茂电信武装起义时已在游击区暴露身份的信宜梁惠、茂名梁璧、电白苏克、崔明等 4 位女同志，经电白南海分别撤退到广州湾和遂溪南路人民抗日解放军司令部工作。

6 月　根据温焯华有关把水东办成特区的指示，陈华便把原设于茂名的茂电信党组织的领导机关逐步迁设水东。此后水东一度成为茂电信地区革命斗争的指挥中心，以及中共南路特委的一个联络站。

是月　党员干部梁之梗回到茂电边活动，后又到丫髻山区发展新区工作，不幸牺牲。

是月　中共南路特委交通员周明到茂电边找到陈华，陈华写了密信交周明转南路特委，从此，曾一度与特委中断的交通联系又恢复起来。不久，温焯华跟周明来到水东向陈华了解情况和指导、布置工作。

7 月　中共茂电信特派员陈华面示严子刚，组织大衙抗日武装起义。起义队伍在 7 月 12 日拂晓攻进了国民党大衙乡公所，开仓分粮，赈济贫民；跟着宣传党的政策，群众欢欣鼓舞。一天后起义失败。第二中队队长林凤文与战士林鸿年在撤退途中遭棠蒂乡乡兵伏击，不幸被捕，英勇就义。但这次起义扩大了政治影响，对武装斗争力量的发展起到促进作用。因起义失败，马踏、霞洞地区抗日游击武装队员分别就地分散活动。

是月　撤往广州的一批日军途经电白马店河地段时，马踏丹步地区游击小组组织袭击，毙敌 1 人，伤敌 2 人，缴获一些枪械，游击队没有伤亡。

是月底　电白县中共党员已发展到 40 多人，由县特支领导的抗日游击小组成员达 1000 人左右，他们分布和活动于羊角、林头、霞洞、沙琅、那霍、马踏、大榜、电城、水东、南海，以及电（白）阳（江）边境的儒洞、新圩等地区。

9月　9月2日日本在投降书上签字，抗日战争胜利结束。电白党组织负责人严子刚根据中共南路特委指示，分别向党员传达中央关于抗日战争胜利后的时局和工作方针；组织党员学习中央发表的《对于目前时局的宣言》，以提高认识，克服和平麻痹思想。

是月　水东被划为中共茂电信特派员陈华直接领导的特区。其范围包括水东及其周围的地下秘密交通站，如南海杨增家、水东文峰书店、袂花陈泽永家、羊角黄成煦家、青山廖鸿才家和陈村小学（吴盛元主持）等。特区的负责人先后是谭廷栋、李明、郑光民。其主要任务是：保护上级领导人的来往及茂电信特派员和直属机关的安全，同上级和各地区间保持交通联络，以利于开展工作。工作人员有唐舜基、黄成煦、黄祖文、李佐平、黄忠等。同时，实中从山寮迁水东，有8名共产党员，成立了党支部，书记程允祯，后为邵若海。党员还有从信宜调来该校任教的郑康平及其爱人梁英，他们对水东特区工作的开展起了一定的作用。

是月　中秋节前夕，中共南路特委温焯华来水东，向陈华传达广东区党委关于抗战胜利后形势和方针任务的指示，同时决定调王国强到信宜任特派员兼管茂北工作，调原负责信宜工作的伍学海任中共电白县特派员。

是月　伍学海到电白同严子刚一起活动一段时间后，根据中共南路特委指示精神和电白的实际情况，对全县工作作出新的部署。

10月　电师学运在伍学海直接指导下继续发展。他们反对县政府克扣学生补助粮［每人每月原领公粮谷4市斗（25千克）］。学运骨干蔡智文、何逢益、廖如珍等与校长崔景灏对面论理，迫使崔景灏出面同县政府交涉。罢课坚持10多天，使国民党电白县政府补发给学生补助粮，学运取得胜利。

是月　电中学生为反对学校无理开除学生和增收学费而举行罢课。伍学海指示崔洪（在电师附小任教）从中加强领导，通过王克、崔文明、温玉、崔远波、李德川等学运骨干发表罢课宣言，提出撤换校长王汝堃、驱逐军训副教官蔡启胜、不得增收学费、不准无理开除学生、保障学生民主权利等 5 项要求。坚持罢课一个多月，迫使县长赖汉答应学生的合理要求，同意由进步教师蔡守棠继任校长。这次学运，取得了预期效果。

是月　在党的领导下，实中学生首先举行反内战、反独裁的示威游行。接着，举行罢课，要求增建校舍，为学生改善学习条件和解决食宿困难。罢课斗争坚持两周，迫使学校当局答应学生的要求。

是月　在国共双方代表会谈纪要（即《双十协定》）签署公布后，电白学运进一步高涨。电师等许多中小学校师生纷纷出墙报、贴标语、发传单，进行"要和平、要民主，反内战、反独裁"的宣传。实中邵若海等 30 多名进步学生捐款创办"拓荒书报阅读社"，负责代订《新华日报》《华商报》等进步报刊。马踏地区党组织多次发动学生、农民张贴标语，散发传单。有一次，把标语从电城沿途张贴至阳江儒洞，轰动一时。谭儒小学邱鸿迪等人办的地下油印小组，印刷宣传品，发往县内各地，包括沙琅的国民党区、乡公所。党员陈擎天集资在水东开设文峰书店，发行进步书刊，推动了宣传工作的开展。

是月　南路人民抗日武装"郑奎大队"到遂溪改后整编为四团六连（连长郑奎，指导员周亮，副连长郑剑，副指导员梁振初），从遂溪游击区开返茂南，同钟正书领导的手枪队汇合。10 月下旬，连队留下罗秋云 1 个排在茂南活动，郑、周率其余 2 个排经羊角开上云潭、那霍山区，与当地的负责人郑光民及李颐年等一起活动。中共南路特委将该连交由茂电信特派员领导。次年春，连队的大部分人员陆续分散下山（郑奎、郑剑回飞马，梁振初回覃巴），周亮、李颐年等少数人留在那霍。郑光民调水东特区后，该地区的革命工作由周亮负责。

11 月　为进一步加强党对全县各地工作的领导，霞洞、马踏两地区分别成立中共特别支部。霞洞特支书记初由伍学海兼，后由崔洪担任。马踏特支书记由严子刚兼，特支委员杨瑞芬、杨子儒。到 12 月，电师亦成立党支部，蔡智文为负责人（翌年 3 月为书记），谭儒成立党小组。

是月　中共电白县组织利用国民政府颁布"二五"减租令的时机，认真开展减租宣传活动，发动农民进行减租斗争。在游击队活动较活跃、群众基础较好的羊角地区，部分农民获得"二五"减租（即一石租减交 2 斗 5 升）。

12 月　陈华从湛江回来，向茂、电、信三县领导人传达中共南路特委六点指示：要做两手准备，立足武装工作，不能放下武器；发展党员，培养骨干；做好统战工作；重视学运工作；继续隐蔽活动；加强思想教育，坚定干部意志。

1946 年

2 月　春节期间，陈华在云潭珍珠垌附近召开茂、电、信三县武装骨干会议，历时 10 天。参加人员有李明、郑光民、周亮、钟正书、杨超、李颐年、严子刚、陈广杰、王杰、郑奎等。这次会议主要是学习七大有关文件，联系三县武装斗争的实际，总结经验教训，提高思想认识，增强信心，并布置了今后工作。通过学习，大家认为当时同国民党反动派作斗争，必须以分散的武装斗争和地下党的活动相结合。这次会议为进一步发展党的组织，壮大人民武装力量，开展游击战争奠定了思想基础。

是月　实中学生举行反迫害罢课斗争，坚持 3 周，迫使学校当局撤销开除学运领导人邵若海的决定，辞退反动的教导主任周鉴澄。

是月　郑溢根据谭廷栋的布置，在南海发动杨传等人组织"兄弟会"（党的外围组织），会员发展到 10 多人。这对动员群众参加革命斗争，保护南海地下交通站起到积极的作用。

是月　中共党员李嘉及其丈夫梁之模在阳江进行地下活动，被国民党阳江县当局逮捕。茂电信党组织积极设法营救。敌人竟以押解回高州处理为名，于 2 月 23 日将 2 人押至织簣圩附近横加杀害。陈华投书香港《华商报》揭露国民党反动派这一暴行。

3 月　实中党组织发动进步学生在水东办妇女识字夜校"时习班"，组织贫苦的青年妇女学习文化。谢琼英、程霞霏等女同学为义务教员，通过教学，传播革命思想，发动了一些妇女参加革命，培养了一些妇女骨干。

是月　伍学海因病经陈华批准到香港就医，从此离开电白。

是月　这时，全县有中共党员 90 多人，游击小组成员 2000 多人。其中，抗日战争胜利后发展的新党员约 50 人，新游击小组成员约 1000 人。各地都已建立起一批秘密游击据点和交通联络站。

4 月　严子刚、陈广杰、杨子儒奉命到东江纵队香港办事处报到，参加东江纵队北撤。后来严子刚、陈广杰北撤山东烟台，杨子儒因病留港就医，病愈后被派回吴川县工作。

是月　陈华根据当时国民党蒋介石加紧部署全面内战，南路反动派全力进攻吴化廉游击区的严峻形势，把茂电信工作分两线来抓：一线抓武装斗争，一线抓地下党活动。他指派钟正书专抓武装斗争，并领导武装斗争地区的地下党组织。

是月　钟正书在飞马婆凼村召集郑奎、梁振初、陈超正等骨干开会，根据陈华指示决定，宣布成立茂电信武工队。郑奎为队长，钟正书为指导员，梁振初为副队长，黄载源为参谋。队员有30多人，主要任务是领导群众坚持反"扫荡"斗争，恢复老区，发展新区，镇压反革命，肃特锄奸。同时，指定各区负责人和武工队队长：覃巴区负责人梁振初，武工队队长梁关；飞马区负责人郑奎，武工队队长郑金；陈垌区负责人兼武工队队长陈超正；羊角区负责人黄成煦、李延年，兼该区武工队长（9月以后，郑金为飞马负责人兼武工队队长，黄成煦为羊角区负责人兼武工队队长）。茂电信武工队成立不久即处决了覃巴的反动乡长杨锦生，取得初步战果。

是月 中共南路特派员调钟永月来电白任特派员。贯彻"隐蔽精干"的方针：一是对已经暴露身份、难以在本地坚持斗争的骨干，如陈东、黄东、张顺南、邱鸿迪等，实行调动或转移或投亲靠友隐蔽；二是党员和游击小组成员，实行单线联系；三是教师和学生中的党员、游击小组成员，要求做到"三勤"（勤学、勤业、勤交友），还要利用业余时间和假期、假日，深入农村，做好宣传工作，使学运与农民运动紧密配合。

5月 在谭廷栋调走后，陈华为加强交通联络工作，派梁璧负责水东一个秘密交通联络站，以商人家属身份作掩护，专门接待、保护上级和所属三县前来联系工作的领导干部。这个联络站和当时水东的"新和安"商铺、文峰书店、民生米店、民泰烟丝店、钜昌油桁铺以及南海杨增家、南海小学等联络站，构成水东特区的交通联络网。

是月 电城庄垌游击小组发动群众签名，告发反动保长蔡英南的贪污行为。蔡英南被撤职，换上游击小组成员蔡和雍当保长，使这个保附近的祖岱村成为电白县东南部较重要的交通联络站之一。

5月28日 陈华根据中共南路特派员指示，并与信宜县特派员王国强议定，将茂电信武工队交王国强指挥开辟新游击区。当天武工队分作4组从飞马出发。

6月4日　钟正书、梁振初带领第一、第二组先行，于6月3日郑奎、黄载源带领第三、第四组殿后，行至信宜小水乡公所附近遭敌截击。第四组组长李时清带领组员与近200名敌人交战到天黑，毙敌1名，伤敌数名，向石狗岭后撤，经石骨、那霍辗转回到覃巴。第三组因向导跑了，迷失方向。黄载源突围至蓝田铺仔住宿时被敌查获，押解往高州杀害；郑奎与战士张贵、杨康日、杨阿松等4人避入一废瓦窑中被敌包围，弹尽被俘，后就义于信宜东镇。第一、第二组人员到信宜池洞岭底活动了一段时间，因敌人加紧跟踪搜索，加之人地生疏，语言不通，难以开展工作，亦于月底撤回覃巴。

是月　全国内战爆发。中共南路副特派员吴有恒到水东，向陈华等人部署工作。吴有恒分析全国形势，要求南路各地要发动群众，组织武装力量，建立根据地，坚持斗争。他肯定茂电信组织武工队开展武装斗争的做法，要求以武工队为基础，尽快组织起武装基干队伍，以茂（名）、电（白）、阳（春、江）边境的双髻岭、八甲大山和云潭大轿顶一带山区为根据地，开展武装斗争，牵制和打击敌人。期间，钟正书到水东向陈华汇报"小水事件"经过，吴有恒接见钟正书，指出"小水事件"的经验教训，并鼓励他要振作精神，重新组建基干队伍，开辟茂电阳边山区游击根据地。陈华也对钟正书作具体布置，同时把马踏地区连同当地武装人员和党组织划交钟正书领导。

7月　钟正书在覃巴召集郑金、梁振初、杨瑞芬、李时清、陈超正、梁关等人开会，传达吴有恒指示，商讨建立武装队伍问题，布置各游击区收集枪支建立队伍。同时，注意寻找便于袭击的目标，以夺取敌人枪支武装自己。

8月 原四团六连战士陆志英分散隐蔽时，已打入吴川县谢麟图自卫大队属下驻在梅福庙的一个中队当机枪班长。钟正书、梁振初约定他为内应袭击该中队。8月17日夜，钟正书、梁振初率武工队员30多人、农民积极分子50多人，分作打援、掩护、突击、搬枪4个组，在夜色掩护下接近梅福庙，等陆志英打出信号，突击组一拥而入，扔出几颗手榴弹，炸死敌人6名，伤敌10多名，缴获轻机枪1挺、步枪数支及手榴弹和子弹一批。余敌连夜逃散。谢麟图无法收拾残局，后被其上级处死。武工队乘机将覃巴一带乡兵、保丁的枪支收缴过来，为组建基干队伍打下很好的物质基础。

8月25日 根据陈华指示，钟正书将羊角、马踏、茂南、飞马、覃巴、三合窝等地的武装人员调集到覃巴沙埇村，以茂电信武工队成员为骨干，成立茂电信独立大队。大队长梁振初，政委钟正书，兵员140多人，分为3个中队，分别由杨瑞芬、李延年、李时清任中队长。在覃巴继续发动群众，扩大队伍，开展练兵活动，拓展游击区。

是月底 水东特区负责人郑光民调任中共信宜县特派员兼管茂北工作。

9月 陈华调合浦工作，涂锡鹏到水东接任茂电信特派员。同月，中共南路特派员任命王国强为茂电信军事特派员，领导当地的武装斗争。涂锡鹏按照南路特派员的部署，布置王国强率独立大队进军茂电阳边境，发动群众开辟茂电阳边游击区，并把云潭、那霍、马踏等山区的党组织交给王国强领导。王国强在部队开拔前，先到云潭、那霍、马踏接收武装斗争区的党关系，同那霍负责人周亮一起，视察地形，了解情况，并在那霍茶山、蕉林岭一带发动群众，建立游击基地，为部队开进山区做好准备。

是月中旬 独立大队从覃巴调倪村出发，经木等、南瓜塘，于第三夜到达马踏的蛟潭村。次日被敌发现，乘夜撤出，遭敌堵截，杨瑞芬带一队战士绕到敌后，将其击退。队伍转到大山环抱的根竹村休息一天，晚上撤出，又遭伏击。梁振初、钟正书改变计划，率队撤上大山摆脱敌人，沿山脊西行，天亮后在芒草丛中隐蔽，入夜折回南瓜塘。然后派杨瑞芬带一支短枪队回马踏地区活动。部队经霞洞、黄岭，直上茂电边大山，分驻龙文肚、金斗坪、横冲、茶山等处。几天后，茂名、电白数百反动武装前来"扫荡"。大队聚拢龙文肚与敌周旋。

11月　王国强到龙文肚横冲山坳，向独立大队传达吴有恒的指示：要加强部队政治思想工作，进行前途教育；加强军事训练；发动群众，开辟新区，以那霍地区为重点，加紧在山区建立游击根据地；加强同其他地区的联系，发动青年参军，扩充部队。部队认真贯彻吴有恒的指示，加强政治思想工作，抓紧军事训练，同时注意组织建设，发挥党员的先锋模范作用，使干部战士保持高涨的革命热情。为了开辟新区，解决给养问题，部队分散活动，以班排为单位，直指云潭、朗韶、大路坡和阳春八甲一带，筹粮筹款，并镇压了云潭乡的乡队副，打击了敌人的反动气焰。

是月　涂锡鹏向钟永月传达广东区党委"关于积极恢复武装斗争，贯彻由小搞到大搞的方针"，纠正党员中的消极麻痹思想，积极开展武装斗争。茂电信应创造条件向大搞过渡。电白党组织要向群众揭露国民党发动内战的罪行，宣传共产党自卫还击的方针以及敌必败我必胜的道理，为组织广泛的武装斗争打好思想基础。

1947 年

2月　独立大队于月初下山，到观珠佛子楼、沙垌一带发动群众，建立活动基点，借以沟通那霍、马踏两地间的南线通道。6

日，大队派杨瑞芬、李颐年带领 19 名武工队员袭击铁板村反动地主蔡什喜家，缴获步枪 3 枝、白银 300 余元。马踏乡副警长许兴祥带队前来援救，被武工队击毙。而已被活捉的蔡什喜则乘乱脱逃。独立大队旋即回那霍作短期休整。

是月　国民党茂、电两县当局各出动一支自卫大队联合"扫荡"那霍游击区。为避敌锋芒，独立大队取道望夫进军马踏，准备开辟那霍、马踏间的北线通道。队伍进至马踏坝头坡村一带，收缴了当地保长的枪支。马踏联防中队中队长王恩才率所部及江界乡自卫队 120 余人来袭扰。独立大队向双髻岭方向转移，又遇沙琅联防队的阻击。部队越过大坳山口进入阳春境摆脱敌人，然后经八甲、丰高折回那霍。

是月　那霍游击区负责人周亮身患重病，为避开敌人疯狂"扫荡"，转移到马踏下河村中共党员冯有家隐蔽就医。24 日，冯有之兄搀扶着周亮去儒洞圩看医生，行至上姚村，与下乡"扫荡"的江界乡兵遭遇。冯兄逃脱，周亮被捕。数日后冯有亦被捕，一同被杀害于马踏圩郊。

是月　钟永月调蔡智文到南海工作，以南海小学教师身份为掩护，开展农村工作。不久又调游击小组成员崔中文到南海加强这方面的工作，并指导杨传发展"兄弟会"组织，以密切同水东郑溢负责的交联站的联系。

3 月初　王国强根据当时部队的情况，将独立大队改编为茂电信独立连，连长梁振初，指导员钟正书。下辖 3 个排，李时清、黎光烈、蔡景祥为排长。接着，部队下山活动，在较短时间内，在那霍、沙琅、观珠、马踏等地开辟了一批新游击区。连队发展到 280 多人。

是月　朱敏（后被捕牺牲）奉调回遂溪工作，茂电信特派员把杨瑞芬从部队调到地方，当钟永月的助手。钟永月让他分管电城附近一带的工作。

是月下旬　独立连奉吴有恒之命开往化廉地区参加会战，28日，途经茂南飞马良塘村时，遭到电白自卫队、保警队、水东联防队及茂名肇祥自卫中队、鳌头乡乡队400多人围攻。独立连占领谷仓岭高地，与敌激战一天，杀伤敌军10多人。排长蔡景祥和5名战士壮烈牺牲。独立连到化州后，配合新一团、新四团等兄弟部队一起战斗：攻入中垌圩，消灭敌一个联防中队；柑村大战，打垮敌保十团；开辟了大片新区，保卫了老游击根据地。

4月　涂锡鹏奉调离任，因王国强在部队指挥作战，临时把茂电信地下党组织关系交给林其材（原负责茂名县地下党工作兼开展学运）接收。

是月　国民党电白县反动当局制定"清剿计划"，妄图在几个月内"剿除"县内游击队。在霞洞、林头、羊角、马踏等地组织全面的"扫荡"。与此同时，加强特务活动，对地下党和进步人士加紧侦察监视，为开展大规模"扫荡"做准备。

是月　吴有恒命独立连开回茂电阳边山区，发动群众建立游击根据地，牵制和打击敌人，配合遂（溪）、廉（江）、吴（川）老游击区的反"扫荡"斗争。中旬，独立连回到飞马，与化州叶宗舆、柯炽明连一起，击退茂名反动团队600多人的围攻。

是月下旬　钟永月根据林其材指示，安排梁璧到岭桥小学任教。该校校长是进步人士，教师刘俊才等也积极为党工作。组织要求梁璧做好师生工作，将该校变为党的活动据点，向周围农村开展农运工作。并与高圳车村李灏家交联点加强联系。此后，梁璧受钟永月委托多次到水东向林其材汇报工作。

是月　钟正书在羊角召集黄成煦、吴连、陈超正、梁关、郑金开会，传达王国强四点指示：加强各游击区间的联系；扩大武工队；大力开辟新区；积极筹集枪械和给养。

5 月　　独立连于 5 月 2 日在根子附近浮山岭上的冼太庙，击退茂名保警队、联防队及区乡自卫队等几百敌人的围攻，毙敌 10 多人，伤敌数人。4 日，打退敌人的骚扰和截击转到云潭大山。茂、电、阳三县敌人又调集 2000 多兵力联合"围剿"。独立连在云潭大山中被敌人四面包围，指战员们每人每天以一把生米就着山泉充饥，还要一面防敌，一面防虎，同敌人周旋了 7 天。中旬，突围下山，打退一中队敌人的追击，经大轿顶、三冠顶转到羊角沙田坡一带活动。途经马头岭，与十几个乡兵遭遇，俘敌 3 人（教育后释放），缴获步枪 10 多支。下旬，在乌泥村击溃前来围攻的茂名保警中队，打死敌人机枪手 1 名。然后转往陈垌。

是月　　钟正书和钟永月在谭黄村研究如何加强部队与地下党相配合的问题。他们根据独立连返回电白后，敌人不断跟踪纠缠，加强"清剿"活动的情况，决定把已被敌怀疑，不能在当地坚持工作的共产党员、游击队员和进步群众调到部队，同时动员在外地掩蔽的党员回电白参加斗争。不久，张顺南从合浦返回电白，在县内已暴露身份的林立、温业荣则撤到遂溪游击区的粤桂边纵队司令部工作。

5 月 17 日　　杨瑞芬带领曾贵初（化名薛仁贵）、黄茂森、谭仔等人到王村，准备收缴王村盐警队的枪支，因叛徒邓中英告密而被敌人包围。杨瑞芬、黄茂森突围脱险。曾贵初和在当地活动的地下党员梁培生（覃巴那灰村人，在王村开镶牙铺，从事秘密工作）被捕牺牲。

是月底　　钟永月在南路老游击区武装斗争蓬勃发展的鼓舞下，发动木院乡红袍岭、车仔、田墩、下龙塘、黄箭等村的革命群众 30 多人，组织游击队开展武装斗争。由于敌我力量众寡悬殊，在筹粮筹款中采取了强迫命令的做法，当地豪绅、地主勾结反动军警进行反扑，刚组建起来的游击队被冲散，部分成员携械加入茂电信独立连。

6月初　独立连在乌泥村与茂名保警大队大队长杨爱周遭遇，毙敌2人，缴获步枪8支。

6月18日　独立连在霞洞叶坑一带活动，遭电白县4个联防中队和四维、霞洞、霞阳等乡自卫队以及茂名县联防队等1000多人的围攻。独立连转移到浮山岭上，居高临下进行反击，从早到晚，打退敌人5次进攻，毙敌30多人，伤敌20多人。晚上，撤退到观珠。再经谭黄转回羊角交椅岭等地活动。下旬，接温焯华通知，开往化廉游击区，进行休整。独立连在茂名、电白、阳春、化州等地转战10个月，经历大小战斗50多次，毙敌100多人，伤敌200多人，俘敌10多人，缴获轻机1挺、冲锋枪2支、步枪100多支及子弹和物资一批。

6月22日　根据上级布置，羊角、覃巴、陈垌武工队袭击茂名陈垌国民党军官丁龙起家，活捉其胞兄丁仲兰（押解羊角处决），缴获步枪3支、驳壳枪1支、左轮枪1支及子弹数百发，全部输送给六连。在此前后，钟正书带领的武工队活捉塘涵反动地主崔济川，令其交出约值3500千克稻谷的现款，补充部队经费。

6月24—26日　电白党组织调张顺南、蔡智文等党员骨干和木院、林头、羊角、霞洞等地游击队员40多人集中洛阳村，稍事休整后，由杨瑞芬带队，钟正书率武工队护送钱粮往化州补充独立连。25日到茂南边塘村歇宿，与吴川东北区区长李雨山所率武工队20余人汇合。翌晨，参加部队人员离去后，武工队遭敌重兵包围。当地河流交错，道路泥泞，武工队不熟地形，还有相当一部分人不习水性，情况危急。他们冲到村边与敌尖兵排短兵相接，毙敌数人后，以排枪压住敌人机枪火力冲过敌人的封锁地带，大家互相帮助渡过几道深河，跑了十几里，最后在博历村群众的支援和掩护下，乘船到了大草塱，摆脱了敌人追击，安全转回覃巴。

6月27日 由于叛徒出卖，霞洞联防队包围搜查地下交通站——霞洞圩保济堂（药店），拘捕唐尧基、唐舜基兄弟俩。这个多年来掩护党组织领导人活动和负责交通联络工作的地下交通联络站被破坏。接着，敌人又在霞洞、木院拘捕了一些所谓"共党嫌疑分子"，强迫群众"自首登记"。于是这些地区革命组织遭受破坏。钟永月根据情况的变化，经请示林其材批准，迅速布置已暴露身份的党员撤退。电白党组织对唐舜基多方营救，资助其亲属到广州活动后获保释。

是月下旬 实中学校当局以"不堪造就"为由开除两名学生，对进步学生进行迫害。学校党组织立即发动学生举行反迫害罢课，坚持20多天，迫使反动的训育主任陈作谋辞职，学校当局取消开除两名学生的决定。

是月 中共粤桂边地委书记温焯华在化廉边境向王国强传达中共中央香港分局关于武装斗争要"从小搞到大搞"的指示，即先以武工队开辟新区，发动群众，打好群众基础，再组织武装主力部队，开展大规模的武装斗争。地委决定王国强带领独立连部分骨干回茂电信，成立茂名中心县委，加强武工队活动，广泛深入发动群众，扩大游击区。独立连留在司令部担负警卫任务。由刘绍兰、崔炳燊任正、副连长，李颐年、张顺南任正、副指导员。

是月 根据上级党组织关于改特派员制为党委制的决定，撤销中共茂电信特派员，成立中共茂名中心县委。王国强为书记，林其材为副书记，郑光民、钟正书、钟永月为委员。中心县委成员具体分工：王国强负责全面工作，主抓武装斗争；林其材主管地下党组织工作，兼管电白、茂南；郑光民负责信宜、茂北地下党工作；钟正书负责茂南、电白的武装斗争和武装斗争区的党务工作；钟永月负责电白的地下党工作。同年冬，车振伦从香港回来增补为委员，抓武装斗争兼管茂名县工作。

8月　电白县副参议长许炳忠带领联防队，对马踏游击区进行"扫荡"，捕去革命家属5人。马踏武工队一面发动群众揭露敌人的罪恶，一面依靠群众掩护同敌人周旋，使敌人疲于奔命，处处扑空。

8月29日　钟永月到霞洞正源小学检查工作。傍晚时分，该校教师、共产党员温玉从开明绅士崔德润处得到情报：由于叛徒告密，敌人将于当晚包围搜查该校。钟永月即让温玉做向导迅速撤离。不久，霞洞联防队等100余人来搜查，但一无所获。

10月2日　霞洞地区负责人王杰在猪肚陂村隐蔽治病，被敌便衣队搜捕，押送电城。他在狱中受严刑拷打，仍坚贞不屈，于1948年3月底被秘密杀害。

10月24日　中共党员罗淑英、李平年从覃巴回羊角汇报工作，到小良秦村渡口，与敌兵一起乘船渡河，罗淑英化装农妇的发髻被风吹落，两人被敌拘捕送往高州，后慷慨就义。

是月　在广州读书的电白进步青年秘密组织"秋白社"（党的外围组织）派成员刘东渤、崔文明等人利用同乡关系，发动国民党第八十兵工厂部分电白籍工人，开展护厂斗争，挫败了国民党在崩溃前把该厂迁往台湾的企图。解放军渡江后，"秋白社"成员多回电白或其他地区参加游击战争。

是月　在解放战争节节胜利和蒋管区的"反饥饿、反内战、反迫害"运动影响下，电中进步学生蔡作、林其仁等，利用电白县国民党内部派系之间的矛盾（即在竞选伪"国大"代表中形成的王德全派与邓经儒派的矛盾），发动学生举行罢课，反对县"三青团"主任、电中校长谭文炯反动集团统治学校。钟永月布置该校党员和地下游击小组成员杨猗青、吴缵勋、何荃、林婉俊等引导学运骨干，把斗争深入坚持下去，揭露谭文炯的贪污、反动行为。电白各校学生会和中山大学电白同学会纷纷发表声明，给予声援和支持。电中罢课坚持两个多月，期间几百名学生集队示威游行到国民党电白县政府门前请愿，迫使国民党反动县长谢富礼与学生骨干李川、吴兆奇等谈判，终于，反动校长谭文炯、训育主任邵德宽、教务主任刘茂桐等人被解职。

11 月　中共粤桂边区地委抽调一批干部加强茂电信工作，其中派到电白的有唐力生、王学明、张顺南、蔡智文、温业荣、林立等。

是月　中共茂名中心县委决定，那霍游击区成立"北平"（代号）区工委，书记王克，副书记唐力生（后为书记），委员张顺南（后为副书记、书记）、温业荣（1948 年 2 月起）、吴连（1948 年 8 月起）。

12 月　中共茂名中心县委撤销，成立中共茂电信工委，书记王国强，副书记林其材，常委车振伦，委员郑光民、钟正书、钟永月。分工王国强负责全面工作，重点抓军事；林其材负责组织工作兼管电白；车振伦负责军事工作兼管茂名；郑光民负责民运工作兼管信宜；钟正书负责军事工作，钟永月负责电白地下党工作。第一次工委会议在电白县南海杨增家召开。决定加强武工队活动，发动群众，扩大游击区；组织武装基干队伍，以信宜茂北山区为重点，建立游击根据地。

是月　车振伦、钟正书先在茂东泗水深垌村召开茂、电两县平原地区武装骨干会议，传达中共茂电信工委关于扩大武工队，发展游击区的指示，遭敌义山乡联防队的包围，程允祯被捕牺牲，其余人员突围脱险。稍后，车、钟两人又在那霍九比垌召开茂、电两县山区武装骨干会议，传达茂电信工委上述指示，同时讨论巩固那霍游击区和开辟观珠游击区问题。决定建立基干武装队伍，担负开辟新区、保卫老区的任务。

1948 年

1 月中旬　茂电信武工队在那霍成立，代号"国际队"，成员 20 多人，队长庄严，指导员王克，副队长陈超正。3 月底，王克调往观珠，李延年为代理指导员。5 月，"国际队"开往阳江县南垌、上洋一带筹粮筹款，牵制敌人以减轻南路东征部队的阻力；与阳江的"彭湃队"配合改造当地一股土匪；合力攻打书村的恶霸地主家，缴获了一批武器和物资。6 月，在上下坝与东征部队会师，一起战斗至 10 月初才返电白。

2 月　那霍（"北平"）区工委根据中共茂电信工委决定，广泛开展武装活动，大力开辟新区。区工委成员具体分工：唐力生负责那霍、云潭一带，张顺南负责甘坑、万坑、八甲、双滘一带，温业荣负责沙琅、谭儒、坡富一带（8 月，邱鸿迪从遂溪调回本县，被安排同温业荣一起工作）。后来，张顺南带领 10 多名武工队员到阳春八甲地区开辟了 50 多个村庄，建立了 3 个联络点，发展了 1 名共产党员，吸收了 4 名脱产骨干，打通了从那霍经阳春南部到达信宜的秘密交通线。

是月　为反对国民党电白县当局任用反动分子许炳忠为电中校长，该校地下党员杨猗青发动同学挽留原校长邵桐孙。全校学生准备再度罢课，并派出代表李川、吴兆奇、杨大沛等向县长谢富礼面陈理由。经过激烈的谈判斗争，最后取得了胜利。

3 月　车振伦、钟正书决定抽调王克、王学明、蔡智文、林立等到观珠、大衙开辟新游击区。王克负责全面工作兼管观珠、大榕、严坑、霞洞一带；王学明协助抓全面工作，并与原在当地活动的李新民负责磘坑、沙垌、马踏、电城、大榜一带；蔡智文、林立负责林头、亭梓、棠苿、大衙、热水、树仔一带。

是月　钟永月在南海下里布置杨猗青具体指导欧翠琴组织

"姊妹会"。从为群众做好事入手，同妇女讲革命道理和革命形势，宣传党的方针政策，串联政治觉悟较高的妇女50多人入会，支持革命斗争，保护南海交通联络站。

是月　电中党支部成立。自1946年10月罢课斗争后，该校已发展了几名党员。这时钟永月决定成立电中党支部，由杨猗青任支部书记，9月吴缵勋任副书记。党支部成立后，引导同学阅读进步书籍、编墙报、演戏剧、举行讨论会，传播革命思想，并收集情报，筹集钱和武器，支持游击区的斗争。继又派地下工作人员李川、王立勋参加由吴兆奇、杨大沛等组织的"激流读书社"（后改名"友文读书社"），该社成员发展到70多人。为建立团的组织做了充分的准备，后来青年团员发展到上百人，成为电城地区一支重要的革命力量。

是月　钟永月因身份暴露，在南海隐蔽一段时间后，通过杨瑞芬指导全县工作。调离电白时，他根据林其材指示，把电白工作交给杨瑞芬负责。

4月　王克、庄严带武工队8人，到林头地区的田充、红袍岭一带与蔡智文一起开展工作。4日，他们驻在平岗陂村陈亚金家，遭敌联防队、乡队50多人包围。蔡智文先从前门冲出，向北边打边撤，吸引敌人的火力。接着，王克等人撬开后门冲出，向南突围，使敌人顾此失彼。武工队员全部安全脱险。后国民党保警队营长王正多次带兵查抄红袍岭村，掳掠勒索，陈亚金被捕，在狱中受折磨致死。

4—6月　敌人对那霍区频繁"扫荡"。区工委开会决定，3个区委各带一组武工队员分头活动：张顺南一组到八甲，温业荣一组到谭儒、坡富，唐力生一组在那霍、云潭坚持斗争。有一次，区委们集中在茶山开会，忽接统战对象、国民党那霍乡乡长石霭芝报讯：敌人准备偷袭茶山。与会人员立即撤离，没有受到损失。

还有几次干部集中开会时遇到敌人"扫荡",都得到群众及时示警,得以安全脱险。

6月　林其材、钟正书到观珠山尾村召集观珠、马踏地区武装骨干开会,强调:重申分工负责,各向一定地区开展工作;通过批评与自我批评解决相互间的团结问题;加强统战工作;加强武工队活动。

是月　中共茂电信工委在南海杨增家开会,传达中共粤桂边区党委关于把中共茂电信工委划归粤桂边区党委广南分委领导的指示,决定由王国强、林其材、钟正书往粤中向广南分委书记冯燊汇报(钟正书汇报后被派到香港学习)。冯燊听了汇报后,宣布将茂电信与"两阳"合并,成立中共高阳地委,郑锦波为书记,王国强、李信等为委员。后来,中共高阳地委因故未正式成立;茂电信地区于12月又划归粤桂边区党委直接领导,恢复中共茂电信工委,原领导成员不变。

是月　来水东接收新兵的国民党连队,因无故拘留实中一名学生而引起公愤。该校学生会主席吴景晖、水东东阳小学校长杨逢青(均是共产党员)发动两校师生举行示威游行,张贴标语,抗议国民党军队的暴行。实中杨增等一批进步教师出面要求释放被拘学生。后来,被拘者获释,但实中反动当局却追查"闹事头头",开除黄德升等3人。学生会发动全校同学罢课,还找反动的训育主任梁刚讲理。罢课坚持一个多月,学校当局被迫取消开除黄德升等人的决定。梁刚溜走。

是月　电白、茂名两县反动军警约200人分别包围搜查羊角的上崩塘、茂名的崩塘仔,正在当地活动的黄成煦突围脱险,游击队员谭汝灏被捕牺牲。

8月　王国强、林其材从粤中回来,在水东召开中共茂电信工委领导成员会议。王、林两人汇报赴粤中的经过,传达中共中央香港分局关于"放手发动群众，建立地方主力部队"的指示。会议决定加强武工队活动，巩固老区，开辟新区。同时大力动员农民参军，组建各县独立大队，广泛开展游击战争。接着，让唐力生汇报那霍游击区反"扫荡"斗争的情况；写信表彰有突出贡献的黎光烈；并决定成立"北平"区中队。

是月　马踏—观珠游击区（代号"华东区"）区工委成立，书记王克，副书记王学明（后为书记），委员蔡智文。活动范围包括观珠、林头、霞洞、大衙、热水、马踏、电城、大榜等地。

9月　车振伦在观珠严坑召开观珠地区负责人会议，解决团结和工作问题。会后，这个地区在发动群众、筹粮筹款等方面都取得了新进展。

10月　蔡智文布置在学的吴仑江（吴鸿章）恢复电师地下游击小组活动（1947年夏崔洪等人奉命撤走。同年冬，王克曾布置张茂森进入该校恢复地下游击小组活动。1948年夏，张茂森又撤走）。后来，吴仑江在电师恢复和发展了游击小组成员10多人，开展捐款、宣传和散发传单等革命活动。

是月　车振伦指派唐力生和那霍游击区领导人张顺南、黎光烈出面同国民党茂电阳三县联防大队大队长崔翼达进行谈判，达成互不侵犯的口头协议。此后，敌人对那霍游击区的"扫荡"有所减少。张、黎等又对那霍乡乡长石霭芝进行争取教育工作，使其保持中立。在此前后，还争取了茶山地区的保长、甲长，使之为游击队筹粮筹款，供给情报，成为"白皮红心"的两面政权。

是月　王学明、蔡智文、林立等人教育、争取了林头乡副乡长林安泰，在他的家乡田充村设立交通联络站。这个联络站与潭阪的高圳车、七迳的东寮、羊角的山和和大塘边、那霍的茶山和坡垌、观珠的篱仔山和棠荑、大衙的板桥、麻岗的调王、树仔的下坡、电城的石头岽等交通联络站都是当时电白县党组织活动的主要据点，构成全县的交通联络网。陈惠珍负责的潭阪高圳车交通联络站是党的领导的活动据点。

12月1日 羊角游击队员黄家明（打铜佬）被捕叛变，出卖革命机密，带敌兵搜捕地下人员。敌人残酷"扫荡"羊角游击区达一个月之久，破坏了石曹大塘边村地下交通站，拘捕革命家属和基本群众90多人，杀害1人（叛徒黄家明于新中国成立后被依法处决）。

是月 国民党保警中队中队长王正带队包围水东东阳小学（地下党油印宣传资料的据点），重点搜查吴景晖、杨逢青两人的宿舍，地下党员及时把文件资料转移收藏，敌人搜查一无所获。吴、杨旋即撤走。

是月 根据中共茂电信工委决定，电白独立连（代号"林彪队"）在那霍茶山成立，连长黎光烈，指导员张顺南，副连长庄严、邓桂材。连队成员40多人（前身是"北平"区中队）。

是月 王克、蔡智文带武工队为前锋，杨瑞芬、王学明带沙垌等地长枪队为主力，袭击河口塘头村反动地主、县参议员陈晓典的家，活捉陈晓典。王学明、李新民把陈晓典押往磜坑囚禁，令其家人交出驳壳枪2支、白银500元。当夜，武工队又袭击了霞洞河头村地主崔公达的糖寮和电城架炮村地主的糖寮。从此，打开了向地主筹粮收税的局面。武工队在羊角、观珠、霞洞、林头、大衙、潭阪等地，向地主、富商、糖寮征税筹款都较为顺利了。不久，崔公达带兵袭击下龙塘村（1943年，程允祯到此开辟地下革命工作。后来，杨瑞芬在此建立以吴景晖、吴景昌为骨干的游击小组。此后一直是党的领导的活动据点）。由于这里群众基础较好，敌人围捕扑空。

是月 杨瑞芬利用国民党观珠区分部书记汪炎同依附县长王德全的汪仲西之间的矛盾，带武工队进驻观珠园垌仔村，开辟了园垌仔一带的新游击区。

是年冬　陈瑞源被派到麻岗、树仔开展工作，发展了廖佑等一批游击队员，后来开辟了调王、下坡、登楼、牛门、万山、双目启、塘仔尾等一带游击村庄，为电白主力武装队伍独立连的活动及牵制敌人起到积极的作用。

1949 年

1 月　中共茂电信工委副书记兼组织部部长林其材召集杨瑞芬、唐力生、邵若海 3 人开会，宣布成立中共电白县工作委员会，书记杨瑞芬，委员唐力生（管组织工作）、邵若海（管宣传工作）。会议还讨论了加强领导、分片负责等问题。

1 月 25 日　在中共茂电信工委的指导下，武工队员黄茂坚、邓福、黎武等人化装进入云潭圩，枪杀了云潭的反动乡长张韵笙。游击战士和当地群众开大会庆祝，由车振伦主持，张顺南宣读《新华日报》的《新年献词》。战士、群众受到极大的鼓舞。接着，又镇压了几个反动保长和特务分子，并收缴反动地主的步枪几十支和弹药一批。从此，游击队的活动扩展到该乡的大部分村庄。

是月　梁璧奉调到羊角游击区当黄成熙的助手，后来在羊角组织"姊妹会"，动员妇女捐献钱、物支援革命，还在羊角、潭阪等地发展了几名女共产党员、10 多名女青年团员，以及培养了一批妇女骨干。

2 月 22 日　钟正书在南海那贞村召开茂南、羊角地区武装骨干会议，布置加强武工队活动，扩大游击区。决定向北打通七迳，向南打通覃巴。参加会议的有黄成熙、欧忠、郑凌华、吴汉兴、陈瑞源、黄翼、黄祖文、黄忠、梁君涛、杨逢青等 30 多人。适值该村年例之期。散会后，村中群众邀与会同志分头到各家吃饭。

消息传开，翌晨敌人即来"扫荡"。与会者已经离开，但该村游击队员黄蕴华、黄蕴英被捕。

3月　黄翼在鹩哥寨村被敌人搜捕，押解至水东警察分局囚禁。水东地下革命组织通过内线活动，买通看守人员，借交班之机将黄翼释放。

是月　中共粤桂边区党委根据中共中央香港分局1月26日关于"迅速将各地委武装正式编成纵队下属支队"的指示，决定在茂电信地区组建中国人民解放军粤桂边纵队第五支队。3月上旬，中共茂电信工委在廉江游击区召开工委扩大会议，电白县工委书记杨瑞芬列席参加，对组建第五支队的问题作出决定：支队下辖3个团，电白、茂名、信宜分别组建十三、十四、十五团；同时，决定以信宜、罗定边境游击区为基地，向信宜、云浮的西山飞地，茂名、电白、阳春的边界山区发展，把信宜的大云雾岭、云浮县的西山及茂电阳边的三冠顶、大轿顶和双髻岭等山区联结起来，建立游击根据地。

是月　为避开茂名、电白、阳春三县敌人的"联络会剿"，电白独立连根据车振伦的指示，开往阳江与粤中纵队第二支队第八团并肩战斗。

是月　国民党电城联防队等100多人，对热水游击区进行"扫荡"。该区负责人林立带领吴景昌等武工队员10多人转移到红花，再乘船撤到放鸡岛。敌人乘船跟踪，用机枪向岛上扫射，并把武工队的两艘小船拖走。4天后，附近渔民冒着生命危险，用小渔船把武工队接回陆地。

是月　国民党电白保安第一营营长王恩才带领保安队、联防队、乡队等160多人，包围沙垌的屋背塘村，当时在村内的杨瑞芬、王学明等20多名游击队员英勇突围，边打边撤，摆脱了追敌。

是月 吴连、温业荣、邱鸿迪等人，在那霍坡垌新村突然遭到崔翼达的联防大队几百人的包围。吴连单枪只身突围，吸引敌人，跑了几十里（1 里 = 500 米），终于摆脱追敌。温、邱等人也安全脱险。

4 月 中共中央香港分局批准中共高州地委成立，任命王国强为书记，林其材、陈兆荣为副书记，车振伦、郑光民、钟正书为委员。同时，任命王国强为第五支队司令员兼政治委员，陈兆荣为副政治委员兼政治部主任。

是月 电师游击小组成员和进步师生谢克明、廖善祥、蔡群（蔡凤岐）、吴仑江、王克琳、邓素芬等 10 多人先后撤出学校参加游击队。其中大部分人被送到阳江参加电白独立连。这时，邓伟侬、谢江、车鹏、车一平、邱鸿达、黄平等调到遂溪学习。

是月 林其材、钟正书在东寮主持召开电白县、区两级干部会议。参加会议的有杨瑞芬、唐力生、邵若海以及各区的主要负责人。会议传达了中共高州地委关于组织粤桂边纵队第五支队的指示精神；要进一步扩大武装主力部队；从速组建十三团。会议决定由邵若海负责组建工作。原分管"北平"区的唐力生调管水东地区。调王克到"北平"区任区工委书记，王学明任"华东"区工委书记。会议还对加强宣传、统战、策反等工作做了研究和部署。

4 月 16 日 在县工委扩大会议期间，邵若海到水东布置工作。15 日晚，他住在水东大东旅店右邻的地下联络站。次日凌晨，遭水东五乡联防队和水东警察等近 100 人的包围。邵若海迅速处理好秘密文件后，从后门冲出，打倒守门敌兵，利用海堤掩护，边打边走，摆脱敌人追击，安全脱险。与邵若海一起同住的，有从香港回来不久的共产党员朱作彦，因病体弱，人地生疏，枪又坏了，突围难望成功；且在水东未暴露身份，敌人未抓到什么证据，因而没有突围，终于被捕，英勇就义。邵若海突围事件发生后，水东五乡联防主任朱生龙指挥所属联防队在水东地区大肆搜捕，捉去地下工作者张国任、张竞基两人，投入监狱，后经营救放出。

4月　中国人民解放军21日强渡长江，23日占领南京。国民党反动统治即将覆灭。中共电白县立中学党支部领导该校党员、团员，发动一次宣传攻势，把胜利消息印成传单，在电城街巷张贴，散发到学生宿舍、商店、居民住户，邮寄到各区、乡公所。同时还印发署名十三团的警告信，投递给县内反动头目。敌人惊恐万状，县城宣布戒严。

是月下旬　原国民党棠簕乡乡长刘沛尧受其襟兄梁国杰进步思想的影响，逐渐倾向革命，林其材、车振伦认为此人可以争取，于1948年指示杨瑞芬、王学明、蔡智文等人，一方面在观珠棠苦地区深入发动群众，扩展游击区；另一方面对刘沛尧进行形势和政策教育，使之弃暗投明。结果，刘沛尧动员其亲属、旧部10余人起义，携带轻机枪1挺、长短枪10多支，由蔡智文、王克带武工队护送到阳江参加电白独立连。

4月25日　独立连与粤中八团袭击阳江儒洞乡公所、警察所。10名警察缴械投降，20名乡兵弃枪而逃。人民武装缴获步枪50多支及物资一批，并开仓分粮济贫。5月初，袭击沙扒盐警队，敌人闻风逃窜。

5月　中共高州地委任命邵若海为粤桂边纵队第五支队第十三团团长兼政治委员，张顺南为政治处主任。十三团正式成立。邵若海亲赴阳江，将电白独立连整编为十三团第一连，下辖4个排和1个政工队。一排排长梁德，二排排长张良海，三排排长黄德成，独立排排长邓福，政工队队长梁芝钊。同时成立政治处油印组，由吴景晖负责，誊印内部文件、宣传资料和各种文告，出版《火车头战报》散发全县各地。

是月中旬　十三团一连与粤中第八团挺进阳春东南部山区活动，先后攻打龙门乡公所和河口圩。龙门乡乡长乡兵 30 多人缴械投降。国民党保安师 4 个连和阳春、阳江 4 个保警中队被赶出河口圩。尔后，十三团一连向阳春北部转移，经春湾入新兴，过恩平再返阳江，历时 20 天，转战数百里，一路攻破了一些乡、保公所，缴获了一批枪支弹药。

5 月　中共中央华南分局联络处派李灏、刘炽昌、崔文明、陈孔安、张宜昌、温廷杰等人回电白工作。同时，黄履国等也从外地派回电白工作。

是月　中共粤桂边区党委书记梁广将中共中央华南分局转来的李灏、陈孔安的组织关系交给王国强，嘱咐要安排二人入陈赓桃团部做策反工作。王国强随即将二人关系交给地委副书记兼组织部部长林其材。约一个月后，中共高州地委全体委员在茂北东才乡开会，决定派车振伦、李灏、陈孔安组成工作组进入陈赓桃团部做策反工作。后来，又增派陈兆荣、谢华胜参加该工作组。

6 月　李灏受命策反陈赓桃。陈赓桃原是国民党三十五集团军的团长，1947 年在山东"剿共"中全军覆灭，回广州闲居。1949 年初受任广东保安部队第三师少将副师长兼第九团（保九团）团长。但只有虚衔，部属要由他自己招募。广州市委布置李灏（共产党员）与陈赓桃的儿子陈孔安（共产党员、中山大学学生），利用亲属关系对陈赓桃进行争取工作，鼓励他接任保九团团长，并介绍电白县进步青年郑伟猷、郑启明两人给陈当干部。陈赓桃任郑伟猷为该团第二营副营长兼直属步炮连连长，郑启明为班长。李灏回电白后将以上情况向钟正书汇报。钟正书布置李灏要争取郑伟猷回电白招兵，以便安排革命力量进去，掌握这个连队。6 月间，陈赓桃果然派郑伟猷回电白招兵。党组织布置黄成煦、吴连等人，在革命游击区羊角、林头、东寮等地发动游击组成员、进步青年100多人参加该连；继又指示陈孔安在连里发展新民主主义青年团员，建立团支部；郑伟猷、郑启明两人分别任支部正、副书记。

是月　中共电白县委员会成立，书记钟正书，常委杨瑞芬、唐力生（组织部部长）、邵若海（宣传部部长），执委王学明。县委成立后，王学明兼管县青年团工作，梁璧为县妇女工作负责人。

6月29日　王克率领武工队和茶山革命群众共30多人夜袭云潭乡公所，打伤敌兵2人，缴获驳壳枪5支、步枪15支、子弹700多发，摧毁了国民党云潭乡政权。

是月　中国新民主主义青年团电白县总支委员会在南海杨增家成立，主管地下党地区青年团工作。总支副书记李灏，委员杨猗青、刘炽昌。在这前后，电城、霞洞、正龙等地各发展了一批青年团员。

是月　温业荣由"北平"区调到"华东"区工作，邱鸿迪接替温，为沙琅、黄岭、谭儒等一带地方的负责人。

是月　林其材派李灏加强由吴景晖负责的十三团政治处油印组工作。工作人员有赖邦豪、杨逢青、杨乃贤、张宜昌、黄天冒等。因印刷用品不便搬迁，他们没有随军转移，而是在县内游击区群众的掩护下，克服各种困难，坚持誊印、出版工作。

7月初　林其材、车振伦、钟正书在李灏家开会，讨论策反陈赓桃问题，决定：加强对步炮连的工作，以巩固革命力量对该连的控制；促成保九团团部从广州移驻南路；由车振伦率领一个工作组进入保九团团部，以加强起义工作的准备。

是月　保九团从广州调防茂（名）、电（白）、梅（菉），团部驻梅菉博铺，步炮连驻羊角新南乡新堡。中共粤桂边区党委指示李灏、陈孔安加紧策反陈赓桃。郑伟猷、郑启明通过潭阪高圳车交通联络站，先后向地方游击队输送手枪 2 支、卡宾枪 1 支、手榴弹 100 颗及子弹数千发。

是月 在阳江活动的十三团第一连和粤中纵队第二支队第八团第一连于 7 月 4 日从两阳边出发打回电白，计划攻克那霍、黄岭、云潭 3 个乡公所，打开电白新局面。但进入电白境内后，敌人调集 7 个中队跟踪纠缠。部队同敌人周旋 9 天，打了 13 仗。为摆脱敌人，部队又转到阳江滋坡休整。

是月 林其材布置电白第四中学校长杨学青秘密发展革命外围组织——民主教师联合会，杨学青即在该校吸收许汝彦、许济川、许柏林 3 人入会。

是月 武工队员蔡德光和张坤成在麻岗某村遇敌。突围中，张坤成被捕，押解观珠。其妻王蒙（游击队员）亦被捕。夫妇俩在观珠就义。

8 月 林其材和钟正书在木等主持召开县委扩大会议。参加人员有杨瑞芬、唐力生、邵若海、王学明以及各区的主要负责人。会议通过整风学习，在提高思想认识、加强团结的基础上，讨论了配合南下人民解放军解放电白的有关问题。会议决定，加强宣传大好形势，鼓舞群众斗志；迅速扩大部队，加强武装力量；做好统战策反工作，争取国民党军政人员起义；做好城镇工作，迎接解放。会议还根据斗争中形成的 6 个游击区，重新配备其主要负责人。"华东"区，包括电城、马踏、大榜、爵山，区委书记王学明（兼），副书记黄祖文；"华南"区，包括麻岗、树仔、博贺、红花，区委书记蔡智文；"西南"区，包括水东、南海、沙院、七迳、旦场，区委书记吴连；"汉口"区，包括羊角、林头、潭阪，区委书记黄成煦；"华北"区，包括那霍、沙琅、黄岭、霞洞，区委书记王克；"华中"区，包括观珠、大衙、望夫，区委书记温业荣。会后，各区进一步发展党员、团员。到解放时，全县已有党员 160 多名、团员 300 多名。

是月　十三团一连和阳江路南游击区中队（代号"志丹队"，队长罗海），在阳江石仔岗被敌一个保安团包围，激战一天，当晚突围转回电白，先后驻扎于树仔、热水和木等等地。这时，国民党广东省保安司令部第四纵队第三大队进驻电白，在电城设"指挥所"，以控制水东至织箦这段公路，做南逃的准备。电白反动派也奉命组成 4 个"清剿队"，分区"清剿"。林其材根据形势的变化，经派唐力生去东海岛请示边区党委同意，决定留下独立排回那霍、云潭一带活动；政工队分散下地方工作；令张顺南率领一连（包括"志丹队"）到旦场乘船开往化廉遂游击区粤桂边纵队司令部进行整训，补充给养。留下的独立排，后来扩展为十三团二连。

是月　中共电白中学支部根据校内党员多已抽调到各区工作，而青年团员迅速增加的情况，决定在校内成立新民主主义青年团支部，王立勋为书记，由吴缵勋直接领导。该团支部成立后，继续向校内外发展组织；教育争取国民党爵山乡乡长杨联芳参加革命（新中国成立前夕率乡兵起义）；收缴民枪 52 支支援"华东"区队；积极做好迎接南下解放大军的准备，做了不少工作。

9 月　电白县委经请示高州地委同意对国民党电白县县长王德全（前国民党中将副军长）进行策反工作，经王德全秘书蔡守棠疏通，钟正书、邵若海到王德全家（霞洞永乐村）与之谈判。结果，王德全口头应允五点共识。

是月初　钟正书在林头田充村召开部分骨干会议，有杨瑞芬、邵若海、王学明、蔡智文、黄祖文等人参加。钟正书在会上分析形势：南下大军已进入广东省境，要迅速扩大武装力量，发动群众，迎接解放，加强统战和策反工作，积极准备建设政权。决定派黄祖文带一个武工组到观珠南部旱平一带开展工作，以打开观珠至电城间的通道。

9月28日 黄祖文率武工队员卢松仔、何强和何燕兆，由交通员陈什林（陈兆铭）领路，从大衙板桥到达旱平村。因当地反动保长告密，遭电白县自卫总队副总队长张荻飞部100多人围攻。黄祖文等5人在突围中壮烈牺牲。在那里接应的交通员林兴扮成牧童到村外放牛，瞒过敌人，得以脱险。

10月 南下解放大军于14日解放广州，26日在阳江消灭国民党军刘安兵团。下旬，国民党电白县政府从电城迁往霞洞，狱中关禁人员近百名被押解转移。其中部分人中途逃脱，其余人员包括刘俊才、李鹏翔等到观珠全部溃散。

是月 钟正书在林头召开干部会议，布置扩大武装力量，加强城镇工作，准备迎接南下解放军解放电白。商讨如何破坏国民党交通设施阻其南逃，布置烧毁寨头渡和郁头鹅两处公路桥。

10月15日 在解放军向粤西挺进的时候，国民党保九团团长陈赓桃率领本部2个营、3个直属连、1个通信排，及其弟陈赓彬率领的保安二师1个营1200多人，在梅菉博铺宣布起义，由中共高州地委常委车振伦带领，北上信宜。22日，配合粤桂边纵队第五支队解放信宜县城。

10月20日 陈赓桃部北上信宜，一批武器留在分界田头屋村李匡一家。车振伦通知黄成煦，发动羊角山和、田心等村群众400多人，去分界运回步枪400多支、子弹80余箱。几天后，钟正书通知林立带林头群众120多人，去山和村将步枪300多支及弹药一批运回林头。

10月24日 在钟正书、邵若海的教育争取下，林头联防队和乡兵近100人举行起义，接受十三团改编，林头解放。地下工作者赖冠华带领五和乡乡兵和当地游击队员数十人到林头集中整编。棠籍乡乡长王栋也率乡队起义，由杨瑞芬带领，开往林头接受改编。

10月25日　钟正书在林头召开十三团军人大会，宣布该团新建制和干部名单：团长兼政委邵若海（后黎光烈任团长），政治处主任张顺南，军需温廷杰。下辖5个连和1个政工队：第一连连长庄严（后邓福），指导员梁庚；第二连连长邓桂材，指导员梁芝钊；五和乡乡兵和当地的游击队编为第三连，连长赖冠华（后黄强），指导员赖邦豪；棠籇乡起义乡兵编为第四连，连长刘沛尧，指导员暂缺；林头起义联防队编为第五连，连长梁元度，指导员暂缺（不久，第四、第五连合并为第四连，连长王栋，后张良海，指导员廖善祥）；政工队队长王继声，后增设手枪队，队长赖冠华。接着，观珠区武工队收缴驻沙垌大王庙联防队的枪支和棠籇、大衙一带的地主武装，建立起40多人的区队。其他各区也大力收缴敌人武器，先后建立起各区的区队。这时电白的敌人龟缩在霞洞、电城、水东等几个孤立的圩镇，其他乡村完全处于游击队控制之下。

10月26日　中共电白中学团支部吴兆奇、严瑞槐、杨大沛受命率领20多名团员策应解放军进城，配合县委领导进城接收事宜。

10月29日　中国人民解放军二野四兵团四十师一二〇团经儒洞直驰电白，下午2时解放电白县城。30日解放水东。王学明、钟正书各带武工队先后到达电城，分别同解放军一二〇团的团长、政委会见，介绍电白情况。部队将缴获的敌伪档案和物资移交电白县委王学明接收。

11月2日　南下解放军直指霞洞，由于事前双方联系不上、沟通不畅，解放军在交火中将国民党县长王德全击毙。各地武工队、区队分头接管国民党的政权机关。至此，电白县全境解放。

11月3日　电白县人民政府在电城成立，县长杨瑞芬，副县长李延年。随后，中国人民解放军粤桂边区电白县军政委员会在电城成立，主任钟正书，副主任杨瑞芬、唐力生、邵若海。同时成立水东军政委员会，主任唐力生（兼）。继又成立电白县支前司令部，司令杨瑞芬，政委钟正书，副司令李延年，副政委唐力生。

是月　县级政权成立后，将全县划分为 6 个区：一区设址电城，二区设址树仔，三区设址水东，四区设址羊角，五区设址观珠，六区设址沙琅。中国新民主主义青年团电白县工作委员会书记王学明；电白县妇女联合会筹委会主任梁璧（兼电白县委妇委书记），副主任程霞霏。

电白早期革命历史文献

电白早年的革命历史文献因保护意识不强，大多早已缺失，存留不多。这里收录的部分文献资料，也是从有关档案馆藏或《电白县志》中搜集整理而成。

一、黄学增：为电白农民求救

电白县第八区旦场乡农民协会，于六月十二、十三两日，被土豪蔡仁卿率领团兵破坏，捕去执行委员蔡苇臣等五人。第三区儒寮乡农民协会于六月二十八〔日〕夜，被第二区民团局游击队长赖树勋率团兵三十余人围攻，捕去执行委员陈光良，并击伤会员四人，所有农家均被抢掠一空。陈光良被押在民团局九天，绝以粮食并加以苦刑。七月十五日，地主某，受土豪陈锡伦谣言挑拨，无故调批儒寮乡农民协会会员陈亚庆之田，经亚庆向电白县长禀告，得其判回照耕，似可息事，不料土豪陈锡伦初因包办农会计不得逞，嗣向地主造谣挑拨，强夺会员陈亚庆之田，计又不得逞，遂老〔恼〕羞成怒，纠集无赖数十人将亚庆围攻，几至毙命，后只得将亚庆抬赴分庭验伤备案。七月十六日，第八区井头坡乡农民协会被该段团董邓光儒督团兵十余名捣毁，会员邓振富与之理论，被捕去吊打重伤。现在愈闹愈凶，当此农民早造登场之际，正是他们土豪劣绅地主乡票之好机会，他们合伙所办的农团局，大大增加起团兵来，决定从八月十三日起，分派团兵到各乡去勒收农民谷捐（每租一石，抽谷捐一斗一升），屠杀农民，摧残农会，抢掠农家。第三、第八两区民团且设联合办事处于第三区那笈乡高小学校，各段民团凡有捕获农会会员均押解此处。这是他们土豪劣绅地主明的摧残农会、压迫农民的勾当。暗的呢，还有他们土豪劣绅地主秘密组织之八堡会。这曾是随着农民协会而发生，它的目标，是要扑灭农民协会，使农民协会永不发生于电白境内。三个月来发生之围攻、捣毁农会，抢掠洗劫农家，捕禁吊打会员各案，都是这会暗中播弄出来。他们土豪劣绅地主天天召集八堡会议，筹备扑灭农会、屠杀农民大计。七月三十一日，查得他们又在第三区博贺开秘密八堡会议，会议内容，虽未探知，但总是不外进行他们如何扑灭农会、屠杀农民的了。农民究竟犯了那［哪］条大罪，多劳他们土豪劣绅地主如此压迫？农民协会究竟有什么不法行为，多劳他们土豪劣绅地主如此摧残？原来如此，在农村里面，他们土豪劣绅地主原来是个统治阶级，农民原来是个被统治阶级，被统治阶级的农民，原来是做统治阶级的土豪劣绅地主们的奴隶。土豪劣绅地主们，无论在何时何地绝对要农民屈服，任他宰割，不许有什么解放运动的。可是惯做奴隶的"蠢才［材］"！农民们，现在太不恭服了，起来组织代表他们奴隶利益而奋斗的农民协会和农民自卫军了，他们奴隶的组织，现在虽然未见扩大，力量也是很少，但总是给土豪劣绅地主们以大大的不安，使他们不得不惊心动魄，拼命来压迫农民，摧残农会！

土豪劣绅地主们，压迫农民，摧残农会，在广东东西北各路如广宁、高要、郁南、三水、花县、普宁各县已成司空见惯，在南路，电白即算是创举。电白土豪劣绅地主们如此压迫农民，摧残农会，在他们土豪劣绅地主固然是以"农民该杀"；在一般普通人也许是不注意到。但是我们是主张公道的，于此，不得不说几句公道话。国民党的政纲，不是扶助农民的吗？革命政府对农

民运动第一、第二两次宣言以及迭次通令，不是给予农民以组织
农民协会、组织农民自卫军之自由并保护农民之利益的吗？在国
民政府所统治下的电白，土豪劣绅地主们竟公然再［在］四围攻
捣毁农会，抢掠洗劫农会，捕禁吊打会员，勒收会员谷捐，此种
行为岂不是不法的么？我们认定土豪劣绅地主们此种横暴行为是
不法的，那么，革命政府统治下的地方长官，就应该执法以绳之，
奈何二个月来电白的地方长官绝不惩戒或制止土豪劣绅地主们此
种不法行为？农民们的哭声已震动了全电白，也许冲到他们衙门
去，难道他们还不听着？或者和土豪劣绅地主们一样的异口同声
说："农民该杀"罢了。

各界同胞们！你们忍回避电白多数农民兄弟惨受土豪劣绅地
主蹂躏的哭声而不加以援助么？不！不！"公道自在人心"，我们
应一致援助电白农民弟兄！我们应一致请求政府惩办电白不法土
豪劣绅地主，解散不法民团，取消团局一切苛捐杂税——谷捐、
牛只捐、人头税、番薯捐，解散八堡会，赔偿农民损失，这是我
们对电白被压迫农民兄弟应该做的表示。

（载 1926 年 8 月 10 日《人民周刊》第 20、21 期合刊）

二、《犁头周刊》：为电白、东莞及花县惨案通电
——一九二六年九月广东农协会执委扩大会议通电

各报馆转全国同胞公鉴：广东农民自有组织以来，无日不努
力为民族利益而奋斗，因而革命势力日趋高涨。然而同时劣绅土
豪地主民团贪官污吏土匪以及不法军人等之反革命势力亦向农民
进攻。此次扩大会议各代表之报告无一非受此等反革命势力之摧
残，令人惨不忍闻。大会顷接电白、东莞夏岗乡、花县急报，兹
为各界陈明：（一）电白土豪劣绅，勾结县长杨锡禄，唆使第三
区游击队长赖树勋，统率大兵，于前月二十七日一时，扑攻第三

区农民协会，劫掠农村数家，财物一空，并殴伤农会会员李就、陈光川、陈李氏等数人，掳去陈光良，加以苦刑。种种凶狠实难形容。（二）……对于农民协会则加以扰乱后方的罪名，以致农民流离失所，无处申冤。……（省略部分为东莞夏岗乡、花县有关内容）呜呼！农民何辜，遭此荼毒。大会闻悉，悲愤交集，当即议决，誓以全力援救。尚望各界主持公道，予以助力，不胜盼祷之至。广东省农民协会执行委员会扩大会议叩。

（载1926年9月23日广东省农民协会主办的《犁头周刊》第15期）

三、黄学增：广东南路各县农民政治经济概况（涉电白部分）

甲　总说

南路范围，依广东省农民协会划定南路办事处所统辖之县共有阳江、阳春（两阳），茂名、信宜、电白、化县、吴川、廉江（高州六属），遂溪、徐闻、海康（雷州三属），合浦、灵山、防城、钦县（钦廉四属）十五县。已有农民运动之县，共有阳江、信宜、电白、化县、吴川、廉江、遂溪、海康、合浦九县。遂溪海康比较发展，阳江次之，其余正在开始。遂溪、海康在邓本殷占据时代，已秘密运动，阳江收复较早，全路农民状况，在经济政治文化各方面除钦廉方面尚未经过调查无从知道外，其余各县梗概略说如下：

（一）南路地理位置（内容略，仅收录涉电白县部分内容，下同）

（二）南路交通状况

（三）南路实业情形

（四）南路各市场商业状况

（五）南路物产状况

（六）南路人民职业之分配

（七）帝国主义势力侵入南路后，对于经济、政治、文化各方面之变化

乙　农民经济状况

丙　农民的政治状况

丁　农民的文化状况

戊　南路农民运动之状况

南路在邓本殷盘踞时代，已由农民部派遣特派员黄杰、陈材干、黄广渊等，在雷州方面秘密运动。革命军南下，首先派遣何毅、欧赤等同志在阳江方面运动；苏其礼、王会东、廖华卓、敖华衮等同志在钦廉方面运动；次派遣卢宝炫同志在化县方面运动；刘坚、冯振腾等同志在雷州方面运动；吴锋民、冯年同志在阳江方面运动；廉江方面受雷州方面之影响；电白方面受阳江及梅箓南路办事处设立之影响；已由各该县党部自起运动了。信宜方面由梁本荣去做运动农民的工作，现虽未得普遍到南路各县，然其空气已普遍到南路各县矣。统计雷州方面农民协会会员将近一万，遂溪、海康两县，农民协会即日均可成立。阳江有农民协会会员三千人上下。信宜有十余乡农民协会之成立。电白、化县、合浦各成立农民协会了。廉江、吴川均有三乡以上农民协会之筹备，兹将各县的状况，分述如下：

一、遂溪县（略）

二、海康县（略）

三、化县（略）

四、电白县

甲　总说

（一）全县警察区分四个，自治区分九个。警察区：一区附

城，二区博贺，三区水东，四区沙琅；自治区：一区附城，二区马踏，三区博贺，四区沙琅，五区霞洞，六区羊岗［角］，七区观珠，八区水东，九区其［林］头。各区均以该区所在之圩名为名。警察区所以分四者，系为减省警察费起见；自治区所以分九者，系为便利起见，县人皆以自治区通行，故组织农会，亦以自治区为标准。

（二）全县人民，约四十余万，而农民则占百分之九十六以上。

（三）全县比较繁盛圩场，一水东，二县城，三沙琅，四博贺。

（四）该县位置东界阳江，东北界阳春，西及北界茂名，南面濒海，内地山脉河流交错，但均不大。县城第一区及水东第八区，均三面环海，而博贺第三区则系海岛。

（五）该县职业之分配法：耕种及捕鱼者，占最大多数。采盐者、畜牧者、纺织者、劳工者、手工者，亦有之，但都为农民之副业，即捕鱼者亦一副业也。渔船多由资本家设置，雇工人以渔鱼者，博贺之渔工人甚多，设有渔业工会。

（六）物产状况：谷米、花生、薯、糖蔗，为出产大宗，而渔盐之利更大，牛、羊、豕、鸡、鸭等亦富，城内有电博盐场，盐运使署，设盐场知事理之。

（七）该县有中学一所，高小学校十五所，国民学校三十余所，农村多设私塾。

（八）该县方言之类别：第一、二、三、五、八、九等区，皆海话，惟第三区内杂白话，第四、六、七三区皆客话，惟第六区内杂白话。

乙 农民经济状况

（一）农民之分析：佃农约占十分之五，雇农约占十分之二点五，自耕农约占十分之五。

（二）地主年中所收之租额：最大地主，每年可收租谷四千担，如邵镜河、许廷魁、黎兆松、崔立宇等；其次可收租谷二千余担，如黄惠之等；再次每年可收租谷千余担，如杨德甫、邓瑶林等。水东地主普通可收租谷三十担。

（三）自耕农及雇农状况：自耕农每年所耕之田，最大限度有三十担谷种，最小限度有一斗谷种，或半斗谷种。雇农每年之工资，头等六十串钱，二等从一五千文钱至四十千文钱，三等从四千文钱至十千文钱（此第三等最占多数），均食雇主，杂用、衣服均由雇农自理。

（四）佃农与地主之关系：每年两造中等田每斗种纳租谷二担（指谷种言），上等田每斗种纳租谷三担，凶年之减谷与否不一定。佃农批田时，请地主写批纳，要纳笔金若干，否则地主差人来收租时，要给鞋金若干，并待以饭食。有的要由农民送租给地主，由地主补回工钱，每斗十文、廿文不定。农民收割时，因要急用，将谷廉价卖（每斗约五六百文钱）与地主，农民要谷食时，又高价买回（每斗约一千文）。

（五）农民因贫苦，故三十岁以上未婚者约占百分之七，娶一个老婆，普通须费一百元至二百元，童养媳约占十分之二。

丙　农民政治状况

（一）农团状况：

（1）最高机关，有保卫团总局。总局之下，有各区保卫团局，各区保卫团局下，有各段保董，保董为民团之基本组成。

（2）保董由区局荐与县长委任，总局绅由诸总局绅联名荐与县长委任。

（3）各级团局，均设有局长，一切大权，均操诸局长之手，其余局绅不过伴食而已。

（4）各区有游击队，由区内各段保星［董］派团兵组织之，其队长由区局荐任之。

（5）各级团局之团兵费，系收抽农民田亩谷以自养，其抽收之额不一定，大抵按农民收入，谨［仅］十分之一至十分之三，此外尚有地租税、牛捐、人头捐（水东七镜［迳］一带），各种名目，各段二收并行，或收单行一税，因地而殊。

（6）各级局长每人月薪十六元，各段保董，每人月薪三元或六元不等。

（7）各区游击兵由三十名至五十名不等（无业游民），不打土匪，只随局长收团谷，随地主拿农民。兵士每名每月饷银六元，乡内民团，大半系农民，与游击队不同。

（8）全县团谷，年收约六十四万元。民团对于农民协会，因与其主人利益冲突，极端反对，如电白第二区黉花乡农民协会，正在筹备间，其乡团总李公禄，即责令农民不得加入，并谣言惑众说：广东政府已崩，宣统已入北京登殿，其办农会之人，不日必逃等语。

（二）土匪状况：沙琅、观珠、林头皆有土匪，人数分股，股首系徐东海。

丁 农民运动之经过

该县农民因受民团压迫过甚，极思组织农民协会，以图反抗，在邓本殷盘踞时，该莘坡［陂］农民，已联合千人，组织农会，爰因邓氏之监视不果，革命军来，该乡首先组织，于二月二十五日，开成立大会，出席会员三百人，第一区霞海乡、第二区黉花乡之农民均起来组织，但此间办事处未有人派去指导，由该县党部指导组织。

五、吴川县（略）

六、廉江县（略）

七、信宜县（略）

八、茂名县（略）

九、阳春县（略）

（原载《中国农民》）

附录三 红色歌谣、歌曲

这节辑录几首在革命战争年代，在电白革命志士和革命群众之间传唱、流行，并具有一定影响力的红色歌谣和歌曲。

一、红色歌谣

1. 齐来干件大事

齐来干件大事，理当不费艰辛；

不过农民痛苦，真系惨不忍闻；

已受经济压迫，复受政治威凌；

风吹雨打日晒，勤苦仍然赤贫；

如何解除痛苦，首先齐心合群；

组织农民协会，乃系保障自身。

2. 打倒劣绅锄军阀

打倒劣绅，打倒劣绅。

锄军阀，锄军阀。

革命成功！革命成功！

3. 断头只当风吹帽

上山游击离开家，

手握长枪死不怕。

断头只当风吹帽，

负伤如挂大红花。

4. 坚决革命没二心

韭菜开花一条芯，

当兵就要当红军。

工农有了共产党，

坚决革命没二心。

5. 要当红军不怕杀

要吃辣椒不怕辣，

要当红军不怕杀。

跟随前辈闹革命，

兄弟姐妹是一家。

二、红色歌曲

1. 吹响中华民族解放号角的《义勇军进行曲》（田汉作词，聂耳作曲）

起来！不愿做奴隶的人们/把我们的血肉筑成我们新的长城/中华民族到了最危险的时候/每个人被迫着发出最后的吼声/起来！起来！起来/我们万众一心/冒着敌人的炮火/前进/冒着敌人的炮火/前进！前进！前进进！

2. 唱尽东北血泪史的《松花江上》（张寒晖作词、作曲）

我的家在东北松花江上/那里有森林煤矿/还有那满山遍野的大豆高粱/我的家在东北松花江上/那里有我的同胞/还有那衰老的爹娘/九一八/九一八/从那个悲惨的时候/九一八/九一八/从那个悲惨的时候/脱离了我的家乡/抛弃那无尽的宝藏/流浪流浪/整日价在关内流浪/哪年哪月/才能够回到我那可爱的故乡/哪年哪月/才能够收回那无尽的宝藏/爹娘啊爹娘啊/什么时候才能欢聚一堂？

3. 最解恨的抗战歌曲《大刀进行曲 》（麦新作词、作曲）

大刀向鬼子们的头上砍去/全国武装的弟兄们/抗战的一天来

到了/抗战的一天来到了/前面有东北的义勇军/后面有全国的老百姓/咱们军民团结勇敢前进/看准那敌人/把他消灭把他消灭/大刀向鬼子们的头上砍去/杀!

4. 民族精神的史诗《黄河大合唱》之《保卫黄河》（光未然作词，冼星海作曲）

风在吼/马在叫/黄河在咆哮/黄河在咆哮/河西山冈万丈高/河东河北高粱熟了/万山丛中/抗日英雄真不少/青纱帐里/游击健儿逞英豪/端起了土枪洋枪/挥动着大刀长矛/保卫家乡/保卫黄河/保卫华北/保卫全中国

5. 电白老革命创作的歌曲《献上一份爱》（钟正书作词，房晓敏作曲）

电白是个好地方/碧蓝的大海是宝藏/广阔的田野是粮仓/翠绿的沙琅江是银行/高入云端的浮山岭、白花岭、双髻岗/曾是革命斗争的好地方/如今稻谷花生绿遍了田野山岗/红遍了漫山的荔枝在飘香

沾了革命前辈的光/用血汗换来幸福万年长/忘不了父老乡亲/哺育青年一代成长/咪……咪……/手拉手/肩并肩/献上一份爱心/献出一份力量/把电白建得更加灿烂辉煌!

电白重要革命遗址和文物

一、革命遗址

（一）邵氏八世祖祠——白马乡农民协会遗址

该遗址位于麻岗镇白马村，占地面积约 400 平方米。1925 年 5 月 13 日，邵贞昌在此主持召开有 1000 多人参加的农民群众大会，传达省农民代表大会精神，执行"联俄、联共、扶助农工"三大政策。5 月下旬，在这里成立全县第一个乡级党支部，邵贞昌任支书；6 月下旬，在邵贞昌等共产党员的亲自领导和精心组织下，电白县第一个农民协会——白马乡农民协会在此宣告成立，会员发展到 2000 多人。邵以梅、邵锡琉、邵锡瑞、陈德滨、崔万佳、吴干帮、黄景荣等人加入中国共产党。1926 年 2 月，在电城召开首次县农代会，邵贞昌当选为县农会会长。1927 年电白"四二二"反革命事件后，电白农会遭严重破坏，邵以梅、邵锡瑞、邵锡琉、邵贞昌等骨干被捕遇害。

（二）中国共产党电白县支部暨电白县农民协会旧址

该旧址位于电城镇严家祠。1925 年 6 月，南路地区第一个县级党组织——中共电白县支部在电城严家祠成立，邵贞昌任书记。不久，党员增至 80 多人。电白农会也在这一时期发展起来。1926 年 2 月，在电城召开首次县农代会，邵贞昌当选为县农会会长，电白农民运动（简称"农运"）蓬勃发展。从此，电白革命进入了一个崭新的历史时期。1927 年"四一二"反革命政变后，电白反动派也发动"四二二"反革命事件，大肆捕杀中共党员和农会干部。邵贞昌、邵锡瑞、邵以梅、陈永昭、陈德滨、崔万佳、吴干帮、邵锡琉、廖殿扬、谢萱、林立、陈材干、陈盛丰、黄高球、赖若仙等人被捕遇害。电白农运从此步入低潮。

（三）霞洞笔岭农民运动遗址

该遗址位于霞洞镇山石村委会笔岭村。1925 年，该村的同胞兄弟崔万选、崔万佳受中共电白县支部的委派，返回笔岭村领导开展五区的农民运动。在其家中和村里的庙桁屋经常召开会议，做有关人员的思想工作，推动周围的农民进行减租减息运动，以及对恶霸、国民党右派进行斗争。1926 年，县农会成立，崔万佳当选为县农会干部，负责五区、七区、九区农运工作。1927 年，领导塘涵、正源、山石农民取得逼使恶霸退租的胜利。

（四）华楼抗日武装起义暨电白县人民抗日游击队第一中队旧址

该旧址位于林头镇华楼村华楼堡，旧址西 50 米为电白水观线乡道，南北均有民居，距城区 20 千米。1945 年 1 月下旬，中共电白县特支书记庞自和陈广杰到华楼筹备抗日武装起义，梁之梗、严子刚、罗英、陈东协助，陈叔平、崔明、苏克、郑学海、李佐平、邓锦初等先后到华楼堡参加起义部队。起义队伍名为"电白县人民抗日游击队第一中队"，庞自任指导员，陈广杰任中队长，陈交德、陈广安、陈广维、陈广立任小队长。严子刚到羊角、林头、马踏，李佐平到凤渐，何逢林、蔡智文在各自家乡，分头联系周边游击小组，待命支援起义。后起义失败，华楼优秀儿女陈广邦、陈广畔、陈广碧、陈广周、陈亚惠、陈守万、陈五妹、陈增德、陈广安等先后壮烈牺牲。

（五）石坦堡抗日武装起义遗址

该遗址位于那霍镇革命老区长石村委会石坦村。1944 年，郑光民受命调到云潭、那霍任负责人，将石坦附近 3 个党支部合并为一，策划武装起义。11 月，中共茂电信特派员陈华到云潭策划抗日武装起义。1945 年 1 月 29 日 9 时，集中到石坦堡的起义人员有 70 多人，因敌人有备，暂停起义。30 日晚 9 时，郑光民、杨进瑞率石坦游击队和泗水起义人员上百人围攻云潭乡公所，乡兵已逃，因而烧毁册籍文件后撤离。范式等人与乡兵遭遇，范式被捕遇害。随后，茂名、电白两县反动当局军警围攻云潭、石坦村，石坦堡多名群众被捉，罗怡才、杨汝坤、杨国周、杨阿兴等 4 人被害。

（六）南海霞里革命据点旧址

该旧址位于南海街道霞里居委会蔡屋面村南边的赤兰山村（革命老区村），是粤西地区早期共产党员、革命家杨增的住宅院子。院子坐西北向东南行西南门，占地 1349.22 平方米，结构是石脚砖墙杉木瓦顶平房。院子由于多年失修，已陈旧破烂。是中共高州地委活动据点旧址，在抗日战争和解放战争时期形成水陆交通便利、保证地下活动安全灵活、进退自如的地下交通联络网。

（七）坡心高圳车革命据点旧址

该旧址位于坡心镇高圳车村。1941—1949 年间，以李灏家为中心的高圳车村是中共茂电信领导机关和电白县党组织的重要秘密据点之一。地区和县领导人在此活动和掩蔽长达八年。是华南分局向电白输送党员、交接组织关系之地，是策反陈赓桃部队起义的临时指挥部和原电白县委机关所在地，为电白革命事业作出过重大的贡献。

（八）霞洞地下交通站保济堂遗址

该遗址位于霞洞镇霞洞圩正街。四维乡赤岭人唐翼臣，参与辛亥革命，曾任国民革命军连长、电白六区（羊角）区府秘书。后不满蒋的政策，弃官从医，同意其儿子唐舜基在霞洞圩原"保生堂"以药店为名办中共地下交通站（改为"保济堂"）。早在1939年下半年开始，国民党顽固派就严禁《新华日报》等进步书报发行。唐翼臣不顾个人及家庭的安危，依然把秘密订阅进步书报及通讯地点设在他的药店。1945年华楼起义前夕，正在振华小学隐蔽的共产党员杨子儒病得不能走路，由革命同志抬到保济堂治疗。唐翼臣夫妇把他当亲人般看待和照料，杨子儒的病几天后就痊愈了。1945年冬，游击队一名干部李颐年在云潭山区被老虎咬伤颈部，后被秘密转到保济堂治疗好。中共电白县特派员伍学海、钟永月常驻于此，秘密领导全县地下党工作。保济堂冒险保护两任领导人，作为地下交通站功不可没。

（九）谭儒小学革命遗址

该遗址位于沙琅镇谭儒村。1940年起，中共茂电信特派员陈华，中共电白特别支部负责人严子刚，书记庞达、庞自等领导人到沙琅谭儒小学开展革命活动，派中共党员邱鸿迪、李俊瑜到该校任教，深入农村开展革命活动。谭儒小学成为中共电白县组织秘密联络点。1944年，邱鸿达任校长，秘密开展抗日救亡活动。1947年4月，中共茂电信军事特派员王国强率独立连攻克国民党谭儒乡公所，缴步枪6支及物资一批，处决一个特务。1948年，中共电白县党组织派邱鸿迪回谭儒、黄岭开辟新区，吸收邱鸿达、邱国桢、陈东、林华、石永卷等新党员和游击组员，开辟坡富、上平山、东华等50多个村庄为革命根据地。

（十）谭黄宗祠——谭黄地下交通联络站旧址

该旧址位于林头镇黄阳村委谭黄村。1943年冬，中共电白县特别支部派党员何逢林、程允祯到黄阳的谭黄、洛阳、深田坑、上车、三仔车、何新、上村仔、岭仔、渡头、中间、书房下等村，开展革命活动。1945 年间，在黄阳一带发展了程允政、邓文达、程永雄等 10 多名抗日游击小组成员，建立游击小组，程允祯任组长。后在谭黄庙建立党的联络点，程允政以教书为掩护做联络工作。先后有党的领导人陈华、王国强、严子刚、伍学海、钟永月、钟正书、杨瑞芬、张顺南、王杰、朱敏、邵福祥、蔡智文、崔文明等到黄阳指导。1947 年 6 月，程允祯亲率黄阳游击小组配合钟正书所率的茂电信武工队，活捉霞洞反动地主崔济川，缴值 70 担（3500 千克）谷的现款作部队经费。茂电信六连四过黄阳，群众为其安全和供给提供有力保障。解放战争期间，黄阳 10 多名青年参加游击队。1947 年秋，国民党反动当局派兵"扫荡"黄阳，捕游击队员和革命群众 10 余人入狱，威迫利诱革命者，但他们坚贞不屈，严守秘密。游击队员邓文瑞被严刑逼供，惨死狱中；游击组长程允祯在茂名县泗水被捕遇害。

（十一）旱平战斗战场遗址

该遗址位于观珠镇旱平村。1949 年 9 月下旬，中共电白县委决定委派"华东"区委副书记黄祖文带一个武工队赴"华东"区（含马踏、大榜、爵山、电城等地）开展工作，以打通儒洞至电城间的通道，迎接南下解放军解放电白。9 月 27 日下午，黄祖文带领武工队队长何强和队员卢松仔、何燕兆及 15 岁的交通员林兴，由交通员陈什林引路，从大衙板桥出发，于次日凌晨 3 时许抵达游击区旱平村地下交通员陈灼辉家。因被反动保长告密，早上 7 时他们遭到国民党反动当局张狄飞带领的上百名保安团围攻，黄祖文带属下 4 人从横门冲出，与敌军对射一阵后，向屋后山坡突围。由于地形不利，敌军人多火力强，黄祖文等 5 人相继中弹牺牲。仅 15 岁的交通员林兴扮成放牛娃机智脱险。五烈士的遗体被群众安葬在浦水岭。为纪念旱平牺牲的 5 位烈士，1953 年县人民政府将附近一带命名为旱平乡。

二、革命文物

（一）电白农会留存的文物：会旗和党旗

电白农会使用过的会旗是一方红布，中间绣上一把农民用的木犁。党旗也是用一方红布，中间绣上一把镰刀和一把斧头构成（该会旗和党旗样式今存电白革命历史纪念馆）。

（二）电白农会使用过的武器等文物一览

电白农会使用过的武器比较多，但相对简陋。计有镰刀、大刀、小刀、长矛、弯刀、钩刀、菜刀、木棒、棍子、木槌、木杈、铁叉、禾叉、三叉（齿）、五叉（齿）、锄头、铁锤、标枪、钩枪、红缨枪、土火铳、七九公（汉阳造）、毛瑟枪、驳壳枪等，但遗留下来的文物很少（该部分文物今存电白革命历史纪念馆）。

（三）游击队、武工队等使用过的武器等文物一览

七九公（汉阳造）、毛瑟枪、驳壳枪、轻机枪（冲锋枪）、机枪等。这些实物均已上缴，并无遗存。

（四）其他革命文物

海螺（号）、马灯、墨砚、私章盒、军用水壶、茶壶、大碗、藤箱、木箱、相关书信、文稿、文件等。

电白革命历史纪念场馆、纪念碑的建设、保护和利用

　　电白现建有革命历史纪念馆3座（其中高圳车革命历史纪念馆在建中）、纪念碑10多座。下面简要记述其中主要的纪念场馆、纪念碑的开发利用和保护情况。

（一）电白革命历史纪念馆

　　该馆坐落在旦场镇松山，位于区中小学生社会实践基地"行知园"内，占地面积5000平方米，建筑面积2130平方米，总投资420多万元。纪念馆于2005年10月立项，2008年6月动工兴建，2011年6月落成，并于中国共产党九十华诞之际隆重开馆。该纪念馆高二层，内设四大展厅和一个可容纳140人的多功能影视厅，四大展厅分"革命星火""抗日烽烟""解放洪流""革命英烈""老区人民的奉献"和"继往开来"六大部分，陈列有600多帧革命历史图片和5幅革命历史题材油画，60多件实物，8组雕塑，两段视频音像，一个地形地貌沙盘。该馆自2011年6月建成开馆以来，先后接待来自全国各地的参观者达20多万人次，成为粤西地区规模最大、功能最齐全的县级革命历史纪念馆。电白革命历史纪念馆于2013年12月被中共广东省委党史研究室定为"广东省中共党史教育基地"，2014年12月，被评为"广东省优秀爱国主义教育基地"。

（二）旱平英烈纪念馆

　　该馆位于观珠镇革命老区大水坡村委会陈大昌村五峰山官茂

有珍稀植物园半山腰上，是为纪念中华人民共和国成立前夕牺牲的黄祖文、何强、卢松仔、何燕兆、陈什林等 5 位烈士而建立。纪念馆于 2013 年开始筹建，2014 年得到中共电白区委、区人民政府主要领导同意后，由海南省沉香产业协会会长官茂有独资赞助 200 多万元兴建，在区民政局、区党史地志办、区老游击战士联谊会、区革命老区建设促进会、区关工委、电白炎黄文化研究会、观珠镇政府、大水坡村委会等单位以及众多老革命和烈士家属的大力支持下，于 2015 年 9 月 28 日建成开馆。该馆占地 600多平方米，主要设施有英烈纪念馆、综合文化楼、石洞遗址、塑铜人像、纪念馆凉亭等。其中已建好的英烈纪念馆建筑面积 90 平方米，投资 60 多万元。已建好的英烈纪念馆总体布局为"一进三厢"：中厢为瞻仰区（主体是 5 位烈士的主像）、左厢为史实展示区（含烈士简介、牺牲经过、区政府立的馆志、旱平事件的由来等内容）、右厢为纪念展示区（主要内容有缅怀英烈板块、领导关怀板块、揭幕开馆的盛况板块）。此外，左右两厢内均设有展柜，用于收集、储存、展示烈士的遗物和后人瞻仰的题词、书籍或文稿等。开馆以来，已先后接待来自区内外的参观者 2 万多人次。

（三）林头革命历史纪念图书馆

该馆坐落在林头中学校园内。2005 年秋，为纪念当年林头、大衙优秀儿女谋求民族解放、人民幸福和前赴后继、不屈不挠、波澜壮阔的那段革命斗争事迹，让后代永远铭记先辈的丰功伟绩，弘扬革命先烈伟大的革命精神，实现前辈未竟的伟大事业，经原电白县老游击战士联谊会会长、电白县老县长蔡智文的倡议和牵头筹资，并报中共电白县委、县人民政府批准，在茂名市老促会、电白县老促会、林头中学等单位的积极配合和广大人民群众的鼎力支持下，共筹集资金 130 多万元，于 2005 年 9 月 26 日正式奠基兴建，2009 年 9 月 8 日落成开馆。整幢纪念馆楼高三层，总建筑面积 1617 平方米，内藏各类图书 36563 册，可容纳 600 多人同时阅览。开馆迄今，已接纳广大师生及社会各界人士 5 万多人次前来参观阅览，为开展革命英雄主义和爱国主义教育起到非常重大的作用。

（四）高圳车革命传统教育基地

该基地是在李灏家原高圳车革命据点旧址的基础上，再在周边征地 3000 平方米建设的革命传统教育基地。该基地预计需投入 1000 多万元建设，相关工作正在进行中。

（五）电白县革命烈士纪念碑

该纪念碑位于水东镇东阳北街社区东湖公园内，占地面积 138 平方米。碑身为花岗岩石结构，六角形平台，八级阶梯，四周筑水泥栏杆，两边立有一对石狮，中立正方形碑座，高 1 米；碑身梯形，高 9 米。碑文简述电白革命志士在中国共产党的领导下，在大革命、抗日战争、解放战争各个历史时期为挽民族危难、救大众于水火、赴汤蹈火、前仆后继的英雄业绩。该纪念碑始建于 20 世纪 60 年代，1984 年夏由中共电白县委、县人民政府重立，是对广大青少年和干部群众进行爱国主义教育的好去处。

（六）华楼抗日武装起义纪念碑

该纪念碑位于林头镇华楼村合丫河村边，西距电白迎宾大道 100 米，南距电白水观线 6 米，东、北均为林区，距城区约 12 千米。坐北向南，高约 10 米，底座 2 米，占地面积约 400 平方米。该纪念碑是由当地一些老同志和林头镇乡贤捐资 40 多万元兴建的，是全区爱国主义教育基地之一。

（七）华楼起义革命烈士纪念碑

该纪念碑位于林头镇华楼村委会稔窝田村白花岭顶。坐北向南，高 3.6 米，宽 0.86 米，占地总面积 80 平方米，方尖碑，水泥饰面,碑为黑色花岗岩,阴刻"华楼起义革命烈士纪念碑",基座用砖砌筑,水泥饰面,镶嵌有华楼起义碑刻。华楼起义是中共电白县特别支部领导下的抗日武装起义,富有革命纪念意义。

(八)那霍革命烈士纪念亭(碑)

该纪念亭(碑)位于那霍镇圩边,紧靠那霍中心小学东面国道 G325 线旁,是一座凉亭式的革命烈士纪念碑,凉亭坐北向南,全高 8 米、宽 7 米,中间立有高 2 米、宽 1.5 米的烈士纪念碑,米红色大理石饰面,南面刻有"革命烈士永垂不朽"8 个竖行正楷大字,北面刻有英烈们为革命献身可歌可泣的事迹碑文,整个设施约占地 550 平方米。这是为纪念抗日战争、解放战争和社会主义建设时期牺牲的李高汉等 10 多位那霍籍烈士的丰功伟绩,于 1960 年 5 月由电白县那霍人民公社始建;2002 年 5 月和 2016 年 4 月,由中共那霍镇委、镇人民政府两次重修,是一处开展爱国主义教育的好去处。

(九)马踏革命烈士纪念碑

该纪念碑位于马踏镇马踏村委会赤岭上。坐南向北,方柱形,上小下大,通高 5 米,宽 1.6 米,水洗石米饰面,用木切割"革命烈士纪念碑"七个字钉在碑正面,下方镶嵌碑刻,碑的背面下方镶嵌一块云石,上刻烈士名录。碑地基分三层六边形,面积约 19 平方米,水泥硬地。该纪念碑是为纪念抗日战争、解放战争和社会主义建设时期牺牲的马踏籍 20 多位烈士而建,始建于 1963 年,1991 年、2012 年两次重修;2015 年经县人民政府斥资建雕栏,塑陵园,修整石级阶梯,供后人凭吊英灵,富于革命纪念意义。

(十)黄阳革命烈士纪念碑

该纪念碑位于林头镇黄阳村委会洛阳村船岭。坐北向南,全高 5.1 米,宽 1.36 米,方尖碑,水洗石米饰面,边框贴红色瓷砖，正面"革命烈士纪念碑"七个字为水泥倒模成凸状；基座用砖砌筑，水洗石米饰面，镶嵌有"革命烈士程允祯同志纪念碑"。该纪念碑于 1997 年冬立。

（十一）霞洞革命烈士纪念碑

该纪念碑位于霞洞镇浮山岭，是为纪念王杰等众多浮山英烈而建。坐北向南，全高 5.5 米，宽 2.8 米，水洗石米饰面，正面刻有"革命烈士纪念碑"七个竖行正楷大字，下方刻有相关英烈事迹碑文。该纪念碑由中共霞洞镇委员会和霞洞镇人民政府于 1991 年 11 月 2 日立。

（十二）旱平五烈士纪念碑

该纪念碑位于观珠圩卫生院附近的求雨岭。1957 年，县人民政府建成旱平水库后，因黄祖文、何强、卢松仔、何燕兆、陈什林等五烈士的坟墓所在地浦水岭位于库区，为防止烈士坟墓被水库浸泡，民政部门便将五烈士骸骨移葬观珠求雨岭，并于同年建起一座五烈士纪念碑，以纪念黄祖文等 5 位烈士的英灵。

附录六 茂名市电白区革命老区村庄一览表

内容 镇（街）	老区所属村委会	抗日战争和解放战争时期革命老区村庄			
		抗日战争时期	解放战争时期	小计	合计
那霍镇	茶山	搭塘、木坑、香木根、石挞、石乐、东边峒、山塘仔、大塘面、牛蕴、九比峒、佳田、塘背	大峒、埇根、长埇、柳村、地应、平坡、山口、新屋、西山、坡峒、白马峒、径口	24	132（其中抗战时期22）
	东山	秧地坡、书房屋、官铳、东山堡、九仔塘、长山尾、广径、陈坑、石坑	大窝、烂堡、东凤山、马兰山、大园、腰古、福道、黄竹塘、车田峒、水头峒、上埇、马兰坡	21	
	长石	石坦	流洞、窝仔、下斜、曲兰、曲兰坡	6	
	水石		佛仔洞、石九峒、秧地角、秧地坡	4	
	覃坑		簕斗、龙文仔、横擗、老里坡、樟木塘、坎底、山心、径口、山坪、茅坪、偷禾坑、干河、石古峒、大河、白石岗、长头岭、剀鸡坑	17	
	三渡		理充	1	

（续表）

内容 镇 （街）	老区所属村委会	抗日战争和解放战争时期革命老区村庄			
		抗日战争时期	解放战争时期	小计	合计
那霍镇	石塘		丹埇	1	
	新塘		新塘、堡边、浸米塘、木坑、酒精峒、利鸭峒、大路、老屋、竹岭、中间峒、鱼湾塘、三叉、大塘面、沙头峒、短峒、文胜峒、磨谷峒、山仔、高望峒、石古峒、上洒、王惊塘、坡面峒、黄坑、鸭㙟峒、高坡	26	
	淡粉		石碧铺、热水峒、罗梳、打铁水、塘面	5	
	石龙		柏湾、荔枝湾、交古园、企石、石龙、塘面、龙田、攀龙、垇峒、黄峒埇、龙坡、大园、榕木咀、对面河、山边、玉田、乌江峒、塘岔、石桂坡、大坡（空村）	20	
	新村		大塘、新村、赤坑、坑尾	4	
	谢观		谢观	1	
	洋坑		河铺、石坑	2	
马踏镇	下山	咸琅	咸水、咸水子、姓余、姓肖、陈屋、下山、连塘子、姓李、竹园、球岭	11	111（其中抗战时期9）
	天星		高潭、根竹、清水	3	

（续表）

内容 镇 （街）	老区所属村委会	抗日战争和解放战争时期革命老区村庄			
		抗日战争时期	解放战争时期	小计	合计
马踏镇	石笏		樟公园、合水坡	2	
	黄羌		北根	1	
	龙湾		横枝水	1	
	秀田		宵基卣、南塘、石桥、白石岭、湾岭、坡尾、祥垌、马仔龙、秀田坡、荔枝山	10	
	松塘		坡子	1	
	长山	姓邱、姓杨、九巷塘、新屋塘、新岭坡、坡尾、河南、朝乌	湾塘、横山头	10	
	下河		龙湾、下河、姓姚、桥头坑、底坡、坝头坡、会众岭、上姚、牛连头、西岸	10	
	华田		油麻地、店仔坡、新村、石榴山、长岭、留下塘、坡田、凤坡、元山、关屋山、田心、山垌、坝头面、叶田、旧屋地	15	
	联群		埇表、茸草、莫村、田头、沙罗根、珊瑚角、茅坡、荷木塘、后坑、伍稔根、瓦砾地、大岭坡、独田、大石、离山脚	15	

（续表）

内容 镇（街）	老区所属村委会	抗日战争和解放战争时期革命老区村庄			
		抗日战争时期	解放战争时期	小计	合计
马踏镇	上村		长房、东排园、果子园、后坡、大井头、岭脚	6	
	珊瑚		沙洞、坡仔、塘尾、木松岭、竹头园、珊瑚	6	
	石古湾		石古湾、中间、车田、垱塘、东边屋、高车头、麻窄、木棉山、木棉琅、青麻园、垱坑、石桥、铺仔、吉菜、吉菜窑、那台、黄竹埇、白木坑、三华、白云窝	20	
林头镇（含原大衙）	文车		珠宝车、锡坡、文村坡、文村、埇干、车田	6	71（其中抗战时期7）
	樟木山		莲池、樟木山	2	
	新圩		牛岗陂、北溪塘、红袍岭、竹子园、中田、横埇	6	
	新屋		万扇车、田墩	2	
	林南		姓李、姓何、瓦雪坡、田头屋、牛角塘、铺仔	6	
	参桥		参桥	1	
	亭梓		岭仔园、后龙阁、塘基头、排村、排塘	5	
	大器		高头洋、巢屋	2	

（续表）

内容 镇（街）	老区所属村委会	抗日战争和解放战争时期革命老区村庄		小计	合计
		抗日战争时期	解放战争时期		
林头镇（含原大衙）	黄阳	谭黄	渡头、何新、三子车、书房下、深田坑、洛阳、中间、上村子、岭子	10	
	田充	南瓜塘	田充、山口坡、斑鸠山、禾场岭	5	
	槟榔		下塘沟、草尾塘、白水塘、北边岭	4	
	木院	禾场坡	车子、下后车子	3	
	赤岭		赤岭	1	
	尾轮		下龙塘、庄郡、铺子	3	
	华楼	华楼、合丫河、老里塘、榕树仔		4	
	塘迳		塘迳、丹竹根、山塘	3	
	板桥		西坑仔、下板桥、织帷、章公塘	4	
	大角		程屋	1	
	大坡		黄竹沟	1	
	尖角山		大山	1	
	塘村		大园	1	
观珠镇	沙垌		秧地脚、大芒、深勿、东江、沙垌街、塘寮地、秧地坡、屋背塘、深垌、榕木根	10	45

（续表）

内容 镇（街）	老区所属村委会	抗日战争和解放战争时期革命老区村庄			
		抗日战争时期	解放战争时期	小计	合计
观珠镇	严坑		屋松岭、禾塘屋、香屋、新田、大水坑、王屋、黄泥坎	7	
	大榕		大榕、合发、黄竹塘、薛屋、黄泥窝	5	
	大陂		南埇、山窑、石排、大陂、大塘面	5	
	大水坡		陈大埇、高涧、蒲水、涧洞	4	
	合利		下罗、老虎角、田合山、石利	4	
	樟木垌		塘尾、元洞仔、长迳、河水坪	4	
	棠苚		双关、棠苚	2	
	木师		垭垌、篱仔山	2	
	新华		昌仕	1	
	江下		罗伞	1	
霞洞镇	坡田	坡中间	铁寮、夹喉、坡田、旧圩、荔枝园、圩尾、垭蓬	8	18（其中抗战时期3）
	甘村		坑尾	1	
	马路头		牛路头	1	
	大村		西村	1	
	石顶		下村坡	1	

（续表）

内容 镇 （街）	老区所属村委会	抗日战争和解放战争时期革命老区村庄			合计
		抗日战争时期	解放战争时期	小计	
霞洞镇	黄竹山		独竹头、牛栏、姓何	3	
	正源	书房仔	仙桃园	2	
	下洞	赶圩坡		1	
黄岭镇	官屋		新田、良水井	2	17
	上坪山		黄榄根	1	
	石陂		石艮垌	1	
	东华村		社角、书房园	2	
	万长		埬田、关公山、富里垌、万村	4	
	大村		严垌、雷公垌、岭岗	3	
	水西		照壁、书房山、石牌垌、义渡水	4	
岭门镇	清湖		下头山、斗门、排湖、清湖	4	16
	丹步		中间、河头、丹步	3	
	大登坡		龙门、荔枝山	2	
	海坡		海坡	1	
	东河		黎屋垌、白石仔、谭面	3	
	夏蓝		夏蓝	1	
	祖岱		祖岱、石坑	2	
麻岗镇	双目		麻洋、双目口、双目后	3	16
	热水		关草垌	1	
	石苟		活竹	1	

（续表）

内容 镇（街）	老区所属村委会	抗日战争和解放战争时期革命老区村庄			
		抗日战争时期	解放战争时期	小计	合计
麻岗镇	独楼村		石龙	1	
	大路街		坡仔	1	
	热水水库		调王	1	
	牛门		下海田、坝仔堀	2	
	白马		白马、长山仔	2	
	仙桃园		车陂河、圩尾、塘仔尾	3	
	石桥		头湾	1	
电城镇（含原爵山）	山兜		山兜、红仔陂、内村、禾场坡、丁村、竹蔗坡、油桁、赤兰园、藕塘、园角、新村	11	15
	鸡打		鸡打	1	
	爵山		维陂	1	
	港头		港头	1	
	桥坝		新塘	1	
树仔镇	乌石		下底坡	1	9
	大塘		上海尾	1	
	登楼		东村、中村、西村、长牌、上牌	5	
	莘陂		下坡	1	
	江山		万山	1	

（续表）

内容 镇 （街）	老区所属村委会	抗日战争和解放战争时期革命老区村庄			
		抗日战争时期	解放战争时期	小计	合计
水东镇（含原陈村镇东）	镇东		坡子（今属水东街道）	1	10
	蓝田坡		河子村（今属电海街道）	1	
	安乐		田头、长山仔、安乐仔、安乐、上坪田、面前山、西请、公塘（今属电海街道）	8	
沙琅镇	坡富		盘屋、长山岭	2	10
	河口		金瓜岭、六门、火砖塘、黄优岗	4	
	甘村		金塘、秀仔角、石陂头	3	
	谭儒		谭儒	1	
罗坑镇	万坑		三田角、下木围、榕木坪、新开庄	4	4
七迳镇	田头屋		田头屋、车头、文马仔、良扇车、九扇车、文禄、攀桂、江仔口、沟仔边、腾胶	10	31
	木等		木等、水秧根、铺仔、洞引、天鹅岭、垅田、村仔、蒙东岭	8	
	那艮		东寮、东寮山、大塘缺、塘仔尾、西坡、边坡、樟木根、火连塘、园山、合岭、下东寮、茅园、羊官尾	13	

（续表）

内容镇（街）	老区所属村委会	抗日战争和解放战争时期革命老区村庄			
		抗日战争时期	解放战争时期	小计	合计
坡心镇	山寮		下灶车、袂窦车、山寮、门口车、上竹山沟、下竹山沟、果子园、古城、红坎坡、酒铺坡、河包、河美	12	16
	郁头鹅		车田仔	1	
	牛六架		吊鸡	1	
	红十月		高圳车	1	
	家家乐		后坡	1	
沙院镇	木苏		木苏、太平、赤米、化州仔、对面	5	10
	海尾		上海尾、昌盛、中间、上河头、上新兴	5	
南海街	霞里		赤兰山、胶地屋、西边、东月、蔡屋面	5	5
高地街	那贞		上那贞	1	6
	墨胶		木高、进港、铺仔、陇仔、陈屋	5	
小良镇	小良		秦村、康魁岭、福建屋	3	4
	南塘		调魏	1	

注：1. 2017 年，电白区实有抗日战争时期革命老区村庄41 个，解放战争时期革命老区村庄505 个，共计革命老区村庄546 个（不含划入茂南区的羊角镇180 个）。

2. 原南海镇划分为南海、高地2 个街道办。

3. 原爵山镇并入电城镇，原大衙镇并入林头镇。

　　《茂名市电白区革命老区发展史》是中国老促会组织编纂的《全国革命老区县发展史》丛书之一册。是贯彻中共十九大精神，不忘初心、牢记使命，弘扬老区精神，传承红色基因的具体行动。编写责任重大、使命光荣。根据中国老促会《关于编纂 1599 个革命老区县发展史的安排意见》以及省老促会、省老区办《关于印发编纂〈革命老区县发展史〉丛书有关文件的通知》要求，由区老促会、区党史地志办、区民政局、区统计局、区档案馆、区老区办、区财政局等相关单位负责组织编纂出版工作。本书旨在把电白的革命老区发展史，以生动活泼的文字、图片展示给广大读者。本书的编写工作得到电白区委、区人民政府的高度重视，区于 2018 年成立茂名市电白区革命老区发展史编委会负责指导编撰。开始时由区委原副书记、原区长华翠担任顾问，后因领导职务变动人员略作调整，改由区委书记谭剑锋担任总顾问，区委副书记、区长黄东明和区委副书记李院新任顾问；区老促会名誉会长吴明盛，区委常委、组织部部长顾兴伟，副区长陈立文，区政协副主席、区民政局局长吴益新任编委会主任；区老促会会长潘炎，顾问廖佑，副会长兼秘书长陈蕾以及区政协文史委主任汪椿涛、区党史地志办主任陈明校、区退役军人事务局局长黄朝、区统计局局长蔡劲丹、区档案馆馆长杨浩章等任编委会副主任；主编由廖佑兼任；副主编由陈明校、陈蕾和区党史地志办副主任吴兴旺

（吴望星）、车国辉、梁春光及区扶贫办老区股股长唐剑龙担任。

编纂任务分解后，由区党史地志办副主任吴兴旺担任全书主笔，具体负责全书文稿的撰写与总纂。电白籍老革命、茂名市政协原主席吴兆奇负责为全书撰写序言。其他参与全书撰稿的人员有黄继林、李小冰、林妍、谢树银、杨华昌、杨成活、张海潮、苏忠安、郑李阳、余金科、许文生、樊丽丹、温木勤、石城、黄鸿鸣、张首熙、冯志辉、陈智海、黄燕峰、廖海燕、黄景余、吴熙勋、黄修金、李汉文等。老同志吴兆奇、邓刚、黄涛、王克、车德、廖佑、吴生、招贤、梁以群、邵华源以及汪椿涛、陈明校、巫演华、李雄等对全书的史料进行审稿把关、文字校对，并提出了很好的指导和修改意见。蔡焕、曾庆鑫、刘泰、陈毅艺以及电白新闻中心等也在图片资料方面给予大力支持。另外，在全书清样出来后，茂名市委原常委、电白区委原书记、水东湾新城党工委原书记陈小锋，区委原副书记、原区长华翠，现任电白区委书记谭剑锋，区委副书记、区长黄东明，区委副书记李院新，区委常委、区纪委书记、区监委主任欧美霖，区委常委、宣传部部长黄小猛，区委常委、组织部部长顾兴伟，副区长陈立文，区政协副主席、区民政局局长吴益新以及茂名市老战士联谊会会长、市老促会名誉会长邓刚，市老促会名誉会长黄涛，市老战士联谊会常务副会长王克，市老促会副会长车德等领导亲自审稿把关并提出许多宝贵的修改意见。在此一并表示由衷的敬意和衷心的感谢！

《茂名市电白区革命老区发展史》史料繁多，内容广泛，但限于篇幅，加上编纂时间紧迫，不尽之处在所难免，恳请读者批评指正。

《茂名市电白区革命老区发展史》编委会

2021 年 2 月

.